清華公共管理教材

公共事物治理概论

Introduction to the Commons Governance

王亚华 编著

清華大學出版社
北京

图书在版编目(CIP)数据

公共事物治理概论/王亚华编著. —北京：清华大学出版社，2022.2(2025.5 重印)
清华公共管理教材
ISBN 978-7-302-59695-0

Ⅰ. ①公… Ⅱ. ①王… Ⅲ. ①公共管理－高等学校－教材 Ⅳ. ①D035-0

中国版本图书馆 CIP 数据核字(2021)第 263026 号

责任编辑：周 菁
封面设计：常雪影
责任校对：王荣静
责任印制：丛怀宇

出版发行：清华大学出版社
网 址：https://www.tup.com.cn, https://www.wqxuetang.com
地 址：北京清华大学学研大厦 A 座 邮 编：100084
社 总 机：010-83470000 邮 购：010-62786544
投稿与读者服务：010-62776969，c-service@tup.tsinghua.edu.cn
质量反馈：010-62772015，zhiliang@tup.tsinghua.edu.cn
印 装 者：三河市君旺印务有限公司
经 销：全国新华书店
开 本：185mm×260mm 印 张：19.5 字 数：325 千字
版 次：2022 年 2 月第 1 版 印 次：2025 年 5 月第 5 次印刷
定 价：58.00 元

产品编号：094189-01

总　序

党的十八大以来，以习近平同志为核心的党中央高度重视和关心教材建设，提出“用心打造培根铸魂、启智增慧的精品教材，为培养德智体美劳全面发展的社会主义建设者和接班人、建设教育强国做出新的更大贡献”。为全面贯彻落实习近平总书记关于教材建设的重要指示精神，教育部推出多项政策，加快推进课程教材治理体系和治理能力现代化，鼓励高校根据人才培养目标和学科优势，制定本校教材建设规划。清华大学积极响应国家号召，出台多项举措大力推进教材建设，鼓励院系发挥学科优势建设体系教材。

教材是学科发展的知识载体和成果结晶。公共管理学科是研究政府及相关公共部门为实现经济、政治、文化、生态和社会发展目标，制定公共政策和实施综合管理行为的学科群的总和。中国公共管理学科的兴起与发展与中国改革开放四十多年的社会实践发展紧密相关，这需要中国的公共管理教育能不断追踪社会的发展和治理的进步。新时代的公共管理学科和教育发展对教材建设提出了更高要求，改革开放以来中国有效治理的伟大成就和丰富实践，也为教材编写积累了丰富的素材。我们要用好改革开放和社会主义现代化建设这座理论和政策研究的“富矿”，借鉴国际治理的经验，结合中国公共管理的丰富实践，编写出有时代特色的优秀教材。尤其是当前课程思政的教学改革，更需要我们将中国的经验提炼总结，讲好中国故事。这方面公共管理教材责无旁贷。

清华大学公共管理学院建院二十多年来，在公共管理研究生教育方面坚持开拓创新，不断成长和发展，为培养深入理解中国国情与发展模式、具备国际视野并能洞悉全球治理走势、掌握现代公共管理知识的公共事务领导者做出了积极贡献。作为清华公管“十四五”时期学科发展的重要任务之一，“清华公共管理教材”系列丛书的编写和出版，旨在丰富我国公共管理研究生教育教材建设成果，推出融汇古今中外公共管理理论与实践、体现中国改革开放四十多年发展和治理经验、反映中国特色和时代特征的公共管理教材。我们希望这套教材的出版,能够回应各方面对中国发展模式认知与治理理论创新的期待,服务国家治理现代化对公共管理教育高质量发展的需求,并在课程思政教学设计方面作出探索。

本套教材在编写理念上力求把握好以下关系:一是把握好传授知识体系与反映治理创新前沿的平衡;二是把握好提供中国特色治理研究成果与吸纳国外学术研究进展的平衡;三是把握好学术理论性、现实针对性和实践操作性之间的平衡;四是把握好服务国内外教学普遍需求和体现清华公共管理学科特色的平衡。本套教材在教学手段上适应高等教育多媒体教学、网络化教学的新要求,在出版纸质图书的同时,配套多媒体教学课件、扩充资料、影像视频,采用融媒体形式,实现传统图书出版与新媒体技术的有机结合。本套教材力争做到形式和内容的创新,主要特点是:与学科建设紧密结合,具有特色化、专业性和创新性;与课程建设紧密结合,具有实用性、多元性和前沿性;与学院发展紧密结合,具有高质量、引领性和持续性。"清华公共管理教材"系列丛书的读者对象定位于公共管理研究生层次,包括学术型研究生和专业型研究生(MPA),同时可供公共管理类学科或专业高年级本科生阅读参考,也可供公务员培训使用。

为做好丛书组织编辑工作,我们组建了编委会,邀请校内外公共管理教学和理论研究的著名学者,为本套教材的编写与出版工作提供专业指导,衷心感谢各位专家的参与。丛书编写和出版同时得到了清华大学出版社的大力支持,也表示衷心的感谢!我们将与全院教师及学界同人共同努力,力争将这套教材做成精品,为中国公共管理教育和学科发展尽绵薄之力。

江小涓　薛澜

2022 年 2 月

前　言

公共事物(Commons)是一个历史悠久的概念。Commons一词最早起源于英国封建时代,在当时指的是属于领主庄园的、可供佃户用来放牧和砍柴的“荒地”或未开垦的土地,即公共用地的含义。在现当代的研究体系中,公共事物在相关研究早期主要指低排他性、高竞用性的公共池塘资源,后来被不断扩展,泛指非私人物品之外所有带有公共属性的物品,包括公共池塘资源、公共物品和俱乐部物品,近年来又进一步扩展到复杂社会生态系统。

公共事物治理同样是一个历久弥新的经典问题,中国古代就有“竭泽而渔”等与公共事物治理相关的寓言。1968年加勒特·哈丁发表《公地悲剧》一文后,公共事物治理问题引起了学者的广泛关注。1990年埃莉诺·奥斯特罗姆出版《公共事物的治理之道:集体行动制度的演进》一书,开启了公共事物治理研究的新篇章。传统观点认为,公共事物治理只能依靠政府或市场,而埃莉诺·奥斯特罗姆则通过大量研究证明了,通过集体行动实现公共事物的自主治理是可行的。在此之后,以埃莉诺·奥斯特罗姆为代表的相关学者围绕公共事物治理开展了广泛研究,相关框架及理论、研究方法都取得了长足进展。目前,公共事物治理在国际上已成为一个蓬勃发展的新兴领域。

公共事物治理是一个多学科交叉的研究领域。公共事物治理研究脱胎于资源环境的研究,但其学科范畴处于公共管理和资源环境的交叉部分,属于一个多学科、跨学科和交叉学科的范畴,具有比较特殊的学科属性。国内引入公共事物治理理论始于21世纪初,中国人民大学毛寿龙教授组织将埃莉诺·奥斯特罗姆等学者的研究著作译成中文。2009年埃莉诺·奥斯特罗姆荣膺诺贝尔经济学奖,此后公共事物治理理论在中国的影响力进一步增强。目前,越来越多的中国学者加入到公共事物治理的研究行列,公共事物治理研究在中国快速发展。

本书的内容基于国内外公共事物研究的重要成果及经典文献,汇集编著者团队过去十余年的研究成果以及编著者在清华大学开设的相关课程资料。作为国内第一部系统梳理公共事物治理学科发展的教材，本书的结构及主要内容如下：第一篇为概述篇，包含第一章、第二章，主要介绍公共事物治理的基本概念和学科发展现状。第二篇为框架篇，包含第三章、第四章、第五章，主要介绍公共事物治理的经典分析框架及演变。第三篇为理论篇，包含第六章、第七章、第八章，主要介绍公共事物治理的经典理论及其发展。第四篇为方法与应用篇，包含第九章、第十章、第十一章、第十二章，主要介绍公共事物治理的经典及前沿研究方法以及国内外经典研究案例。第五篇为总结篇，包含第十三章，为全书内容总结及未来展望。

总体上，本书有以下几个特点：第一，经典理论与前沿研究相结合。本书的内容立足于公共事物治理研究中的经典成果，力求将该领域已形成广泛共识的重要知识积累展现给读者，同时本书也对公共事物治理的前沿成果及发展趋势进行了介绍。第二，理论知识与应用方法相结合。本书一方面介绍了公共事物治理的概念、分析框架和经典理论等内容；另一方面也对研究方法和具体研究实践进行了介绍，力求做到知识性与实用性的兼顾。第三，知识讲授与鼓励思考相结合。本书作为教材，要为读者介绍学科发展的重要知识。同时，本书在每章节结尾部分都设置了思考题，这些思考题并不是对具体知识的简单考察，而是希望鼓励读者通过思考将知识吸收融于自身的学习生活实践，以实现知行合一的学习效果。本书可作为公共管理、资源与环境保护、可持续发展管理等相关专业的授课教材，也可供公共部门管理者和有志于公共治理研究的学者学习使用。

本书由清华大学公共管理学院王亚华教授编写。参与编写团队的主要成员包括康静宁、王睿、吕瀚、郑林颖，同时也吸纳了王亚华教授团队多年来在此方向上的研究成果和教学成果。感谢编著团队所有成员和参与相关研究师生的辛勤努力，同时向本书所引用的参考文献的作者表示衷心感谢。

公共事物治理的知识体系肇始于西方，其理论和认识不一定完全适合中国国情，我们需要加以批判性借鉴吸收。本书在编写过程中，力求在批判吸收的基础上，努力将其转化为本土化的知识体系。当然，由于时间及编者水平有限，本书的内容中难免存在不尽如人意和疏漏之处，敬请专家和读者不吝指正，以便教材不断修订完善。

目　　录

第一章

公共事物的基本概念

公共事物(Commons)治理是一个历久弥新的话题。早在两千多年前,亚里士多德的名言"凡是属于最多数人的公共事物,常是最少受人照顾的事物",就反映了当时人们对于公共事物的关注。从加勒特·哈丁(Garrett Hardin)发表《公地悲剧》(*The Tragedy of the Commons*),到埃莉诺·奥斯特罗姆(Elinor Ostrom)出版《公共事物的治理之道:集体行动制度的演进》(*Governing the Commons: the Evolution of Institutions for Collective Action*,以下简称《公共事物的治理之道》),公共事物治理研究经历了半个多世纪的发展,形成了较为系统的知识体系与分析范式。公共事物治理起源于管理以社区为基础的自然资源和各类共享资源的可持续解决方案。随着人类所居住的地球进入"人类世"(Anthropocene),出现了复杂而迫切的治理需求,公共事物治理的内涵和外延不断扩展,并作为一个新兴研究领域受到广泛关注。

第一节　公共事物的概念及其特征

一、公共事物的基本概念

公共事物治理的研究对象是公共事物。公共事物在早期主要指低排他性、高竞用性的公共池塘资源(Common Pool Resources),后来被不断扩展,目前泛指非私人物品之外所有带有公共属性的物品,包括公共池塘资源、公共物品和俱乐部物品(如表1-1所示)。早期的公共事物治理研究聚焦公共池塘资源,埃莉诺·奥斯特罗姆对公共池塘资源的具体解释为:一个自然的或人造的资源系统,这个系统之大,使得事物排斥因使用资源而获益的潜在受益者的成本很高(但并不是不可能排除)①。在现实中,公共池塘资源非常普遍,比如小规模的地下水资源、渔场资源、草场资源和森林资源等都属于公共池塘资源的范畴。

表 1-1 四种不同物品的分类

		使用的减损性	
		高	低
排除潜在获益者的难度	高	**公共池塘资源**:地下水盆地;灌溉系统;渔业资源;森林资源等	**公共物品**:社区的和平与安全;国防;知识;防火;天气预报等
	低	**私人物品**:食品;衣物;手机等	**俱乐部物品**:剧院;私人俱乐部;日托中心等

*资料来源:Ostrom E. Understanding Institutional Diversity[M]. Princeton University Press,2005:24.

随着时间的推移,公共事物治理研究扩展到一般性的"公地",包括各类自然资源、共享资源及依赖集体行动的物品和服务,其研究对象从自然环境资源等传统领域拓展到保护地、滨海系统、全球气候变化等新兴环境问题,以及诸如知识、宗教、网络、数字空间等非传统公共事物。

当代人类所居住的地球已经进入了"人类世",其重要特征是生物物理发展和社会经济发展的双重高加速度②。面对高开发、高生产、高消耗和高排放的人类世,资源环境等公共事物面临着空前的压力,这驱使公共事物治理的研究对象进一步扩大,目前已经拓展到一般性的人与自然交互的社会生态系统(Social-Ecological Systems),为当代人口和资源环境管理研究提供了新视野。社会生态系统可以视为公共事物的拓展研究对象,也是公共事物治理领域的学术前沿。

二、"Commons"的翻译刍议

公共事物治理研究对象的英文是 Commons,这个词语存在多种可能的翻译(如表 1-2 所示)。

表 1-2 对"Commons"的可能翻译及评价

Commons 的中文翻译	对相应翻译的评价
公共事物	较为恰当
公共池塘资源	可以接受

① 埃莉诺·奥斯特罗姆.公共事物的治理之道:集体行动制度的演进[M].上海:上海三联书店,2000.

② Monastersky R. Anthropocene: The human age[J]. Nature, 2015, 519(7542): 144-147.

续表

Commons 的中文翻译	对相应翻译的评价
公地	能够成立
共享资源	存在局限
共有财富	不太准确
共有产权	错误翻译

第一，公共事物。将“Commons”翻译为“公共事物”，是较为恰当的翻译。此种翻译最早见于2000年出版的埃莉诺·奥斯特罗姆的著作《公共事物的治理之道》中译本，毛寿龙教授在该书序言中介绍了采用“公共事物”翻译的考虑。王亚华教授在其2017年出版的著作《增进公共事物治理》中，沿用了“公共事物”这一翻译[①]。采用这一翻译的好处，是给予了非私人物品之外的物品一个统称，能够最大限度包容这一学术领域的研究对象。

第二，公共池塘资源。将“Commons”翻译为“公共池塘资源”，是可以接受的翻译。埃莉诺·奥斯特罗姆在漫长的学术生涯中，主要将公共池塘资源作为研究对象，特别是水资源、森林、草原和渔业等经典的公共池塘资源。在1990年出版的埃莉诺·奥斯特罗姆经典著作《公共事物的治理之道》英文版中，涉及的研究对象主要也是公共池塘资源。公共池塘资源是英文 Common Pool Resource 的直译，既直观又形象，已经被国内学界广为接受，可以被视为公共事物的狭义研究对象，属于公共事物研究的一个子集范畴。

第三，公地。将“Commons”翻译为“公地”，是能够成立的翻译。1968年，加勒特·哈丁在《科学》杂志发表《公地悲剧》论文，是公共事物治理正式被纳入学术视野的起点。“公地”作为一种形象的隐喻，反映了公共事物的特征及其面临的困境，因此已经在国内一定范围内被接受。但是，这一翻译的问题在于容易让人将其理解为“公共土地”或“公共地”，明显局限了其研究范围，不利于大众传播和研究拓展。

第四，共享资源。将“Commons”翻译为“共享资源”，是存在局限的翻译。“共享资源”英文对应为 Shared Goods，虽然属于公共事物的研究范畴，但其字面上仅仅局限于资源范畴，而公共事物的研究对象远远超越了资源范畴。无论是“共享资源”的翻译，还是“公共资源”的翻译，都人为缩小了“Commons”的指向范围，因

① 王亚华. 增进公共事物治理：奥斯特罗姆学术探微与应用[M].北京：清华大学出版社，2017.

此都不是推荐使用的翻译。

第五，共有财富。将“Commons”翻译为“共有财富”，是不太准确的翻译。一些经济学教科书按照排他性和竞用性程度，将物品属性四个象限中“Commons”所处的象限称为“Common Property”，中文相应翻译为“共有财富”或“共有财产”。这个翻译较为含混且缺乏明确指向，也不是推荐使用的翻译。

第六，共有产权。将“Commons”翻译为“共有产权”，是错误的翻译。埃莉诺·奥斯特罗姆在多个场合的讲学中都强调过，作为研究对象的“Commons”不涉及产权属性，主要是在物品使用特征意义上使用这个概念，而产权是制度维度上的概念。“Commons”在现实中包含各种形式的产权安排，既可能是共有产权，也有可能是私人产权或政府产权。因此，共有产权的翻译是一种错误认识。

虽然“Commons”的概念在中国的传播已经超过 20 年，但是对“Commons”的翻译并未形成完全共识。相对而言，“公共池塘资源”和“公地”是存在一定共识的翻译。综合来看，由于以上所述理由，笔者推荐使用“公共事物”的翻译。“Commons”翻译为“公共事物”的好处：一是包容性，涵盖了其所有的研究对象；二是扩展性，能够适应该领域的快速发展趋势；三是传承性，沿用其最初进入中国的翻译。

三、“公共事物”还是“公共事务”？

将“Commons”翻译为“公共事物”，面临的主要问题是容易与“公共事务”概念混淆。笔者认为，“公共事物”与“公共事务”是两个既有所区别、又密切联系的概念(如表 1-3 所示)。

表 1-3 “公共事物”与“公共事务”的区别

	公共事物	公共事务
英文的翻译	Commons	Public Affairs
对立的视角	共享之物	公众之事
统一的视角	公共事物⊆公众之事	

两者的区别表现为以下三个方面。第一，从对应的英文单词上看，“公共事物”所对应的单词为“Commons”，而“公共事务”所对应的单词为“Public Affairs”。第二，“公共事物”观察问题的着眼点是“事物”，可以理解为“共享之物”，更多强调

的是作为研究对象的“物”；而“公共事务”更多强调的是“事务”，可以理解为“公众之事”，其更多体现的是过程。第三，“公共事务”是一个已经被广泛使用的通用概念，其内涵也非常广泛，所有带有公共性的“事”和“物”都可以归入其中，这也是国内外不少公共管理学院被称为“公共事务学院”的原因；相比之下，公共事物是一个专用概念，目前主要是在学术领域被使用，尚未成为一个社会通用的表述。

同时，两者又有密切的联系。两者都带有“公共”二字，通常关注“公共性”和“公共利益”，都可以纳入公共管理学科的研究范畴。鉴于两者的指向范围差异，“公共事物”实际上是“公共事务”的组成部分，可以理解为“公共事务”的一个子集。当然，“公共事务”还可以理解为人类共同面对的“公共事物”，也可以被纳入公共事物治理的研究视野。从发展的眼光来看，随着“公共事物”的内涵不断拓展，其与“公共事务”的区别会不断缩小，两者也可能会从“并用”逐步走向“通用”。

第二节　“公地悲剧”与社会困境

加勒特·哈丁在《公地悲剧》一文中用牧场放牧来做比喻，将牧场上追求个人利益最大化的牧民由于过度放牧导致资源退化的现象称为“公地悲剧”。实际上，类似“公地悲剧”的现象在中国古代寓言故事中早有体现。在加勒特·哈丁之后，学者们围绕“公地悲剧”所揭示的社会困境进行了深入的理论思考和实证研究，“公地悲剧”也被进一步延伸至“反公地悲剧”“公地喜剧”等实践案例的讨论中。

一、社会困境

作为一门新兴学科，公共事物治理的核心研究问题，是解决以“公地悲剧”为代表的个体理性与集体理性相背离的社会困境。以曼库尔·奥尔森(Mancur Lloyd Olson)《集体行动的逻辑》一书为代表的对人类集体行动的研究表明，个体理性导致集体非理性的例子比比皆是[1]。既有因信息不对称而导致的囚徒困境，也有因个人成本小于社会成本而引起的公地悲剧，还有因搭便车而形成的集体行动逻辑。

围绕社会困境的破解，学者们从理论上进行了大量讨论。埃莉诺·奥斯特罗

① Olson M. The Logic of Collective Action: Public Goods and the Theory of Troups [M]. Harvard University Press, 1971.

姆突破“国家或市场”二分法，基于对全球不同地区地下水、森林、渔业等多个不同类型公共事物的治理案例研究，在《公共事物的治理之道》一书中提出了实现公共事物治理的第三种道路，即通过用户自主治理(Self-Governance)的方式打破集体行动的困境。20世纪90年代以来，在公共事物的自主治理理论基础上，很多学者探讨了更为一般的复合治理秩序问题，极大增进了人类对于克服社会困境的理论认识。2005年，埃莉诺·奥斯特罗姆在《理解制度多样性》(*Understanding Institutional Diversity*)一书中系统阐释了制度多样性理论：制度是多样的，如同生物多样性，特定制度的成败取决于这些制度与当地的条件是否匹配，需要增进对复杂和多样性制度的理解和保护。2007年，埃莉诺·奥斯特罗姆在《美国国家科学院院刊》上发表了《超越万能药》一文，认为公共事物治理不存在万能药，政府治理不是万能的，私有化不是万能的，自主治理也不是万能的，特定制度的有效性取决于特定的情景，因而需要具体问题具体分析。

二、古代寓言故事中的“公地悲剧”

《吕氏春秋》卷十四中的《必己》讲述了一个“竭池求珠”的寓言，原文为：宋桓司马有宝珠，抵罪出亡，王使人问珠之所在，曰：“投之池中。”于是竭池而求之，无得，鱼死焉。这则寓言，原本是说祸福相倚(原文称：“此言祸福之相及也”)。后来，有人将其与《吕氏春秋》卷十四中的《义赏》所说的“竭泽而渔，岂不获得，而明年无鱼；焚薮而田，岂不获得，而明年无兽”相联系，说明“竭池求珠”是一种短视行为，只图眼前利益而没有长远打算。“竭池求珠”或“竭泽而渔”是中国古代典籍中较早出现的“公地悲剧”例子。

另外一个类似的“公地悲剧”例子是“牛山之秃”，语出《孟子·告子》。孟子谈道：“牛山之木尝美矣，以其郊于大国也，斧斤伐之，可以为美乎？是其日夜之所息，雨露之所润，非无萌蘖之生焉，牛羊又从而牧之，是以若彼濯濯也。人见其濯濯也，以为未尝有材焉，此岂山之性也哉？虽存乎人者，岂无仁义之心哉？其所以放其良心者，亦犹斧斤之于木也，旦旦而伐之，可以为美乎？其日夜之所息，平旦之气，其好恶与人相近也者几希，则其旦昼之所为，有梏亡之矣。梏之反覆，则其夜气不足以存；夜气不足以存，则其违禽兽不远矣。人见其禽兽也，而以为未尝有才焉者，是岂人之情也哉？故苟得其养，无物不长；苟失其养，无物不消。"[①]该文所提到的牛山为先秦时期齐国国都临淄外的一座山峰。原本牛山环境秀美，树木郁郁葱葱，却因人们无节制地任意砍伐、放牧，结果资源遭到破坏，变得光秃丑陋。

三、反公地悲剧与实践表现

"反公地悲剧"（Tragedy of the Anticommons）的概念由哥伦比亚大学迈克尔·赫勒（Michael A.Heller）于 1998 年提出。其中一个例子是美国机场建设由于当地居民反对而进展缓慢，结果致航班延误和航空运输效率下降。1978 年，美国航空业取消管制，乘客周转量翻了三倍，但此后的 20 年间美国只新建了一座丹佛机场，新建机场所需的土地整合困难重重，当地居民想方设法阻挠机场建设。"反公地悲剧"与"公地悲剧"相反，如果某一资源有很多所有者，而这种资源必须整体利用时才最有效率，由于每个所有者都可以阻止他人使用，最终导致合作难以达成，产生资源利用不足的反公地悲剧。换言之，在人们理性追求使自己利益最大化的过程中，由于产权过度私有化，反而致使资源使用不足[②]。

美国基因专利碎片也是"反公地悲剧"的典型例子。在 20 世纪 80 年代，为了保障投资者的开发权利，美国在基因工程研究领域引入了大量私人投资。这些私人公司在一定程度上获得了官方所给予的专利权利。随后，众多投入者使得整个基因工程变得十分浩大，然而审批的严谨性却没有随之发展。实际上，仅从技术成熟度来说，凭借开发出的成果，美国有很多机会可以研制出拯救更多病人的新药品与更为先进的医用疗法。然而可惜的是，想要从私人公司手中购买到足够多的基因专利成本接近天价，使得本可以问世的新药品与新医疗技术只能被遗憾地扼杀在萌芽状态[③]。

四、公地喜剧与相关案例

公地喜剧，从字面意义上来看与"公地悲剧"相反。也就是说，并不是所有的"公地"最终都会以悲剧收场。

---

① 杨伯峻. 孟子译注[M]. 北京：中华书局，2010.

② Heller, Michael A. Tragedy of the Anticommons: Property in the Transition from Marx to Markets[J]. Harvard Law Review, 1998, 111(3): 621-688.

③ 阳晓伟，庞磊，闭明雄."反公地悲剧"问题研究进展[J].经济学动态，2016(09)：101-114.

随着经济社会的快速发展和人们生活水平的提高，在互联网上出现了众多类型的点评网站，人们经常可以在书目点评、电影点评、产品点评等搜索和获得自己感兴趣的信息，并对某个书籍、电影或者某项产品作进一步了解。大量的使用量使得阅读点评的读者和产品服务的生产者都能从中获取各自所需。另外，信息数据库，如百度百科等，编辑者可以对词条进行撰写、编辑和维护，不仅为更多的人了解和获取信息提供途径，也吸引了其他读者进一步修改、更正、维护词条内容，这是实践中存在"公地喜剧"的例证。

第三节　社会困境与解决之道：从哈丁到奥斯特罗姆

一、社会困境的经典命题

公共事物的衰败常常源于社会困境下个体理性所导致的集体非理性。1968年，加勒特·哈丁在《科学》杂志上发表了《公地悲剧》一文，讲述了这样一个故事：每户按照承载能力只能放有限的牛，但是每户都想获取更大收益，都会倾向于多放牧，结果是从短期来看每户的收入增加了，但是作为整体的牧场却出现了过度放牧问题，最终将导致草场退化，引发"公地悲剧"①。

经济学中的"囚徒困境"从另一个侧面说明了社会困境的不可避免。两个囚犯被抓进监狱，警察在审问囚犯时要求"坦白从宽，抗拒从严"。如果把这两个囚犯可能采取的行动放在"坦白从宽，抗拒从严"的规则矩阵中，就会形成四个可选择的策略：如果囚犯一和囚犯二都选择坦白，两人各坐8年牢；如果两人都抵赖则各坐1年牢；如果一人坦白而另一人抵赖，则坦白的囚犯坐牢3个月，抵赖的囚犯坐牢10年。此时可以设身处地想一想：如果我抵赖了而对方坦白了，那我就要坐牢10年；而如果我坦白了最多只要坐牢8年。在理性人来看肯定是坦白更好，任何一方都会这么想，所以最终的结果是两个人都坦白，各坐牢8年，这叫"占优均衡策略"。因此，当两个人都站在自己的角度，最好的选择是坦白，但是作为一个集体时，两个人最好的选择是都抵赖。这就是个体理性导致的集体非理性。

"囚徒困境"现象在西方社会科学界引起了广泛关注，围绕这个话题的文献汗

① Hardin G. The tragedy of the commons[J]. Science, 1968, 162(3859): 1243-1248.

牛充栋，很多人以此认为社会困境的必然性，也就是个体理性必然会导致集体非理性。之前介绍的“公地悲剧”与“囚徒困境”异曲同工，作为经典命题抽象刻画了现实中诸如地下水超采、荒漠化、水域污染等现实问题，由此成为公共事物治理分析的理论起点。

表 1-4 囚徒困境示意图①

囚犯一	囚犯二	
	不承认	承认
不承认	各 1 年	囚犯一：10 年；囚犯二：3 个月
承认	囚犯一：3 个月；囚犯二：10 年	各 8 年

二、社会困境的理论问题

埃莉诺·奥斯特罗姆将公共池塘资源面临的问题，进一步概括为占用问题(Appropriation Problems)和供给问题(Provision Problems)。在占用问题中，用户关注的是资源分配和利用对于自身净收益的影响。占用问题主要与资源系统的开放程度、资源单位在时间和空间上配置的异质性和不确定性等有关②。占用问题不仅要解决静态情境下资源的配置，还要考量资源提取与分配的最优时空选择、不同技术之间的影响关系等，占用问题也被进一步区分为由资源竞用性带来的外部性、资源不平均分布带来的资源分配问题、资源开采技术不同带来的负外部性③。在供给问题中，占用者要考虑建造、维护资源系统任务的各种方式对自身净收益的影响。占用者在从系统中获取资源的同时，还需要为保持、涵养资源系统投入成本④。当对资源系统的维护投入不足，或对资源过度开发利用时，都将对系统产生破坏，进而引起资源系统无法有效供给⑤。

---

① 埃莉诺·奥斯特罗姆.公共事物的治理之道：集体行动制度的演进[M].余逊达译.上海：上海三联书店，2000.

② 埃莉诺·奥斯特罗姆.公共事物的治理之道：集体行动制度的演进[M].余逊达译.上海：上海三联书店，2000.

③ Ostrom E，Gardner R，Walker J，et al. Rules，Games，and Common-pool Resources[M]. University of Michigan Press，1994.

④ 埃莉诺·奥斯特罗姆.公共事物的治理之道：集体行动制度的演进[M].余逊达译.上海：上海三联书店，2000.

⑤ Ostrom E，Gardner R，Walker J，et al. Rules，Games，and Common-pool Resources[M]. University of Michigan Press，1994.

与占用问题和供给问题紧密相关的是“公地悲剧”的两种表现类型。第一，过度使用，即过度开发使公共事物受到破坏或污染，如过度捕捞导致渔业资源衰退、乱砍滥伐引起水土流失和生物多样性降低、草原牧区饲养牲畜超载导致土地荒漠化等。第二，搭便车，即不付出成本而坐享他人之利，进而导致对公共事物的维护不足和供给低效率，如乡村灌溉基础设施年久失修、国家之间难以协调一致形成强有力的全球气候治理机制。

三、社会困境的解决之道

曾经在较长一段时期内，“国家”或“市场”的二分思路是人们用以解决社会困境、治理公共事物的理论思路。遗憾的是，很多基于这种二分思路所制定出来的政策在实践中并没有取得良好成效。一方面，基于此思路的制度设计过于宽泛或刻板，始终无法灵活适应各具特点的地方公共事物治理实践[①]。另一方面，集体行动往往需要依赖人类社会有意识的制度建构，难以通过诸如市场等自发秩序来实现。

在埃莉诺·奥斯特罗姆看来，解决社会困境的传统思路，是假设人性在短期内追求利益最大化。在这种观念之下，必然会导致个体之间不合作，而这种不合作进一步加剧“公地悲剧”，这就是传统社会科学在 20 世纪 70 年代的流行认识。在这种思路的指导之下如何解决社会困境呢？当时流行的看法是需要一个外部的权威，通过外部权威设计制度来避免个体之间的不合作。埃莉诺·奥斯特罗姆挑战了这一观念，她在名著《公共事物的治理之道》一书中启发人们从更深层次思考这一问题。她以“囚徒困境”示例论证了，如果两个囚犯存在某种形式的自发合作，就可能选择都不承认的策略。伴随着国家与市场方式在实践中频频受挫，社会科学界逐渐意识到“国家或市场”的二分思路存在问题。埃莉诺·奥斯特罗姆观察到世界上许多地方的公共池塘资源既没有通过国家管理，也没有进行市场化运作，却依然稳定运行并长期存续。她在《公共事物的治理之道》中提出，人们可以自发地组织起来实现有效的公共事物治理，即在一定条件下，人们会选择相互信任和合作，由此产生自主治理[②]。

---

① Ostrom E, Cox M. Moving beyond panaceas: a multi-tiered diagnostic approach for social-ecological analysis [J]. Environmental Conservation, 2010, 37(4): 451-463.

② 埃莉诺·奥斯特罗姆.公共事物的治理之道：集体行动制度的演进[M].余逊达译.上海：上海三联书店，2000.

1990 年之后，埃莉诺·奥斯特罗姆又开展了大量工作，发展出一套分析框架来谈论复杂的人与自然的交互性，即社会生态系统分析框架。这个框架的核心部分包括自然界的资源系统和资源单位、人类社会的治理系统和行动者。运用这个框架重新审视“公地悲剧”，发现加勒特·哈丁的局限在于给出了一种极端假设，将现实过度抽象和简单化了，实际上社会生态系统中任何一个变量的出现都有可能改变结果。例如：牧场上出现了一个领导者，严格管理每户的放牧数量；该牧场在过去发生过数次过度放牧导致牧民失去了生计，历史教训可能转化为村规民约来约束牧民的放牧数量；当地有牧民委员会，通过开会协商和日常监督限制每户放牧数量。也就是说，存在很多可能的情形，可以有效避免“公地悲剧”的发生。埃莉诺·奥斯特罗姆关于社会生态系统的研究，为社会困境的研究开辟了新视野。

关键术语

公共事物　公共池塘资源　公地悲剧　集体行动困境　反公地悲剧
公地喜剧　《公共事物的治理之道》

思考题

1. 在生活中你是否遇到过公地悲剧的例子？反公地悲剧和公地喜剧呢？

2. 你能想到哪些关于公地悲剧的成语、谚语或典故？中外不同背景下的相关典故有何异同？

第二章

公共事物治理的学科发展与现状

自工业革命以来，经济发展与城市扩张带来了“公地悲剧”为代表的一系列负效应。与此同时，随着生产效率的提升，自然资源的使用与生态环境的可持续性日益受到人们的关注。在这样的时代背景下，公共事物治理探讨的问题愈发重要，已然成为探讨人类社会行为和可持续发展的新范式。随着分析边界和理论体系的日益丰富和深入，公共事物治理在社会科学研究中已经占有一席之地。

第一节　公共事物治理的学科发展历史

从早期不同社会科学流派对政府与市场关系以及物品属性划分的认识，到1968年加勒特·哈丁提出“公地悲剧”，再到埃莉诺·奥斯特罗姆发表《公共事物治理之道》一书至今，公共事物治理的学科发展经历了萌芽、形成、成熟、深化四个阶段。

一、萌芽阶段（1967年以前）

早期人们对于物品属性的讨论更多秉承着简单系统世界观并纳入经济学常规模型之中①。同时，政府与市场之争成为主流经济学界、近现代政治思潮交锋的主要阵地，相关的讨论局限在简单的二分范式之中。

对于古典自由主义和新古典自由主义强调“市场至上”的研究者而言，其立足于理性人假设和功利主义的基本人性假设，在自身知识限度内，每个人都希望效率至上，利用最少的投入来获得最大的产出。因此，强调纯市场化，发挥看不见的手的作用是解决大部分经济问题的“秘方”。在他们的分析范式中，市场是供给私人物品并且创造社会价值的最优制度，这根源于洛克、卢梭等中世纪之后的哲学

① 埃莉诺·奥斯特罗姆.诺贝尔讲座稿中译稿.王亚华教授团队译.瑞典：斯德哥尔摩，2009.

家和政治学家对自然法执行权、人类契约政治等问题的讨论和实践关怀。但此后，由于两次世界大战、经济大危机等现实问题的出现，人们对于政府干预和福利国家的重视占据主流，以凯恩斯主义经济学、新自由主义(New Liberalism)为基础的“政府优先”原则成为弥补“市场失灵”的抓手。人们认为，积极和有责任的政府理应干预分配市场行为，并在分配中诉诸均等和公平原则，这在很大程度上立足于霍布斯等人对于现有国家权力的塑造。

以上的演变路径体现了不同学术流派对于市场和政府关系的争论，这也涉及对不同属性社会物品的治理观念。保罗·A.萨缪尔森(Paul A. Samuelson)最先依据竞争性和排他性的原则将之分为“公共物品”“私人物品”两类[①]，政府负责公共物品的供给并提供服务，市场负责私人物品的调控与交易，这成为多数经济学家的重要信条。在此之后，詹姆斯·布坎南(James Buchanan)的俱乐部理论阐释了非纯公共物品的配置[②]。

由于早期学界对于物品划分的不完全，导致人们很难对具有不同属性的社会物品进行有效认知，“私人物品”和“公共物品”的划分并不能够详尽地概括日常生活中人们所接触到的全部物品。并且，在经济学的分析范式中，强调市场至上的“开放利用原则”和政府管控的“国家所有、集体所有”的分配原则，形成了两派较为极端的思想观念。此后，逐渐有学者试图通过新制度主义和多元治理的复合视角来观察独特的公共事物治理现实，并对纯二分的方法提出质疑，开辟了公共事物治理新的讨论空间。

二、形成阶段(1968—1989年)

1968年，加勒特·哈丁提出“公地悲剧”命题，以公共牧地为例讨论了放牧人利益、草场承受能力、延期成本下的个人行为，标志着公共事物逐渐进入社会科学的视野之中[③]。奥斯特罗姆夫妇则聚焦“公共池塘资源”[④]这类具有高竞用性和低排他性特征的物品，将其视为公共事物研究的经典对象。

---

① Samuelson P A. The pure theory of public expenditure[J]. The Review of Economics and Statistics, 1954, 36(4): 387-389.

② Buchanan J M. An Economic Theory of Clubs[J]. Economica, 1965,32(125): 1-14.

③ Hardin,G. The tragedy of the commons[J]. Science,1968,162: 1243-8.

④ Ostrom V, Ostrom E. Ostrom. A Theory for Institutional Analysis of Common Pool Problems. In Managing the Commons, eds. G. Hardin and J. Baden[M].San Francisco: Freeman,1977: 157-72.

由于公共池塘资源涉及复杂的集体行动问题，许多学者对相关的行为和制度展开了深入研究。例如：在水权博弈的动态竞争中，用水规则成为关键[①]；在高原山地草场的存续中，村民的自主治理取得成效并逐渐形成了稳定的自发性规则[②]。越来越多的学者对公共事物治理问题进行关注，围绕制度供给、监督、可信承诺等问题展开研究，实证研究涉及草原、林业、渔场、水资源等，公共事物的学科脉络逐渐成形。

这一时期，以文森特·奥斯特罗姆（Vincent A. Ostrom）和埃莉诺·奥斯特罗姆为代表的布卢明顿学派逐渐形成，在印第安纳大学的政治理论与政策分析研究所（Workshop in Political Theory and Policy Analysis）汇聚了一批学者，对于公共事物治理学科的建立发挥了至关重要的作用。随着学科理论体系的构建，IAD框架的不断修订与完善成为了布卢明顿学派最具代表性的学术成果之一，并在此后广泛应用于各类公共事物治理的分析之中。IAD框架的初步形成为公共事物研究提供了一个重要的结构性方法，突破了传统经济学的分析范式。此外，多中心（Polycentricity）作为布卢明顿学派的标签，在世界范围内产生了学术影响。多中心强调网状治理结构，自发的、复合的、交互的秩序，既对单中心的科层官僚制提出质疑，也将其作为实践问题的应对之道——在多中心的治理下对个人选择进行尽可能的协调，选择能够长期存续的自发秩序。布卢明顿学派以理论色彩和实证主义并重作为学术特色，围绕公共事物治理的集体行动困境，形成了系统化的理论，并且在世界范围内开展了大量实证分析。公共事物治理的学术共同体逐渐形成，1984年共有产权网络（The Common Property Network）成立，1989年由埃莉诺·奥斯特罗姆等人成立了国际共有产权研究协会（International Association for the Study of Common Property），进一步推动了公共事物学科的发展。

三、成熟阶段（1990—2009年）

1990年，埃莉诺·奥斯特罗姆的《公共事物的治理之道》一书出版，代表着公共事物学科走向成熟，此书也成为了公共事物研究中最具标志性的作品。面对社

① Nunn S C. The political economy of institutional change: a distribution criterion for acceptance of groundwater rules[J]. Natural Resources Journal, 1985, 25(4): 867-892.

② Netting R M. What alpine peasants have in common: Observations on communal tenure in a Swiss village[J]. Human Ecology, 1976, 4(2): 135-146.

会困境出现的一系列问题，已有研究带有偏见地认为集体行动必然出现困境，自发的规则和秩序不具备稳定性。但埃莉诺·奥斯特罗姆通过对大量案例的分析证明，人们通过有效的集体行动可以实现自主治理，关键是要解决制度供给、可信承诺和相互监督等问题。此后，埃莉诺·奥斯特罗姆进一步提出了社会生态系统的多层次分析框架[①]，应用复杂社会生态系统分析进一步发展了自主治理理论。2009 年 10 月，埃莉诺·奥斯特罗姆获得诺贝尔经济学奖，诺贝尔奖评选委员会在公告中特别提到，此奖用以表彰她关于“公共事物”的研究成果。从集体行动问题到自主治理，从制度多样性的理解到多中心，从制度分析与发展框架到社会生态系统成果等框架，埃莉诺·奥斯特罗姆为公共事物治理学科作出了奠基性贡献，她的获奖也使公共事物治理正式成为一门“显学”，迅速在世界范围内产生了学科影响。在这一阶段，公共事物治理的学术共同体更名为国际公共事物学会(International Association for the Study of the Commons)并沿用至今。并且，国际公共事物学会创办了学术刊物国际公共事物学报(*International Journal of the Commons*，简称 IJC)，发表了大量公共事物治理研究的理论与实践成果。公共事物治理研究发源于政治学、经济学等基础性学科，学科范式走向成熟，既成为了相对独立的学科，也成为公共管理等主要学科的前沿领域，显示出了独特的理论价值和现实意义。

四、深化阶段(2010 年至今)

随着公共事物治理学科的不断发展，其在全球影响力的迅速上升，越来越多的学者参与到这一学科的理论讨论和实证分析中，涌现出丰硕的研究成果。通过对公共事物治理学科重要国际期刊 *International Journal of the Commons* 和 *World Development* 的文献计量分析，可以展现出这一领域的成果丰富性与多样性。

如图 2-1、图 2-2、图 2-3、图 2-4 所示，在两本著名的社会科学国际期刊中，有关公共事物的文献发表数量和被引频次在逐年增加。其中，*International Journal of the Commons* 一直保持着较高的被引用率，十年间被引频次超过 3 000 次，成为公共事物治理学科的旗舰刊物；*World Development* 在 2019 年、

① Ostrom E. A diagnostic approach for going beyond panaceas [J]. Proceedings of the National Academy of Sciences, 2007, 104(39): 15181-15187.

2020年有关公共事物研究的被引频次分别突破1 100次。总体而言，进入21世纪之后，关于公共事物的研究热潮在不断攀升，发文量有较大的涨幅。

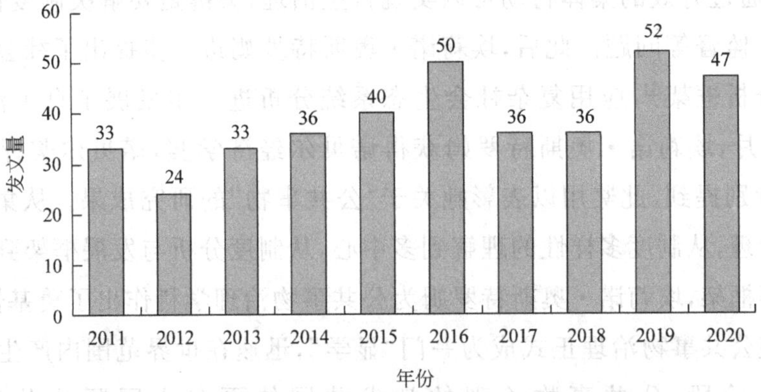

图 2-1　*International Journal of the Commons* 中关于公共事物的文献发表动态图

资料来源：作者自制，结果来自 web of science。

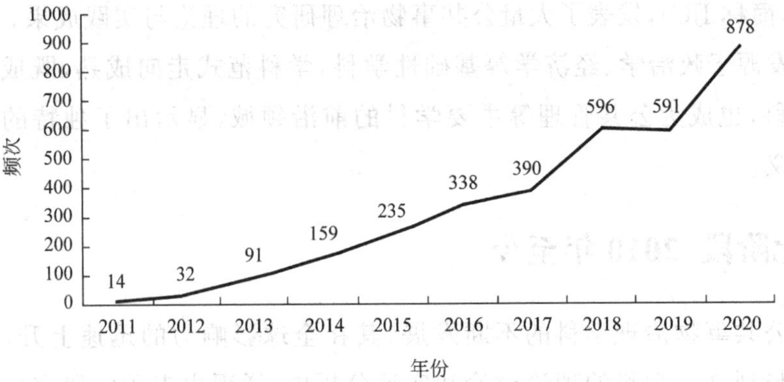

图 2-2　*International Journal of the Commons* 中关于公共事物的文献被引频次图

资料来源：web of science。

从发文作者的地域分布来看，来自欧美国家学者的研究仍占据多数。近年来，国内学者扎根中国研究，不断努力将中国的公共事物治理研究成果融入国际学术交流中，中国学者的论文也频现于相关的国际主流期刊之中。例如：对于中国公共事物的集体行动问题，王亚华等分析了农村劳动力外流对于当代中国农村集体明渠灌溉衰落的影响[①]；苏毅清等通过对土地流转与劳动力外流的联合效应

① Wang Y, Chen C, Araral E. The Effects of Migration on Collective Action in the Commons: Evidence from Rural China[J]. World Development, 2016, 88: 79-93.

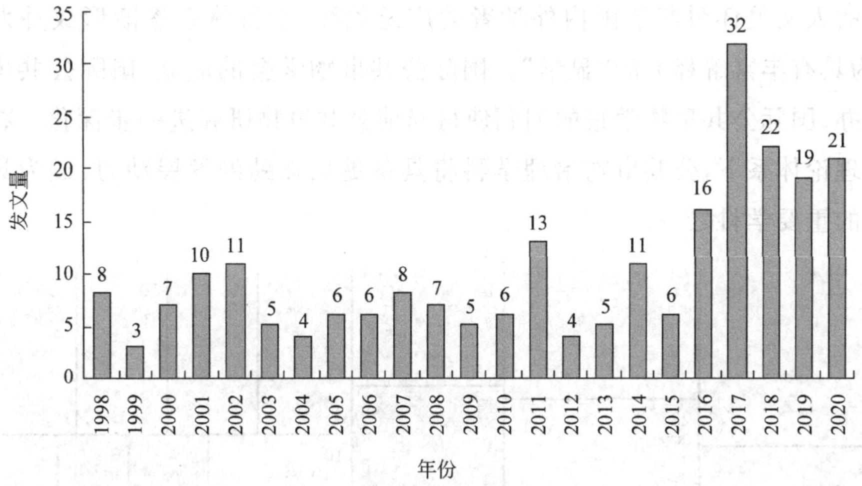

图 2-3　*World Development* 中关于公共事物的文献发表动态图

资料来源：作者自制，结果来自 web of science，选定期刊 *World Development* 后以 Commons 等有关公共事物治理的关键词进行主题检索，共获得有效文献 242 篇。

来揭示中国农村集体行动的复杂机制①。这些研究体现了中国学者对于公共事物治理学科发展的推动和知识贡献。

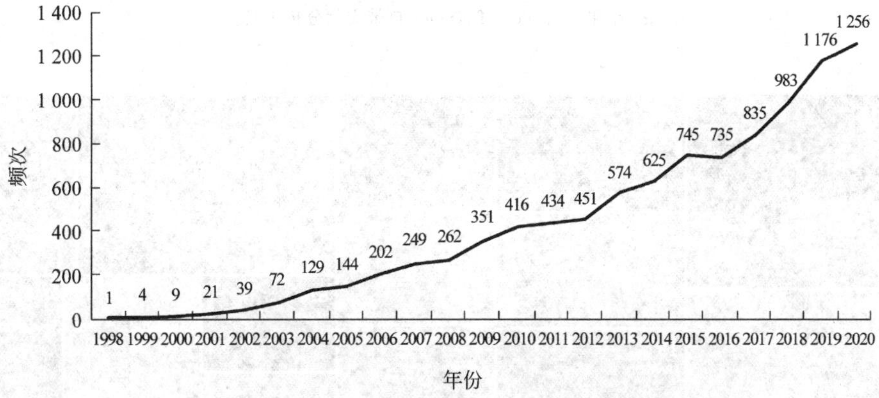

图 2-4　*World Development* 中关于公共事物的文献被引频次图

资料来源：web of science。

时至今日，公共事物治理研究以其丰富的研究路径、独特的研究视角和对现

① Su Y, Araral E, Wang Y. The effects of farmland use rights trading and labor outmigration on the governance of the irrigation commons: Evidence from China[J]. Land Use Policy, 2020, 91: 104378.

实情境的人文关怀引起了国内外学者的广泛关注，学科体系逐渐形成并发展成熟，成为具有丰富解释力的“显学”。国际公共事物学会的成立、国际公共事物会议的举办、国际公共事物学报的创刊使得当前公共事物研究进一步深化。在日趋完善的理论体系下，公共事物治理学科将具备更加强劲的发展动力，成为具有发展前景的重要学科之一。

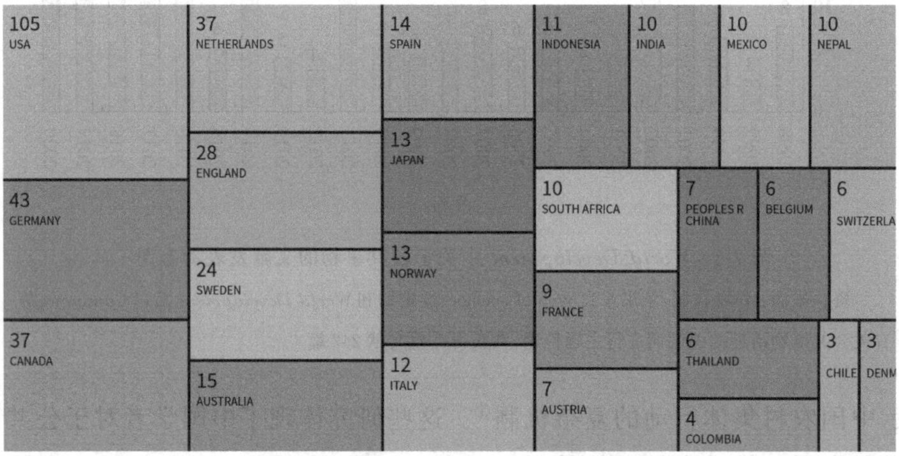

图 2-5 *International Journal of the Commons* 中关于公共事物的研究作者国别统计

注：结果来自 web of science 自带文献分析工具。

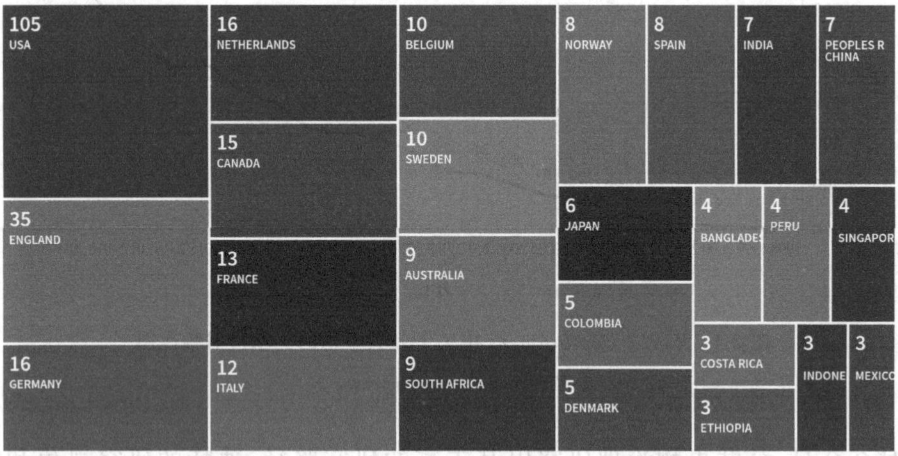

图 2-6 *World Development* 中关于公共事物的研究作者国别统计

注：结果来自 web of science 自带文献分析工具。

第二节　公共事物治理的学科现状

经过半个多世纪的发展，公共事物治理在知识体系上已经自成一体，在知识传承中形成了特色的课程体系和教材，在学术共同体上凝聚了全球范围内的众多学者和实践者，并且通过举办专业会议和学术刊物等方式搭建学术平台。可以说，公共事物治理已经具备了作为一门独立学科的各种要件。

一、知识体系

公共事物治理是一个多学科交叉的学科领域。公共事物治理的研究脱胎于资源环境的研究，但其学科范畴处于公共管理和资源环境的交叉部分，属于一个多学科、跨学科和交叉学科的范畴，具有比较特殊的学科属性。虽然多学科和跨学科的特征，使公共事物治理的学术共同体凝聚具有一定难度，但是其学科重要性仍然无法被忽略。因为当今世界包括中国发展到现在，很多情况都面临着深刻的集体行动困境，普遍存在的社会困境需要学者提供深入的理论透视和解决方案，这也是众多学者致力于推进这个学科发展的动力所在。

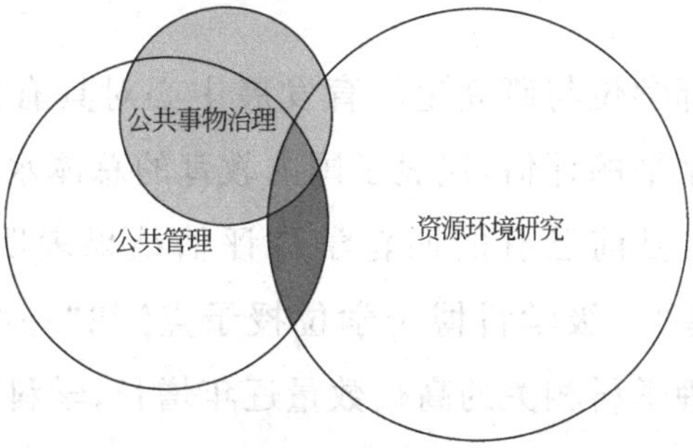

图 2-7　公共事物治理的学科定位

在 2009 年埃莉诺·奥斯特罗姆获得诺贝尔经济学奖后，公共事物治理研究引起了更多学者的关注，公共事物研究的学科特色也更加鲜明。公共事物研究从早期就打上了奥斯特罗姆夫妇的烙印，多中心治理、制度分析、制度分析与发展框架、社会生态系统框架、制度多样性等，是贯穿其中的特色元素，形成了包括框架、理论、方法在内的丰富的知识体系。

随着知识传承的不断延续，公共事物治理学科在解释社会困境和人类行为方面展现出独特的分析思路，使得公共事物研究的边界被不断拓宽。公共事物研究从资源环境治理发展而来，森林、草原、灌溉系统等是其传统研究领域，近年来逐渐向滨海系统、全球气候等方面拓展，更多的非传统公共事物也逐渐被纳入其研究范畴。"公共事物化"(Commoning the Commons)正在从研究领域发展成为研究视角，其词语本身正在从名词演化为动词，成为一种新的研究视角，用以透视人类社会生活中形形色色的公共事物。

公共事物治理是一个多学科交叉的学科领域。为了便于公共事物治理学科的发展，公共事物治理至少可以视为三个学科的基础学科内容：一是公共管理学科的基础学科，可以用于广泛的公共管理主题的研究领域；二是可持续发展管理的基础学科，主要用于资源、环境与生态管理的研究；三是未来治理科学的基础学科，公共管理与各种基础社会科学学科的融合未来可望诞生治理科学，公共事物治理可以提供重要的学科支撑。

在我国的学科设置与分类中，目前在公共管理、农林经济管理、农业资源与环境、林学、水产学、理论经济学等一级学科下，均有与公共事物治理紧密相关的二级学科，包括土地资源管理、林业经济管理、农业环境保护、森林保护学、渔业资源以及人口、资源与环境经济学等。公共事物治理可以为这些二级学科提供重要的基础支撑。

学科评估是教育部学位与研究生教育发展中心对具有博士硕士学位授予权的一级学科进行整体水平的评估，代表了国内教育的总体水平和主要力量。参照学科评估公布的数据，目前已有的四轮学科评估结果表明(表 2-1)，2002 年至 2017 年期间，全国具备"一级学科博士学位授予点"和"一级学科硕士学位授予点"，且与公共事物治理学科相关的高校数量逐年增长，学科发展和影响力稳步提升。这些相关学科的发展动态，从一个侧面说明了公共事物治理的学科发展需求快速增长。公共事物治理学科的发展，可以为这些相关学科的发展注入新的活力。

表 2-1　中国四轮学科评估中与公共事物治理相关的学科开设情况

一级学科	相关二级学科	第一轮(2002 年)	第二轮(2009 年)	第三轮(2012 年)	第四轮(2017 年)
公共管理	行政管理；土地资源管理	14	44	60	143
农林经济管理	农业经济管理；林业经济管理	12	20	29	39

续表

一级学科	相关二级学科	第一轮（2002年）	第二轮（2009年）	第三轮（2012年）	第四轮（2017年）
农业资源与环境	土壤学；农业环境保护	9	17	17	34
理论经济学	人口、资源与环境经济学	26	36	55	90
林学	森林保护学	8	15	22	30
水产学	渔业资源	6	10	12	19

二、知识传承

在印第安纳大学，文森特·奥斯特罗姆和埃莉诺·奥斯特罗姆创办了政治理论与政策分析研究所。该研究所的“制度分析与发展”课程前后开设超过30年，在埃莉诺·奥斯特罗姆去世之前，这门课由她主讲，每年不断更新融入最新的研究成果。这门课也集中展示了她的学术思想和精华。她的著作《公共事物的治理之道》等也成为公共事物治理学科的经典教材。她的弟子、亚利桑那州立大学的安德列斯（John M. Anderies）和马可·詹森（Marco A. Janssen）编写的 *Sustaining the Commons* 教材，对公共事物治理研究的理论、框架和方法等内容进行了综合阐述。这些课程和教材成为公共事物治理学科知识传承的重要载体。

国际公共事物学会的官网提供了公共事物治理的重要教育资源，包括：一是 *Sustaining the Commons* 教材的电子版；二是在学者和实践者中使用到的学科词汇；三是有关公共事物治理的在线课程；四是有关可持续发展的产权和集体行动的学习资料。清华大学公共管理学院王亚华教授开设了公共事物治理导论、制度分析与公共治理等课程以及《公共事物治理学术与政策前沿》慕课讲座，通过概论、框架、理论以及方法的介绍，阐释制度分析理论前沿以及对中国公共事物治理和发展道路的思考，以推动公共事物治理前沿理论在中国的传播。

三、学术共同体

作为公共事物治理学科重要的学术共同体，国际公共事物学会致力汇集多学科研究人员、从业者和决策者的实践成果，以改善治理，并为公地、公共池塘资源或任何其他形式的共享资源创造可持续的解决方案。国际公共事物学会的成立和壮大，在深化公共事物研究上发挥了至关重要的作用。

国际公共事物学会于 1984 年作为共有产权网络（The Common Property Network）成立。当时成立该网络是为了促进关于共有产权问题的讨论。1986 年，为了在不同国家和不同学科的学者之间进行更加有效的信息交流和传播，共有产权网络出版了《共有产权文摘》（*The Common Property Digest*）。1989 年，一个由政治学家、人类学家、经济学家、历史学家和自然资源管理者组成的特设学者小组成立了国际共有产权研究协会（International Association for the Study of Common Property），埃莉诺·奥斯特罗姆是其创始人之一。2006 年，经过充分讨论，协会更名为国际公共事物学会（International Association for the Study of the Commons，IASC）。这一名字反映了自 1984 年以来研究领域的演变，因为研究活动不仅关注共有产权，而且向更加广泛的共同使用和管理的事物拓展。历届国际公共事物学会主席如表 2-2 所示。

表 2-2　历届国际公共事物学会主席

姓　名	担任时间
Marco Janssen	2019—2020
John Powell	2017—2019
Tine De Moor	2015—2017
Leticia Merino	2013—2015
Susan Buck	2011—2013
Ruth Meinzen-Dick	2008—2011
Owen J. Lynch	2006—2007
Narpat Jodha	2004—2006
Erling Berge	2002—2004
Susan S. Hanna	2000—2002
Bonnie J. McCay	1998—2000
Fikret Berkes	1996—1998
Margaret McKean	1995—1996
David Feeny	1993—1995

续表

姓　名	担任时间
Daniel Bromley	1992—1993
Robert M. Netting	1991—1992
Elinor Ostrom	1990—1991

清华大学公共管理学院王亚华教授作为国际公共事物学会中国区协调人，在中国多次组织举办了公共事物治理国际研讨会。2017、2018、2020 年公共事物治理国际研讨会(Commons Workshop)分别以“增进水治理和政策”“中国公共事物治理的挑战与响应：纪念《公地悲剧》发表 50 年”“城市公共事物与高质量发展”为主题。会议致力于公共事物研究的国际化和本土化，反映公共事物研究在国内外的最新发展动态，不断深化中国公共事物研究界与国际学界的交流合作。用公共事物的理论视角透视中国的公共事物治理，在理论上总结中国经验和中国道路，既是未来中国公共事物治理研究的使命，亦对中国的公共治理实践具有重要的理论价值和政策意义。

四、学术平台

国际公共事物学会定期组织举办一次全球会议，针对特定主题进行征文和展开研讨。第一届会议(1990 年)在美国杜克大学举行，麦基恩(Margaret McKean)担任会议主席，贝茨(Robert Bates)做主题演讲，43 名来自世界各地的学者参加会议。埃莉诺·奥斯特罗姆是 IASC 的创始人之一，分别在 2008 年和 2011 年出席会议并做主题演讲。历届会议信息见表 2-3。

同时，国际公共事物学会每年举办世界公共事物周(World Commons Week)活动，即选取一周的时间在全球范围内举办一系列关于公共事物治理的学术交流活动，主要包括区域性活动(Local Events)和全球主题在线研讨会(Global Keynote Webinars)。前者鼓励公共事物的研究者和实践者在当地举办特色交流活动，结合实践对话探讨公共事物治理问题；后者主要在更大的区域范围内组织学术研讨会。2018 年 10 月 12 日，全球 20 多个国家的学者联袂举办了一场 24 小时连续网络直播会议(24 Hours of Global Noon-hour Webinars)，清华公共管理

表 2-3　历届 IASC 国际双年会信息简表

年　份	大会日期	会议地点	会 议 主 题	会议主办方	会议主席	主旨演讲嘉宾	参与人数	提交论文数
IASC 2021	2—10 月	Virtual Conferences 线上会议	Our Commons Future Commons 的未来	Arizona State University, the University of Arizona	Marco A. Janssen			
IASC 2019	7 月 1—5 日	Lima, Peru 秘鲁	In Defense of the Commons: Challenges, Innovation, and Action 保卫 Commons：挑战、创新和行动	Pontifical Catholic University of Peru	Juan Camilo Cárdenas, Deborah Delgado Pugley	Brigitte LG Baptiste, Fiorenza Micheli, Wrays Perez Ramirez		
IASC 2017	7 月 10—14 日	Utrecht, the Netherlands 荷兰	Practicing the Commons: Self-governance, Cooperation and Institutional Change 实践 Commons：自治、合作和制度变迁	Utrecht University	Tine De Moor	Saskia Sassen, Juan Camilo Cárdenas, Jane Humphries		1 000＋
IASC 2015	5 月 25—29 日	Alberta, Canada 加拿大	The Commons Amidst Complexity and Change 复杂性和变迁下的 Commons	University of Alberta Edmonton	Brenda Parlee			
IASC 2013	6 月 3—7 日	Mount Fuji, Japan 日本	Commoners and the Changing Commons: Livelihoods, Environmental Security, and Shared Knowledge Commoners 和变化的 Commons：生计、环境安全和共享知识	Onshirin Regional Public Organization	Tomoya Akimichi, Margaret McKean		400	
IASC 2011	1 月 10—14 日	Hyderabad, India 印度	Sustaining Commons: Sustaining Our Future 可持续的 Commons：可持续的未来	Foundation for Ecological Security	Nitin Desai; Jagdeesh Puppala	Elinor Ostrom	800	
IASC 2008	7 月 14—18 日	Cheltenham, England 英国	Governing Shared Resources: Connecting Local Experience to Global Challenges 治理共享资源：本土经验和全球挑战	University of Gloucestershire	John Powell; Chris Short	Elinor Ostrom		

续表

年　份	大会日期	会议地点	会 议 主 题	会议主办方	会议主席	主旨演讲嘉宾	参与人数	提交论文数
IASC 2006	6月19—23日	Bali，Indonesia 印度尼西亚	Survival of the Commons：Mounting Challenges and New Realities 幸存的 Commons：监控挑战和新现实	Bogar Agricultural University	Ernan Rustiadi	Walter Coward		266
IASC 2004	8月 9—13日	Oaxaca City，Mexico 墨西哥	The Commons in an Age of Global Transition：Challenges，Risks，and Opportunities 全球变迁时代的 Commons：挑战风险和机会	the National Autonomous University of Mexico	Leticia Merino	David Kaimowitz		239
IASC 2002	6月17—21日	Victoria Falls，Zimbabwe 津巴布韦	The Commons in an Age of Globalization 全球化时代的 Commons	University of Zimbabwe	Phanuel Mugabe			150
IASC 2000	5月31日—6月4日	Bloomington，Indiana，USA 美国	Constituting the Commons：Grafting Sustainable Commons in the New Millennium Commons 的咨询：新千年里移植可持续的 Commons	Indiana University Memorial Union	Nives Dolsak，Elinor Ostrom			235
IASC 1998	6月10—14日	Vancouver，Canada 加拿大	Crossing Boundaries 跨边界	University of British Columbia	Evelyn Pinkerton	Burton，Michael	500	181
IASC 1996	6月5—8日	Berkeley，California，USA 美国	Voices from the Commons Commons 的声音	University of California	Louise Fortmann	Marshall W. Murphee	500	81
IASC 1995	5月24—28日	Bodoe，Norway 挪威	Reinventing the Commons 重塑 Commons	Agricultural University of Norway	Erling Berge，Audun Sandberg	Douglas North	350	198
IASC 1993	6月16—19日	Los Banos，Laguna Philippines 菲律宾	Common Property in Ecosystems Under Stress 压力下生态系统的公共财产	Univeristy of Philippines	Maria Cruz，Ben Malayang	Angel Alcala		

续表

年　份	大会日期	会议地点	会 议 主 题	会议主办方	会议主席	主旨演讲嘉宾	参与人数	提交论文数
IASC 1992	9月17—20日	Washington, DC, USA 美国	Inequality and the Commons Commons 的不平等	Rutgers University	Bonnie McCay	Sidney Holt	100	77
IASC 1991	9月26—29日	Winnipeg, Manitoba, Canada 加拿大	Common Property Conference 公共财产会议	University of Manitoba	Fikret Berkes	Arthur Hanson	350	77
IASC 1990	9月27—30日	Durham, North Carolina, USA 挪威/美国	Designing Sustainability on the Commons 设计 Commons 的可持续性	Duke University	Margaret McKean	Robert Bates	43	210

资料来源：各次会议网站或论文集。

学院王亚华教授代表中国组织了东八区(UTC+8)的网络直播。在直播会议中，王亚华和新加坡国立大学李光耀公共政策学院教授爱德华多·阿拉拉尔(Eduardo Araral)分别介绍了中国和亚洲的公共事物治理研究。荷兰乌得勒支大学副教授、《国际公共事物学报》主编弗兰克·范·拉尔赫温(Frank van Laerhoven)和西班牙巴塞罗那自治大学环境科技研究所玛丽居里研究员塞尔吉奥·维拉梅尔-托马斯(Sergio Villamayor-Tomas)以西方公共事物治理研究的角度参与对话。2019年10月8日，广东财经大学经济学院教授柴盈做了关于"中国灌溉系统的集体治理研究"的主题演讲。2020年10月7日，厦门大学公共政策研究院助理教授周茜做了关于"后疫情时代的公共事物治理"的主题演讲。清华大学公共管理学院教授、IASC中国区协调人王亚华主持了这些活动，来自国内多所高校的师生和社会人士进行了在线参与和热烈讨论。

国际公共事物学会还创办了学术刊物 *International Journal of the Commons* (IJC)。作为一个跨学科的同行评审期刊，IJC致力于促进对公共事物治理实践和制度的认识，涵盖了自然资源(如森林、气候系统或海洋)，以及新兴公共事物(如互联网、知识)等相关研究。该期刊集中展示了公共事物治理学科的最新研究成果，是国际公共事物研究的专业交流平台。IJC每年出版两期，采用双盲同行评审方式对投稿论文进行理论、方法和研究结论的评估，以确定论文的创新性和前沿性。此外，*World Development*、*Ecology and Society*、*Ecological Economics*、*Human Ecology*、*Journal of Environmental Economics and Management* 等也是国际公共事物治理领域的重要学术刊物。这些期刊通过推动基础研究和凝聚学术共同体，促进了跨学科和跨国别的合作研究以及在透视新兴公共事物上取得新成果。

除了国际公共事物学会搭建的学术交流平台，美国印第安纳大学制度分析与政策研究所也会定期举办布卢明顿工作坊(Workshop on the Workshop，WOW)。该会议由奥斯特罗姆夫妇创办，每五年固定在美国印第安纳大学举办一次，是美国三大公共选择学派之一——布卢明顿学派的学术盛会。2014年是第五届会议，简称WOW5。由于埃莉诺·奥斯特罗姆荣膺诺贝尔经济学奖，布卢明顿学派也因此更受世人瞩目。2012年，仅仅在获奖两年半之后，埃莉诺·奥斯特罗姆不幸罹病辞世，两周之后她的丈夫文森特·奥斯特罗姆也紧随而去。WOW5因此成为了首届没有奥斯特罗姆夫妇参与的WOW会议。尽管如此，WOW5会议的规模却进一步增长，可谓盛况空前。WOW5 的特色在于以工作组（Working Group）为单元进行组织的，数量多达 52 个，涵盖了布卢明顿学派众多特色的学术主题。中国学者与布卢明顿学派素来有着紧密的联系，也积极参与 WOW 会议。早在 1999 年，中国人民大学毛寿龙教授就参加了 WOW2；2004 年，毛寿龙、陈幽泓、舒可心等国内学者参加了 WOW3；2009 年，毛寿龙、陈幽泓、王亚华、刘绮菲等学者参加了 WOW4；2014 年，王亚华教授参加了 WOW5。

第三节　中国的公共事物治理研究的进展

近年来，大气污染、水污染、空气污染等生态环境问题层出不穷，中国的“公地悲剧”现象频发，人口、资源与环境之间的矛盾凸显。对于当前中国的公共事物治理危机，既存在着以自然资源为代表的公共事物受到破坏、污染、使用不当的问题，也存在着公共事物维护过程搭便车等集体行动困境。这些现象得到了学界的普遍关注，并刺激了大量实证研究，通过文献计量分析可以直观呈现这些学术进展。

一、数据来源与分析方法

随着认知思维结构和科学学的发展，以科学图谱为主要形式的可视化方式逐渐替代了传统的人工文献计量[①]，提升了文献阅读的认知效率和引文分析的精确性。CiteSpace 软件便是在这一趋势中应运而生的分析工具之一，通过可视化手段来呈现科学知识的结构、规律与分布情况[②]，是分析当前中国公共事物治理学术研究动态的一个实用软件。

在使用 CiteSpace5.6.R4 软件对入选 CSSCI 和北大核心的中文权威期刊进行检索和分析的过程中，以“公共事物”“公共事物治理”等关键词在中国学术期刊网络出版总库（CNKI）检索，获得的文献较少（不足 60 篇）。这是因为当前国内公共事物治理学科尚未形成严谨的学科共识和话语体系。因此，需要将检索词进一步

---

① Chen Chaomei; Chen Yue; Hou Jianhua, CiteSpace Ⅱ: detecting and visualizing emerging trends and transient patterns in scientific literature[J].Journal of the China Society for Scientific and Technical Information, 2009(3): 401-21.

② 李杰、陈超美，CiteSpace：科技文本挖掘及可视化[M]. 北京：首都经济贸易大学出版社，2016.

扩大并逐篇文章进行人工查看和检索。在加入“公共池塘资源”“公地”“公共事务”“集体行动”“制度分析与发展”等公共事物治理学科中的高频词语进行检索后，再经过二次人工筛选剔除征稿启事、新闻稿、课题介绍或重复文献等干扰数据后，最终得到 1 258 篇参考文献。数据的起始时间为 1992 年，截止时间为 2020 年。引文数据库最后更新时间为 2020 年 12 月 31 日。

二、作者-机构合作网络图谱

CiteSpace 软件提供了从宏观到微观层面的国家、机构与作者发文合作的网络分析功能①。如图 2-8 所示，CiteSpace 生成了网络节点数为 147，连线数为 119 的作者-结构图谱。其中，福建农林大学经济学院（频次 87）、王亚华（频次 40）、清华大学公共管理学院（频次 38）、中国人民大学公共管理学院（频次 27）、毛寿龙（频次 21）、李文钊（频次 8）、西北农林科技大学经济管理学院（频次 12）为频次排名最高、节点数量最大的学科发展贡献者。

福建农林大学经济学院在中国林业经济学会、福建农林大学主办的期刊《林业经济问题》上刊登了大量林业问题的文章，故其节点最大。其对于林业专业合作社的集体行动困境进行分析②，或是借鉴埃莉诺·奥斯特罗姆提出的社会-生态系统和自主治理理论对集体林展开实证研究③等，他们的研究领域集中在公共池塘资源中的森林、林业问题上。相比之下，来自清华大学公共管理学院、清华大学中国农村研究院、清华大学国情研究院的研究更为丰富。王亚华带领的研究团队对中国农村治理④、乡村振兴、乡村领导力⑤等农村公共事物议题进行了深入分析，研究视角涉及自主治理、政策执行⑥等多个维度，相关成果发表在《管理世界》

① 在国内期刊的分析中，笔者使用功能参数区的 Author、Institution 功能进行作者-机构合作网络的计量分析。Time Slicing 区域的引文时间跨度为 1992—2020 年的数据年限，在分析对象数据的连线强度上选择 Cosine 算法。在文献选择和阈值设置上，Top$N$=50，Top$N$%=100%，C/CC/CCV 三个阈值分别为 2、2、20；4、3、20；4、3、20。同时，根据对数据预处理结果的判定，为了保证数据结果的直观性，选择 Minimum Spanning Tree 最小生成树算法对图谱进行修剪，并选择 Pruning the Merged networks 对整个网络图谱进行修剪拼接从而生成结果。

② 林伟星，戴永务，洪燕真，邱栩.林业专业合作社集体行动研究[J].林业经济问题，2021，41(1)：73-82.

③ 王光菊，阮弘毅，杨建州.森林生态-经济系统的协同机理分析[J/OL].林业经济问题：1-8[2021-01-05].https://doi.org/10.16832/j.cnki.1005-9709.20200096.

④ 王亚华，高瑞，孟庆国.中国农村公共事务治理的危机与响应[J].清华大学学报(哲学社会科学版)，2016，31(02)：23-29+195.

⑤ 王亚华，舒全峰.中国乡村干部的公共服务动机：定量测度与影响因素[J].管理世界，2018，34(2)：93-102+187-188.

⑥ 王亚华.我国建设节水型社会的框架、途径和机制[J].中国水利，2003(19)：15-18.

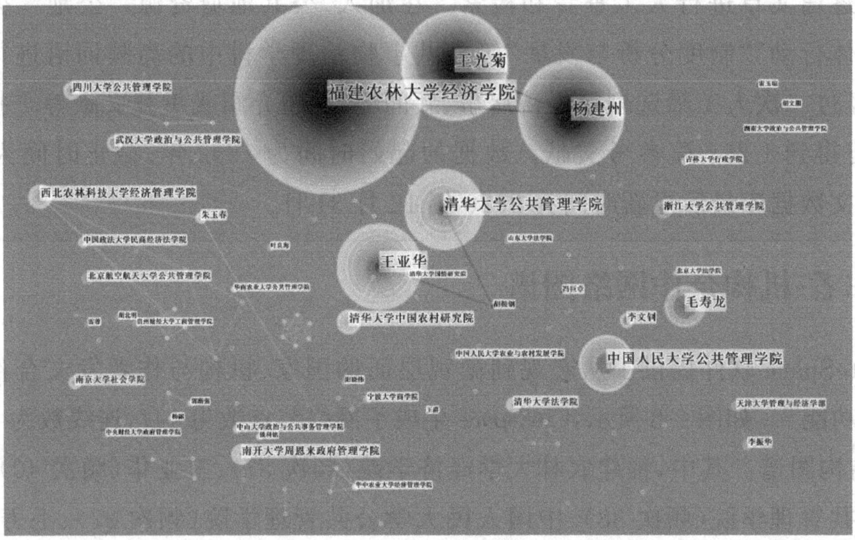

图 2-8　中国公共事物治理学科发展作者-机构图谱

《公共管理学报》《中国农村观察》等期刊杂志上，形成了广泛的学术影响。此外，中国人民大学公共管理学院对于公共事物治理的研究也占据了重要地位。相关研究既涉及理论综述[①]、对埃莉诺·奥斯特罗姆学术贡献的总结回顾[②③]、对集体行动问题的理论探讨[④]，也对集体林产权制度[⑤]、农村公共物品与村民自治[⑥]等进行实证研究，丰富了国内公共事物治理学科的研究。

但是，通过对于作者-机构的联合计量分析可以发现，当前中国公共事物治理学科发展仍然处于起步阶段。虽然涵盖了 1 000 余篇文献，但在 MST 算法的裁剪下总共生成的网络节点数仅为 147 个，因此并没有形成广泛的研究共识。并且，大部分的合作连线都是作者与所在单位的固定连线，除去作者自身所在机构之外的连线较为稀少，这表明公共事物治理的研究较为独立，缺乏学术合作或合

① 毛寿龙.公共管理与治道变革——政府公共管理创新的治道变革意义[J].中国特色社会主义研究，2004(1)：9-15.

② 毛寿龙.公共事物的治理之道[J].江苏行政学院学报，2010(1)：100-105.

③ 李文钊.多中心的政治经济学——埃莉诺·奥斯特罗姆的探索[J].北京航空航天大学学报(社会科学版)，2011,24(6)：1-9.

④ 毛寿龙.集体行动的逻辑与公共治理理论[J].社会科学研究，2017(1)：37-44.

⑤ 蔡晶晶，毛寿龙.复杂"社会-生态系统"的适应性治理：扩展集体林权制度改革的视野[J].农业经济问题，2011,32(6)：82-88+112.

⑥ 李文钊，张黎黎.村民自治：集体行动、制度变迁与公共精神的培育——贵州省习水县赶场坡村组自治的个案研究[J].管理世界，2008(10)：64-74.

作关系并不明显。因此，通过加强公共事物治理研究的学术合作与交流，将助推国内公共事物治理研究走向更为成熟的学科发展新阶段。

三、关键词共现及聚类分析

通过提取集体行动、公地悲剧、制度、协同治理、多中心治理、森林生态-经济系统、Collective Action、自主治理、反公地悲剧等关键词的分析绘制出图 2-9，可以反映出当前公共事物治理学科发展的研究热点和前沿问题①。

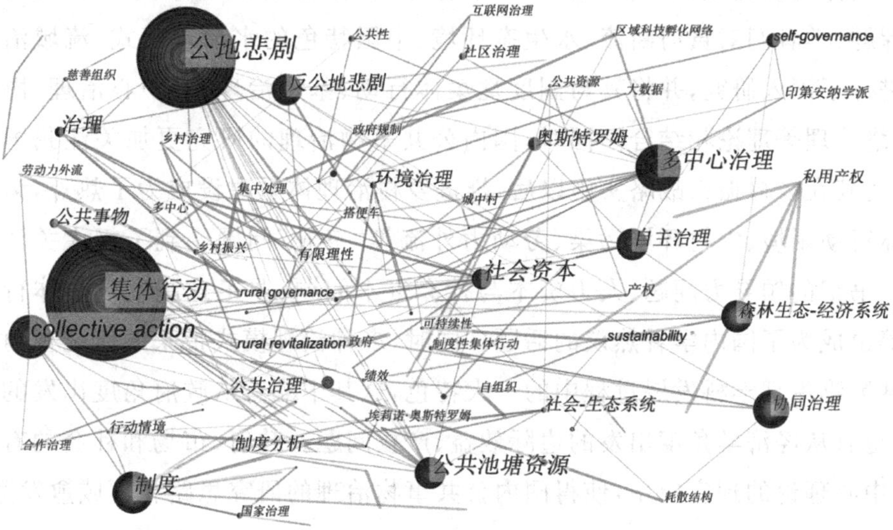

图 2-9　公共事物治理关键词共现及聚类分析

显然，集体行动问题始终是一个关键议题，拥有最高的频次（164 次）和 8.20 的凸显指数，并且在 1993 年前后就有学者关注农业经营过程中的集体行动困境②。

---

① 在 citespace 的节点选择上，选择 Keyword 节点，在修剪拼接方法上选择 Pruning sliced networks，Time Slicing 区域的引文时间跨度为 1992—2020 年的数据年限，在分析对象数据的连线强度上选择 Cosine 算法。在文献选择和阈值设置上，Top$N$＝50，Top$N$％＝10％，C/CC/CCV 三个阈值分别为 2、2、20；4、3、20；4、3、20。得到了 201 个节点，247 条连线的关键词共现图谱。在此基础上，笔者使用 citespace 生成关键词共现图谱后进一步进行文献关键词的聚类分析，聚类算法使用 LLR 算法，标签使用关键词。并使用关键词聚类的时区呈现功能探寻公共事物治理学科发展的时间变化和领域主题，最终得到了 M 值为 0.683 5 的 7 个聚类结果，除聚类 3 外，每个聚类的 Silhouette 值均超过 0.8，说明聚类的结果是可信的。

② 蔡昉.论农业经营形式的选择——着重于社区合作组织的经济学分析[J].经济研究，1993(01)：26-32.

对于农村公共事物及自治[①②]、林业领域的森林-生态经济系统是国内集体行动的主要研究领域。同时，埃莉诺·奥斯特罗姆等人所提出的公共事物治理基本概念及分析框架对国内学者的研究产生了深远影响，江峰[③]、柴盈[④]对其进行了评述与研究，于满在此基础上讨论了公共环境治理[⑤]。在埃莉诺·奥斯特罗姆获 2009 年度诺贝尔经济学奖之后，国内掀起了对于公共事物治理理论的研究热潮，涉及自主治理理论[⑥]、复杂行动情景治理[⑦]、制度分析与发展(IAD)框架的评述[⑧]及使用[⑨]等等，对于社会-生态系统(SES)框架的使用也逐渐增多[⑩⑪]。

从具体的研究领域来看，在 2008 年前后，水治理成为了公共事物治理研究的重要课题，学者们对黄河断流、水生态环境、中国特色的水治理模式、流域治理等问题进行了深入研究，并将其与制度性集体行动、基层治理、多中心治理、协同治理、网络治理等理论相结合。同时，国内公共事物治理的研究更加关注我国乡村治理，尤其在乡村振兴战略实施以后，推进乡村治理体系建设成为了热点，诸如农村集体行动困境、农村环境污染、劳动力外流等“三农”问题受到了极大关注。驻村第一书记的领导力问题、人力资本与社会资本问题、非正式制度对集体行动的作用等也成为了国内学者热议的话题。同时，多种治理模式带来的研究视角变化是公共事物治理学科发展过程中的一大特色，这其中既有从政府角度出发的治理问题，也有从经济学角度出发的边际效益、产权问题。政府、市场和社会的有机互动、多中心理论的现实应用，使得国内公共事物治理的研究思路和领域愈发宽广。

---

① 杜焱强，刘平养，包存宽.新时期农村公共池塘资源治理的集体行动分析[J].中国行政管理，2018(03)：133-137.

② 李文钊，张黎黎.村民自治：集体行动、制度变迁与公共精神的培育——贵州省习水县赶场坡村组自治的个案研究[J].管理世界，2008(10)：64-74.

③ 柴盈，曾云敏.奥斯特罗姆对经济理论与方法论的贡献[J].经济学动态，2009(12)：100-103.

④ 江峰，张昕.奥斯特罗姆夫妇与当代制度分析理论——美国印第安纳大学政策分析中心评介[J].中国行政管理，1995(12)：38-39.

⑤ 于满.由奥斯特罗姆的公共治理理论析公共环境治理[J].中国人口·资源与环境，2014，24(S1)：419-422.

⑥ 张克中.公共治理之道：埃莉诺·奥斯特罗姆理论述评[J].政治学研究，2009(06)：83-93.

⑦ 王群.奥斯特罗姆制度分析与发展框架评介[J].经济学动态，2010(04)：137-142.

⑧ 王亚华.对制度分析与发展(IAD)框架的再评估[J].公共管理评论，2017(01)：3-21.

⑨ 袁方成，靳永广.封闭性公共池塘资源的多层级治理——一个情景化拓展的 IAD 框架[J].公共行政评论，2020，13(01)：116-139+198-199.

⑩ 蔡晶晶.诊断社会-生态系统：埃莉诺·奥斯特罗姆的新探索[J].经济学动态，2012(08)：106-113.

⑪ 王羊，刘金龙，冯喆，李双成，蔡运龙.公共池塘资源可持续管理的理论框架[J].自然资源学报，2012，27(10)：1797-1807.

四、中国公共事物治理研究现状

总体来说，进入21世纪以来，随着更多学者的加入，国内公共事物治理的研究队伍逐渐壮大，科研文章发表数量愈发增多，大量学者意识到了公共事物治理的重要性和急迫性，并对此加以关注。作为一门新兴的综合性学科，国内公共事物治理的研究正处于蓬勃发展的阶段。

在当前，公共事物治理的学科领域发展经历了从森林、草地、湖泊、海洋、土壤、地下水、空气等自然环境，到对城市治理、乡村治理、基层治理等多元议题关注的过程，研究的对象和思路正在逐渐开拓，呈现出多领域和多学科交叉融合的特性。但是，相关研究仍以应用导向型居多，包括以定量或定性方法来对某一特定区域的公共事物问题进行实证研究和因果分析，对具体行动者舞台和行动情景的分析有限，由于缺乏基础性理论的深入探讨，导致对于公共事物治理实践的指导性不足。并且，相关研究长期处于分领域的割裂状态，缺少跨学科、跨国别的对话和知识积累。

当前，我国正值经济社会发展的重要转型期，自然资源、环境、基础设施、医疗卫生、教育、社会保障等公共事物的供给、配置和优化，相关利益与关系的冲突解决和协调，都是不可回避的政策议题。中国公共事物治理学科的发展依然任重道远、方兴未艾。既要引入“公共事物治理”的研究视角聚焦中国特色的制度环境和本土实践，对“公地悲剧”现象进行系统性诊断并提出多元协作治理的解决方案；也要重视公共事物治理学科的理论建构，更加深入地探讨集体行动的微观机制。中国的公共事物治理研究者正在不断利用自身研究的优势视角或独特视角走向世界，与国际接轨。随着国际会议与交流的开展，为多领域多主体的公共事物研究提供了交流对话和学术创新的平台，也为本土化的公共事物治理知识体系的形成起到了推动作用。放眼未来，公共事物的研究议题会更加多样化，诸如云计算、区块链、人工智能、大数据等新兴技术所带来的变革，将对公共事物治理提出新的挑战。此外，城市与乡村的高质量发展也为公共事物治理提出了新的更高要求。立足于前沿的理论与框架，扎根于本土化的实践问题，是国内公共事物治理学科的基本发展取向。

关键术语

布卢明顿学派　《国际公共事物学报》(*International Journal of the Commons*)　国际公共事物学会(International Association for the Study of the Commons)　公共事物治理国际研讨会(Commons Workshop)　布卢明顿工作坊(Workshop on the Workshop)　公共事物的可持续(*Sustaining the Commons*)

思考题

1. 你是否学习过与公共事物治理相关的课程？这些课程体现了哪些与公共事物治理相关的知识？

2. 请运用学科构成要件的分析思路，尝试概述你所学专业的学科四大支柱？

第三章

制度分析与发展(IAD)框架

公共事物治理由于其研究对象的复杂性,在统一的框架下进行知识积累至关重要。因此在公共事物治理研究的学科发展中,分析框架占有非常重要的地位。框架包含了相关研究所涉及的基本变量结构,是研究与分析最基础的形式。分析框架的建立是很多研究开展的起点。制度分析与发展(IAD)框架是公共事物治理中最早建立的框架,也是在学科发展中最重要的一个框架,后来的很多重要框架都是基于IAD框架的变形与发展。IAD框架所研究的核心问题是,自然地理条件、经济社会属性、通用制度规则等客观制度环境如何相互结合,进而形塑集体行动者所面临的行动情景,而行动者又如何根据行动情景所限定的激励结构采取行动,最终产生互动结果及相应绩效。

第一节 框架、理论与模型

在社会科学的研究领域中,框架、理论和模型是三个非常重要且常见的概念,但这三个概念经常被学者或研究人员含混使用。这三个概念之间的含义模糊性与边界不确定性为研究者准确理解及应用这些概念造成了困难。例如,某些学者称之为框架的概念,在其他学者的陈述中则可能称之为理论或模型。对于这种现象,埃莉诺·奥斯特罗姆对框架、理论和模型之间的区别,曾经做出明确的界定和辨析。她认为,框架是一种元理论结构,它的首要作用在于帮助研究者分辨出制度中所包含的各类因素,其次可以明确各个因素间的相互关系。理论能够使分析者根据研究问题的不同类型,定位框架中的具体影响因素,并且提出影响因素之间关系的相关研究假设。而模型则是一组更为精确的假设,主要用于对参数和变量的处理[①]。

---

① Ostrom, E. Understanding Institutional Diversity [M]. Princeton University Press, 2005.

一、框架

框架是理论分析最基础的形式。框架确定了制度分析中需要考虑的因素以及这些因素之间的一般关系，并可以组织开展诊断性和规范性的研究。框架提供了一套通用的变量，可用于分析不同类型的制度安排。框架是一种可以用来比较不同理论的元理论语言，因此框架也被称为元理论。对于具体的研究问题，框架能够找出与研究问题相关的理论所包含的一般元素或变量，这些元素或变量之间相互结合或相互作用会导致非常不同的结果。

研究人员在进行分析时，可以利用框架中所包含的元素对具体研究问题进行明确界定或细化，以便开展进一步的研究。例如，在应用某种集体行动理论或建立模型前，研究者首先需要考虑一系列相关问题，包括行动者可获得的共享信息的范围、活动的流程、支付收益、接受成本等。总的来说，框架最为核心的价值在于提供了一种理论化、包含特定变量的系统语言工具，帮助研究人员进行判断、分析与比较。

二、理论

根据埃莉诺·奥斯特罗姆的界定，理论是指基于特定的问题，在框架的指导之下提出相关因素之间的关系，并对这些因素的关系形态和强度做出假设。这种假设是判定现象、解释过程及预测结果等后续研究开展的基础。

值得注意的是，理论是一种关系假设，这种假设的本质是若干变量之间的相互关系。变量之间的潜在关系类型包括：相关关系、因果关系，或更加复杂的多元关系等。变量间的不同组合和相互关系形成了形形色色的理论。通常，不同的理论可以兼容在同一个框架之内。比如经济学理论、博弈论、交易成本理论、社会选择理论、契约理论以及公共物品和公共池塘资源理论等众多理论都可以兼容在制度分析与发展(IAD)框架之中。

三、模型

相较于框架和理论，模型则更为细致和精准。模型是对一组有限的变量和参数做出的精确假设，从而可以对特定的理论进行精确预测。逻辑模型、数学模型、博弈论模型、行为人模型都是被用来系统地探索不同的变量和参数的精确假设。模型本质上是一种用于处理特定参数和变量的技术工具,模型的研究价值在于检验理论。

就像一个框架可以兼容多个理论一样,同一个理论也可以兼容不同的模型。例如,为了探索在不同的灌溉系统中,制度和物理条件组合可能产生的结果,维斯(Franz J. Weissing)和埃莉诺·奥斯特罗姆在20世纪90年代开发了四个模型[①②],这四个模型都可以精确地分析公共池塘资源理论的某一方面,进而也都可以兼容于IAD框架之中。

框架、理论和模型之间的关系是动态的。框架为理论提供了解释现象所必须的变量类别。随着理论的发展,框架可能会被修改,以提供理论发展所需的新变量。同样,理论也会通过模型的发展得到检验和修正。从最基础的框架到最具体的模型,三种概念之间相互影响,共同推进知识的发展和积累[③]。

在很多研究中,研究者会经常混用框架、理论和模型的概念,特别是框架和理论的概念在很多学术表述中是非常模糊的。有一些被称为理论的概念并没有提供关于因果机制的假设,只是表明了相关因素的组合关系,以及组合关系背后的逻辑结构,因此这些理论实际上应当被称为框架。

框架、理论和模型不仅在概念上有明确的区别,而且在具体的研究应用中也各有侧重,因此对三者的内涵及外延进行辨析具有重要意义。只有建立在系统的、可比较的制度评估之上,政策建议才可能是基于制度绩效的分析,而不仅仅是对制度的某种感性认识。共同的框架和理论体系将大大提升针对改革和转型问题的分析研究与沟通效率。在框架和理论的基础上,特定的模型可以帮助研究者对高度简化结构的可能结果进行预测。当模型可以很好地适应特定问题时,它将在政策分析中发挥重要作用;相反,在模型应用的领域里,如果研究与假设并不完全相符,模型的有效性就无法获得保证。

需要注意的是,尽管埃莉诺·奥斯特罗姆对三者的概念进行了明确辨析,但

① Weissing F, Ostrom E. Irrigation institutions and the games irrigators play: Rule enforcement without guards[M]//Game equilibrium models Ⅱ. Springer, Berlin, Heidelberg, 1991: 188-262.

② Weissing F, Ostrom E. Crime and punishment: Further reflections on the counterintuitive results of mixed equilibria games[J]. Journal of Theoretical Politics, 1991, 3(3): 343-350.

③ Schlager E. A Comparison of Frameworks, Theories, and Models of Policy Processes[A]. In Paul Sabatier, ed. Theories of the Policy Process, 2nd, 293-319. Boulder, CO: Westview Press, 2007.

这种区分还没有得到普遍接受[①]。目前仍有一些社会科学学者对框架和理论的概念有不同的理解,他们认为即使是框架,如果要产生任何学术价值也必须提供明确的假设,因此认为IAD框架只是一组重要变量的清单,而不能视为框架[②]。

第二节 作为通用语言的制度分析与发展(IAD)框架

一、IAD框架的历史渊源

制度分析与发展(Institutional Analysis and Development,简称IAD)框架是一套试图建立起系统的通用语言的分析框架。IAD框架是以奥斯特罗姆夫妇为首的印第安纳大学政治理论与政策分析研究所的学者群体在过去几十年间发展起来的,其目的在于通过一个普遍性的框架,将政治学家、经济学家、人类学家、社会心理学家和其他对制度激励及个体行为反应感兴趣的学者所做的工作进行综合[③]。

IAD框架起源于20世纪70年代文森特·奥斯特罗姆等学者对于美国大都市地区城市公共服务生产与提供的实证研究。这些研究围绕大城市地区政府组织运作、公共选择过程、公共物品与公共服务供给、制度规范与约束分析等细分议题的讨论,辨识了联邦主义制度情境下的分权式架构、制度规则与地方规范、多中心治理秩序等要素在有效的大都市公共服务供给过程中的功能作用,为IAD框架的创建与发展提供了思想基础。

20世纪80年代初,在文森特·奥斯特罗姆工作的基础上,埃莉诺·奥斯特罗姆有感于当时的学术界不同学科之间缺乏统一学术对话体系的状况,努力建立一种一般性的分析框架。1982年,埃莉诺·奥斯特罗姆正式提出了IAD框架的早期版本[④],并由奥斯特罗姆夫妇的学生威廉·布罗姆奎斯特(William

① Schlager E. A Comparison of Frameworks, Theories, and Models of Policy Processes[A]. In Paul Sabatier, ed. Theories of the Policy Process, 2nd, 293-319. Boulder, CO: Westview Press, 2007.

② Bendor J. Book Review of Rules, Games, and Common-Pool Resources[J]. American Political Science Review, 1995, 89(1)(March): 188-189.

③ Ostrom E. Institutional Rational Choice: An Assessment of the Institutional Analysis and Development Framework[A]. In Paul Sabatier, ed. Theories of the Policy Process, 2nd, 21-64. Boulder, CO: Westview Press, 2007.

④ Kiser L. and Ostrom. E. The three worlds of action: A metatheoretical synthesis of Institutional approaches [M]. //Strategies of Political Inquiry, edited by Ostrom E. Beverly Hills: Sage, 1982: 179-222.

Blomquist)的博士论文将此框架应用于研究南加州的地下水治理[①]。

IAD框架的初衷是建立一个具有"普遍性"的框架,将"制度如何影响复杂环境中的个体做出相应行为"这一问题进行跨学科的研究与讨论,并将不同学科及领域的研究融合到一起。目前IAD框架已经成为理解社会行为和公共事物治理的精致框架[②]。

二、IAD框架的结构

IAD框架的主要结构如图3-1所示,框架的左侧为三组外部变量,分别是:自然物质条件,经济社会属性和通用制度规则,埃莉诺·奥斯特罗姆将其归类为外部变量。中间部分为行动舞台,包括行动情景和行动者两个要件。右侧为相互作用模式和产出。评估准则可以用来评估行动者之间的相互作用模式和产出,产出会引起反馈,而反馈包括对行动舞台的反馈和对外部变量的反馈[③]。

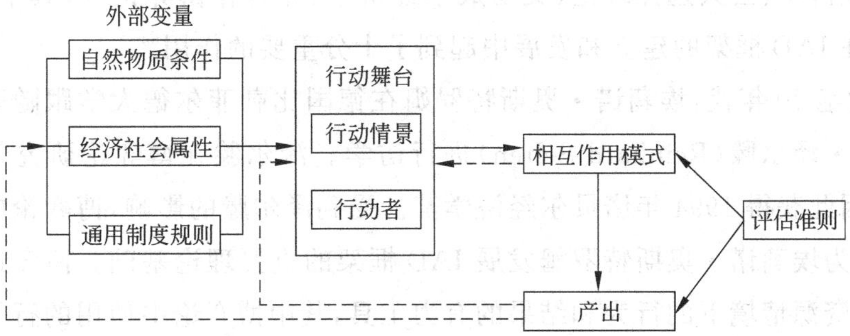

图3-1 制度分析与发展(IAD)框架

资料来源:Ostrom,E.(2005). Understanding Institutional Diversity[M]. Princeton,NJ:Princeton University Press。

在过去30年间,这一框架被广泛应用于各种实际情景的分析。从20世纪80年代末至90年代初,IAD框架大量被用于公共池塘资源研究[④]。奥斯特罗姆夫妇领衔的印第安纳大学政治理论与政策分析研究所,是该方向研究的学术大本营。他们建立了"公共池塘资源数据库",这是使用IAD框架创建的第一个结构化

① Blomquist A W. Dividing the Waters: Governing Groundwater in Southern California[M]. ICS Press,1992.
② 王亚华.对制度分析与发展(IAD)框架的再评估[J].公共管理评论,2017(01):3-21.
③ Ostrom E. Understanding Institutional Diversity[M]. Princeton University Press, 2005.
④ 王群.奥斯特罗姆制度分析与发展框架评价[J].经济学动态,2010(4):137-142.

的数据库，运用该数据库，埃德拉·施拉格(Edella Schlager)等研究了大约50个近海渔场和灌溉系统[①]。其后他们发展了公共池塘自主治理理论和实验室分析技术，推出了一批最早将实验方法应用于公共池塘资源研究的文献，对行为实验经济学产生了重要影响[②③]。20世纪90年代中期，他们实施了“国际森林资源和制度(IFRI)”研究项目，在美国、玻利维亚、厄瓜多尔、印度、马里、尼泊尔和乌干达等十几个国家建立了跨国协作网络，探索制度如何影响森林使用者的行为激励，进而影响森林管理绩效。IFRI项目运作20余年，是公共池塘资源研究领域最大型的林业研究项目，发表了大量研究成果，对公共池塘资源的理论发展作出了重要贡献[④]。

三、IAD框架的理论背景

IAD框架的理论渊源十分丰富，包括经典政治经济学、新古典微观经济学理论、制度经济学、公共选择理论、交易成本经济学、非合作博弈论等，其中“非合作博弈论”在IAD框架的建立和发展中起到了十分重要的作用[⑤]。

20世纪70年代，埃莉诺·奥斯特罗姆在德国比勒菲尔德大学跟随著名学者莱茵哈德·泽尔滕(Reinhard Selten)进行访学。泽尔滕在博弈论研究领域贡献突出，并因此获得1994年诺贝尔经济学奖。受到泽尔滕的影响，博弈论的思想和理论也成为埃莉诺·奥斯特罗姆发展IAD框架的重要理论基础。博弈论是理解公共池塘资源情境下的行为和结果的有力工具，其中博弈论中使用的行为人模型可以作为制度分析的人类行为相关假设的基础。

IAD框架中行动情景的核心概念和简单重复结构可以通过博弈论的工具转化为数学化的结构形式。但在实际应用中，大多数行动情景都是高度复杂的。对于这些复杂的情境结构，数学化的博弈论工具无法直接适用，但可以通过非数学

① Schlager E, Blomquist W, Tang S Y. Mobile Flows, Storage, and Self-Organizing Institutions for Governing Common Pool Resources[J]. Land Economics, 1994,70(3): 294-317.

② Ostrom E, Gardner R, Walker J, et al. Rules, games, and common-pool resources[M]. University of Michigan Press, 1994.

③ Ostrom E, Nagendra H. Insights on linking forests, trees, and people from the air, on the ground, and in the laboratory[J]. Proceedings of the National Academy of Sciences, 2006, 103(51): 19224-19231.

④ 一个阶段性的总结参见：Wollenberg E, Merino L, Agrawal A, et al. Fourteen years of monitoring community-managed forests: learning from IFRI's experience[J]. International Forestry Review, 2007, 9(2): 670-684.

⑤ Ostrom E. Understanding Institutional Diversity[M]. Princeton University Press, 2005.

化的博弈论形式对行动情景中的关键部分进行描述与分析。

例如在一些简单的公共池塘资源环境中,博弈论可以建立包括相应要素的简化模型,通过这种模型可以初步研究行动者在简化的特定行动情景中的行为策略。尽管这种博弈分析是对现实的简化,但对研究更一般的、更复杂的现实问题很有帮助。而且在最简化模型的基础上,还可以进一步建立更加复杂的博弈模型,以模拟和分析更加复杂的现实情景。例如,除了行动情景的内部结构之外,行动情况的发生次数,包括发生单次、发生有限次数或无限次数都会影响行动者的策略,而博弈模型可以对重复多次的行动结果进行分析[①]。

除了模拟和分析框架的结构以外,博弈论还被应用于IAD框架的制度分析。在学术传统中,博弈论并未被广泛应用于制度分析,博弈论的相关学者更多关心博弈结果而非制度和规则演变[②]。但在IAD框架中,研究者更加关心制度的创建和演变,因此博弈论扮演了重要角色。为了应用博弈论进行制度分析,埃莉诺·奥斯特罗姆等学者还发展了通用性的规则语言体系,包括规则的分类、规则的默认状态等[③]。

第三节　行动舞台:核心分析单元

一、作为核心分析单元的行动舞台

行动舞台是IAD框架的核心分析单元。所谓行动舞台(Action Arena)指的是个体行动者之间相互作用、交换商品和服务、解决问题、相互支配或斗争的社会空间,它包括两个核心要素:行动情景(Action Situation)和该情景下的行动者(Actor)。IAD框架的基本逻辑是:在行动舞台中,行动者和行动情景在外部变量的影响下,两者互相影响并产生相应结果。从广义的视角来看,行动舞台广泛存在于不同维度的现实生活之中:家庭、邻里、企业、市场、国家、国际组织等等,都可以视为行动舞台[④]。

在繁杂的学术体系中,确定核心分析单元是一种必要的分析过程,很多学者

① 埃莉诺·奥斯特罗姆,等.规则、博弈与公共池塘资源[M].王巧玲,任睿译.西安:陕西人民出版社,2011.
② Ostrom E. Understanding Institutional Diversity[M]. Princeton University Press, 2005.
③ 埃莉诺·奥斯特罗姆,等.规则、博弈与公共池塘资源[M].,王巧玲,任睿,译.西安:陕西人民出版社,2011.
④ Ostrom E. Understanding Institutional Diversity[M]. Princeton University Press, 2005.

都会在研究中确立其需要的核心分析单元。不同理论体系的具体情况千差万别,在IAD框架中确立的核心分析单元是行动舞台,而其他很多学者根据其所建构的理论体系,各自确定了不同的核心分析单元。一些不同理论体系下的核心分析单元包括:

- 集体结构(Collective Structures,Allport, 1962);
- 事件(Events,Appleyard, 1987;Heise, 1979);
- 框架(Frames,Goffman, 1974);
- 社会活动和互动环境(Social Action and Interaction Settings,Burns 和 Flam, 1987);
- 情境的逻辑(Logic of the Situation,Farr, 1985;Popper, 1961,1976);
- 问题社会情境(Problematic Social Situations,Raub 和 Voss, 1986);
- 脚本(Scripts,Schank 和 Abelson, 1977);
- 交易(Transactions,Commons,[1924] 1968);
- 意义单元(Units of Meaning,Barwise 和 Perry, 1983;Raiffa, 1982)[①]。

自然物质条件、经济社会属性和通用制度规则等三组外部变量及其所隐含的假设,是分析行动舞台的基础。在实践中不同研究者的关注侧重会有所不同:一些研究人员更加关注具有明确结构的行动舞台,而很少注意到行动舞台的外部变量及假设;而聚焦制度分析的研究学者则可能会特别关注影响行动舞台的外部变量,例如,人类学家和社会学家往往对社区中的价值体系如何影响人类组织关系的方式予以更多重视;环保主义者倾向于探索物理和生物系统之间的相互作用;而政治学家的关注焦点在于特定的规则组合如何影响激励机制[②]。

二、行动情景

作为行动舞台的要素之一,行动情景即行动者所采取的行动或策略空间,是IAD框架的核心组成部分。IAD框架的每一部分均可分解为一组变量,类似地,行动情景的内部特征也可以通过七组变量来刻画(见图3-2)[③]:

---

① Ostrom E. Understanding Institutional Diversity[M]. Princeton University Press, 2005.

② Ostrom E. Understanding Institutional Diversity[M]. Princeton University Press, 2005.

③ Ostrom E. Understanding Institutional Diversity[M]. Princeton University Press, 2005.

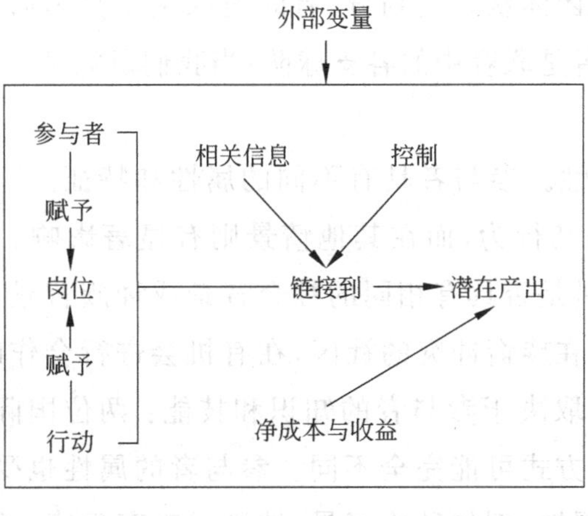

图 3-2 行动情景的内部结构

资料来源：Ostrom，2005：33。

1. 参与者

行动情景的第一要素即为情景的参与者，参与者将行动者与行动情景连接在一起。参与者是在行动情景中被分配具体岗位，并能够在决策过程中选择其行动的决策实体。参与者可以是个人，也可以是组织，例如公司、国家、非政府组织等。

在分析行动情景时，参与者的三组属性对参与者的行动有重要影响，包括参与者的数量，参与者作为个人或团队的身份，以及个人属性，例如年龄、教育程度、性别和经验等。

(1) 参与者的数量。一个行动情景至少需要两个参与者，其中每个参与者的行为都会影响双方的结果。参与者的具体人数通常会在一些现实环境中明确指定，而在其他某些行动情景中，参与者数量的规定则相对模糊。参与者的数量非常重要，因为它会直接影响行动情景的其他部分。

(2) 参与者的个人或团队状态。在行动情景中，参与者可以是个人，也可以是团体或二者兼有。需要明确的是，作为一个参与者的团体与一组个体之间有明显的差别。一组个体必须为了实现共同目标而参与集体行动，才能被界定为是一个团体参与者。有时候一组个体具有类似的个人特征，但并没有以集体的方式行动，则不能被视为是一个参与者。有的行动情景同时包含个人和团体的参与者。例如一个结构完善的股票市场，既包含个人投资者也包含投资机构，他们都是这个行动情景下的参与者。

参与者的个人或团体状态的划分，有时也取决于具体研究目的。例如，当研究篮球联赛时，参与者是联赛中的各支球队；当我们研究某一支球队时，参与者是球队中的队员①。

(3) 参与者的属性。参与者具有不同的属性和特征。这些特征在某些行动情景下可能不会影响其行为，而在其他情景则有显著影响。在繁忙的高速公路上，相互经过的驾驶员是否具有相同的社会背景或种族背景，都不太可能影响他们的行为。但两个存在族裔冲突的社区，在有机会进行合作时则可能犹豫不决。许多行动情景的结果取决于参与者的知识和技能：两位国际象棋大师之间与两个初学者之间对弈的方式可能完全不同。参与者的属性也受到影响行动情景规则的影响，具有某些属性（例如种族背景、性别或教育程度）的个人可能会被限制参与到特定的行动情景中。

2. 岗位

行动情景的第二个要素是岗位，岗位将参与者与情景中授权的一组行动关联在一起。岗位的概念类似于身份或位置，现实中具体的例子包括先行者、老板、员工、监督员、选民、当选代表、法官、资源占用者和公民。在不同的情景中，岗位的情形也有很大区别。例如在某些情景下每个参与者的岗位都相同，而在其他一些情景下，参与者可能有不同的岗位。在大多数情况下，岗位数量通常都少于参与者的数量，即多个参与者担任同一岗位；而参与者也可以在其他一些情景中担任多个岗位。

岗位是参与者与行动之间的联系。在某些情景下，全部的参与者都可以采取被授权的全部行动。但在大多数“有组织的”情景下，只有分配了特定岗位的参与者才拥有采取特定行动的权力。在行动情景下分配给参与者的岗位定义了参与者在该情景下的“地位”。在一场手术中，很显然医生和病人的地位和能够采取的行动是不对等的。分配给一个参与者的岗位，既对参与者可能采取的行动进行授权，也附加了相应的限制②。

在具体的行动情景下，参与者控制自己进入或退出某个岗位的能力有很大不

① Anderies J M, Janssen M A. Sustaining the commons[M]. Center for Behavior, Institutions and the Environment, Arizona State University, 2016.

② Anderies J M, Janssen M A. Sustaining the commons[M]. Center for Behavior, Institutions and the Environment, Arizona State University, 2016.

同。一场刑事诉讼中的被告显然并不能根据自己的意愿退出“被告”的岗位;公务员的岗位也必须通过激烈的选拔才能获得,而一旦获得了就可以长期保有这个岗位。

3. 潜在产出

第三个要素是参与者可能通过其行动影响的结果,即潜在产出。潜在产出通常被认为是自我意识决定的结果,但也可能产生参与者意想不到的结果,例如石油泄漏并不是石油公司的预期结果。

当想要了解外部变量如何改变行动情景时,必须首先分析参与者如何衡量结果。收益和成本通常由收益规则分配给结果。同时也有必要考察参与者对实际结果的奖励和成本的自我评估。由于不同的奖励对于不同参与者可能有不同的效用,因此为了细致考察规则的效果,需要将物质奖励的效果与财务价值区分开来。

潜在产出与两个重要概念密切相关,分别是机会和结果状态。行动情景中的“机会”可以定义为在某种情景下结果变化的范围,即行动情景中结果变化的可能范围越大,情景中的“机会”也越大;“结果状态”则用来描述最终结果与初始状态之间的关系。

4. 行动-潜在产出的链接

第四个要素是特定岗位的参与者在情景中可以采取的一组行动。“行动”概念非常宽泛,既包括直接的行动,也包括在某种情况下不采取行动或不作为的选择。

如果可以通过行动来使潜在产出发生、消失或改变,则视为该行动已“链接”到潜在产出。并非每个行动都能带来确定的潜在产出,因此确定性、风险和不确定性的概念与行动-潜在产出的链接息息相关,代表了链接的三种形式。

在确定性的链接中,每一个行动仅与一个特定的结果相关联。而风险和不确定性则表明一个行动可能与多个潜在结果相关联:在存在风险的链接中,行动导致不同结果的概率是已知的;而在不确定性的链接中,一个行动导致特定潜在结果的概率是未知的。

5. 参与者实施的控制

参与者对行动情景各方面的控制程度差异很大。显然，一个参与者所占据的岗位影响着这个参与者的权力（即影响其他参与者的行动和结果的能力）。因此，当参与者改变岗位时，其控制能力也会随之变化。

在行动情景中，一个参与者的“权力”由机会（即潜在结果变化的范围）与控制程度共同决定。当一个情景中参与者的机会很多但缺乏控制时，他就没有权力；但当机会很少时（即不同结果之间差别不大），一个参与者即使拥有绝对的控制，权力也依然有限。只有当一个参与者掌握了对情景的控制，同时情景中的机会很多时，他才真正拥有了权力。

6. 相关信息

第六个要素是某个岗位的参与者可以获得关于情景的信息。尽管很多行动情景在其正式表述中都假定参与者可以获得完整的信息，即每个参与者都可以知道行动情景的完整结构，包括其他参与者的数量、岗位、潜在行动、行动与结果的链接等，但在现实中参与者通常不能掌握以上完整的信息。即使参与者就如何行动进行交流和协商，实际的行动可能也会因为部分参与者犯错或作弊而有所不同。

当参与者不能掌握完整信息时，就产生了信息不对称问题。当结果或目标的达成取决于众多参与者的共同努力和投入时，一个参与者很难判断其他参与者的准确贡献，这会促使部分参与者产生机会主义行为（如搭便车）的动机。在很多工作的场景中，老板通常很难准确掌握每个员工的具体贡献和努力程度，这也是为何长久以来如何激励员工高效工作一直都是一个重大挑战。保险市场也是如此，当投保人试图以保险合同的形式分担风险时，保险公司无法准确了解投保人的动机和行为，因此保险行为通常都伴随着道德风险。

7. 给定产出的净成本与收益

为了评估在行动情景中采取行动的结果，研究者必须考察成本和收益，这些成本和收益会随着时间的推移而积累。参与者获得的成本和收益可能会很不相同，并且受到参与者岗位的影响。例如医生通过医治病人获得收益，而病人要为获得健康而付出成本。即使参与者的岗位相同,他们的成本和收益也可能很不一致,例如同一支球队的球员,从合同中获得的收益也有很大差异。除了直接结果以外,参与者还会因为他们的行动获得额外的奖励或惩罚,这也是成本与收益的一部分[①]。

在进行制度分析时,需要区分实际结果和参与者对结果的评价。只要不改变行动与潜在结果的链接,实际产出的结果就会保持稳定,但准确界定参与者对结果的评价则更加复杂。经济学把参与者对结果的评价称为效用,一般假定效用会随着利润的增加而提高,但实际中收益除了物质激励外,还包含快乐、自豪、羞耻、后悔和内疚等心理效用。这些心理因素与参与者的行动息息相关。如果参与者对自己获得产出结果的行动感到自豪,那么除了物质回报外,还能获得心理上的满足。相反,如果参与者以搭便车的方式获得了收益,即使不会受到惩罚,也可能会感到内疚,这是一种负的效用。

行动情景重复发生的次数:除了内部结构以外,行动情景的重复发生次数也是重要的影响因素。一般认为,行动情景只发生一次或重复发生,结果会有很大差别。在“以牙还牙”策略中,当一个参与者试图对其他参与者采取一些不当行为时,下一轮就可能遭到对方的报复。因此重复进行的行动情景可以使人数不多的一组参与者在报复的威胁下寻求互利互惠的策略。但是当参与者过多时,重复的情景可能使所有参与者陷入无休止的报复之中[②]。

三、行动者

行动舞台中的另一个构成要件是行动者。行动者可以是一个单独的个体,也可以是一个作为团体行动者的团体。为了预测行动者的行为,必须对其中四组变量做出假设[③]。

(1) 行动者对潜在行为和结果的偏好评估:在大多数理性行为理论中,假设个人能够对分配收益的结果构建一个完整的偏好排序。

(2) 行动者获取、处理、保留和使用知识和信息的方式:为了解释个人如何做

① Anderies J M, Janssen M A. Sustaining the commons[M]. Center for Behavior, Institutions and the Environment, Arizona State University, 2016.

② Ostrom E. Understanding Institutional Diversity[M]. Princeton University Press, 2005.

③ Ostrom E. Understanding Institutional Diversity[M]. Princeton University Press, 2005.

出决策，研究者会假定行动者获得和处理的信息的水平。在许多情况下，外界产生的信息量超过了个人能够收集和记录的信息量。行动者不会用到全部的信息，甚至在利用信息时也可能会出错。

（3）行动者用来决定某一特定行动的选择标准：各种理论假设行动者决策时遵循的标准有所不同。

（4）行动者拥有的资源：许多理论分析假设行动者拥有足够的资源来采取潜在的任何行动。但是在一些行动成本较高的情况下，行动者会面临资金和时间的约束。除了极个别行动者之外，这些约束会排除绝大多数的行动者。

对于这些假设，新古典经济学的"经济人"假定认为，行动者具有完整排序的偏好、可以获得完整的信息、预期收益的净值最大化并且可以采取任何潜在的行动。在一些结构简单且有约束的情景下，接受这种假定是合理的，这也是过去在制度分析中常见的假定。但这些假定在很多复杂情景下会面临争议和挑战，因此制度分析学者越来越倾向于使用更加宽泛的行动者假定，强调非经济激励、利他和互惠的人性认识，强调社会规范文化等非正式制度、不完全信息背景对行动者行为选择的重要性。

现实中的很多情景充满了不确定性和复杂性。在这些情景中信息搜索的成本很高，而行动者接受和处理信息的能力有限，现实中行动者常常基于不完整的信息来进行决策。因此有必要以有限理性的假定代替传统的完全理性假定。由于信息不完备以及处理信息能力有限，行动者选择行动策略时可能会犯错。但是随着时间的推移，行动者对自身所处的行动情景的了解可以进一步加深，并且可以采取产生更优回报的行动。行动者有可能发展出互惠的行为以获得长期的收益，而不是一味追求短期的个人利益。另外，由于个人往往不能掌握其他行动者信息而催生的机会主义行为，也会受到社会文化规范和制度等外部环境因素的调节影响①。

行动者可以在犯错中进行学习。行动者容易犯错而且也经常犯错，而行动者身处的制度环境可以鼓励行动者从错误中吸取教训。容易犯错和学习能力可以是一种对行动者更普遍的假设，同时应当假定各种制度安排为行动者提供了不同的动机和学习机会。在某些情况下，制度激励会导致他们重复过去的错误；而在

① Ostrom E. Background on the Institutional Analysis and Development Framework[J]. Policy Studies Journal, 2011, 39: 7-27.

另一些情况下,随着时间的推移,行动者可以快速学习如何提高行动绩效。在经常重复的情景中,个体会尝试不同的行为,并从中寻找回报最高的策略。不过,当情景中的行动者数量众多、情景本身比较复杂,或者没有明确的提高绩效的激励时,学习的效果可能并不明显[①]。

认知学专家认为,面对潜在的庞杂信息,人类个体会发展出一种心智决策模式,以帮助他们在复杂环境中做出合理选择。这种心智决策模式的形成受两方面因素的影响:来自外部世界的反馈,以及嵌入个体的共同文化或信仰体系。在容易犯错的情况下,行动者可以在频繁重复的情景中进行交互。当行动者与外部世界进行交互时,可以在采取特定行动后收到某种形式的反馈,并根据这种反馈巩固或修正其心智决策模式。文化和信仰体系也会影响个人的心智决策模式。文化可以被视为过去经验的代际转移,当一个群体共享同一种文化体系时,也就表明他们中个体心智决策模式的多样性程度可能较低[②]。

四、多层嵌套的行动舞台

虽然行动舞台已经包含了众多的行动者和复杂的行动链,但大多数现实社会是由众多行动舞台链接嵌套而成的,这往往比单一层面的行动舞台更加复杂。行动者在不同的行动情景下进行决策,这些行动情景很少完全独立于其他情景而存在,而往往是联系在一起的。例如鉴于反复互动对建立互惠声誉的重要性,以及互惠对实现共赢的重要性,行动者有动力将各种行动情景联系起来,从而使他们在某一种情景下获得的声誉,可以影响其他情景并帮助其提高信誉[③]。

行动情景一般通过两种方式相互链接。第一种方式是通过组织进行联系,在较大的组织中,不同部门的业务可能会相互影响。协调合作的制度安排涉及多个组织根据一套规则相互竞争。市场是最常被研究的制度安排,它主要通过规则来管理组织间的竞争关系,从而实现协调。

行动情景相互关联的第二种方式是多层次嵌套。行动舞台和行动情景不仅在单一分析层次上实现多重嵌套,也在多个分析层次之间进行嵌套。表层中的规则都嵌套在深层次的规则中,并且由后者决定前者如何变更。规则在多个级别中

① Ostrom E. Understanding Institutional Diversity[M]. Princeton University Press, 2005.

② Ostrom E. Understanding Institutional Diversity[M]. Princeton University Press, 2005.

③ Ostrom E. Understanding Institutional Diversity[M]. Princeton University Press, 2005.

的嵌套与计算机语言在多个级别上的嵌套相似。在某一个层级上可以完成的操作取决于更深层次上规则的功能和限制。在进行制度分析时，需要认识到：深层次的规则集将决定浅层次的规则如何变更；深层次的规则变更通常更加困难，而且成本更高。因此当人们根据深层次规则进行交互时，个体间相互期望的稳定性也更高。

IAD框架将制度规则划分为三个层次，分别是①：

操作规则：直接影响参与者在具体环境下做出的日常决策。这些规则可以相对快速地变化。

集体选择规则：通过这一层次的规则确定谁有资格成为参与者，以及改变操作规则下的具体规则来影响操作活动和结果。这些规则的变化速度要慢得多。

宪制规则：首先影响集体选择活动，确定谁有资格成为参与者，以及可以制定集体选择层次使用的规则，这些又进一步影响操作规则。宪制规则变化最缓慢。

区分三个层次的规则很有必要，这三个层次的规则会共同影响在任何环境中的行动及结果。如果要建立一个正式的理论，可能需要更细致的层次划分，甚至无限地分层。但对于大多数实际研究应用来说，这三个层次已经足以满足研究的需要。尽管在研究实践中不会深入考察，但事实上还存在比宪制层次更深层的规则层次，即元宪制层次。当考察在宪制过程中代表如何选出时，就涉及元宪制规则。

在操作层次，参与者根据他们面临的内部和外部激励进行互动，以直接产生结果。典型的操作层次情景包括：一个公共池塘资源的占用者，决定其占用资源的数量、时间和方式，集体选择层次的参与者与操作层次的参与者可能相同也可能不同。典型的集体选择层次情景包括：立法机构中的代表制定公共政策。与集体选择层次类似，宪制层次的参与者可以与前两个层次相同，也可能不同。宪制层次的参与者可能没有意识到他们正在制定一项宪制规则——他们可能只是试图用过去传统的方式来解决问题。典型的宪制层次情景包括：不同区域的代表就国家宪法的修订进行讨论②。

关于操作层次规则的制定通常在一个或多个集体选择行动舞台进行，其中既包括正式的行动舞台，也包括非正式的行动舞台(见图3-4)。

① Ostrom E. Understanding Institutional Diversity[M]. Princeton University Press, 2005.

② Ostrom E. Understanding Institutional Diversity[M]. Princeton University Press, 2005.

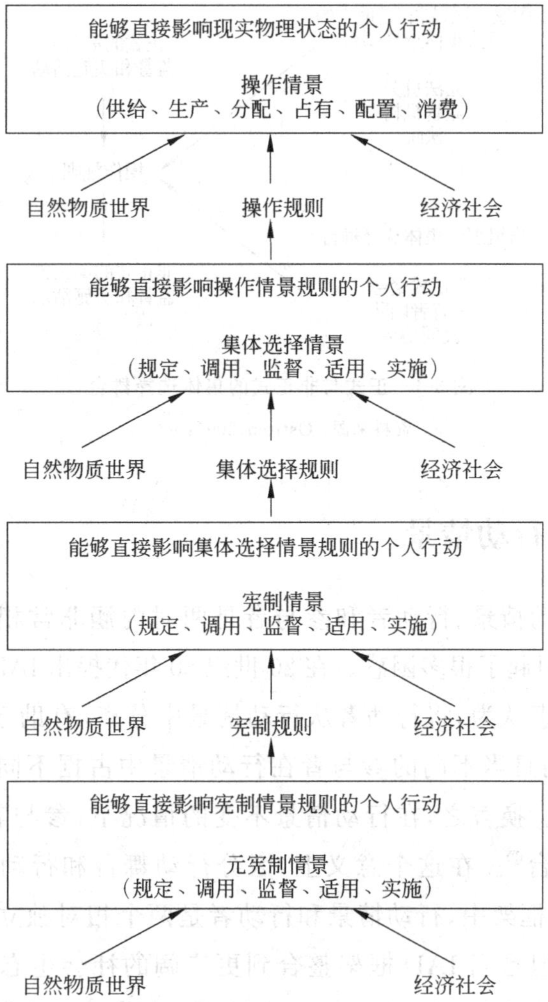

图 3-3　制度分析的不同层次

资料来源：Ostrom，2005：59。

当进行特定级别的制度分析时，应当假定该层次的规则是固定的。而当要分析一个层次上规则的起源时，分析深层次的规则就至关重要。因为只有深层次的规则处于稳定的状态，当前层次的规则才有可能实现均衡。IAD 框架的多层次分析特别适用于具有多组织、多层级嵌套特征的研究对象，例如有学者利用 IAD 框架的多层次分析对美国大都市地方经济进行的研究①。

① Oakerson R J，Parks R B. The Study of Local Public Economies：Multi，Organizational，Multi-Organizational，muilti-level Institutional Analysis and Development[J]. Policy Studies Journal，2011，39(1).

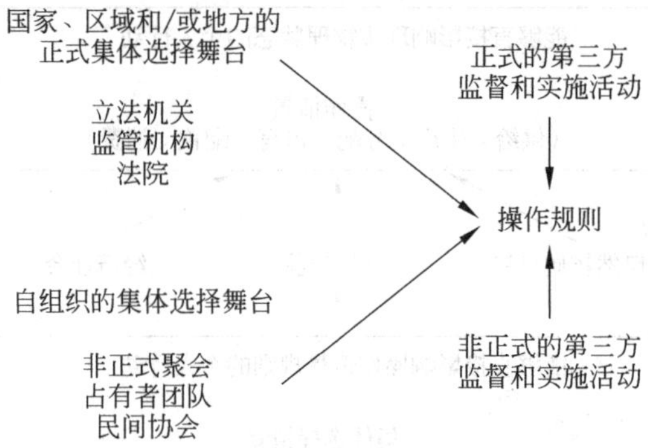

图 3-4　正式与非正式的集体选择舞台

资料来源：Ostrom，2005：62。

五、行动舞台与行动情景

行动舞台与行动情景、行动者和参与者是两对内涵非常相似的概念，这两组概念之间的区分也引起了很多困惑。在 20 世纪 80 年代提出 IAD 框架时，埃莉诺·奥斯特罗姆及其同事认为，将行动者从行动情景中分离，有助于 IAD 框架兼容各种不同的理论①。而且当不同的参与者在行动情景中占据不同的岗位时，就会形成不同的行动舞台。换言之，在行动情景不变的情况下，参与者和岗位的改变也会形成新的行动舞台②。在这个意义上，区分行动舞台和行动情景是有价值的。因此在经典的 IAD 框架中，行动情景和行动者是两个相对独立的概念，二者共同构成了行动舞台。但是当 IAD 框架整合到更广阔的社会生态系统中时，再保持这样的区分就不再合适③。因此在 2010 年之后，埃莉诺·奥斯特罗姆对 IAD 框架进行了进一步的简化，将行动者纳入了行动情景中，并以行动情景代替了行动舞台的概念④⑤。简化后的 IAD 框架如图 3-5 所示。

---

① Ostrom E. Background on the Institutional Analysis and Development Framework[J]. Policy Studies Journal，2011，39：7-27.

② Anderies J M，Janssen M A. Sustaining the commons[M]. Center for Behavior，Institutions and the Environment，Arizona State University，2016.

③ Ostrom E. Background on the Institutional Analysis and Development Framework[J]. Policy Studies Journal，2011，39：7-27.

④ Ostrom E. Beyond markets and states：polycentric governance of complex economic systems[J]. American Economic Review，2010，100(3)：641-72.

⑤ McGinnis M D. Networks of adjacent action situations in polycentric governance[J]. Policy Studies Journal，2011，39(1)：51-78.

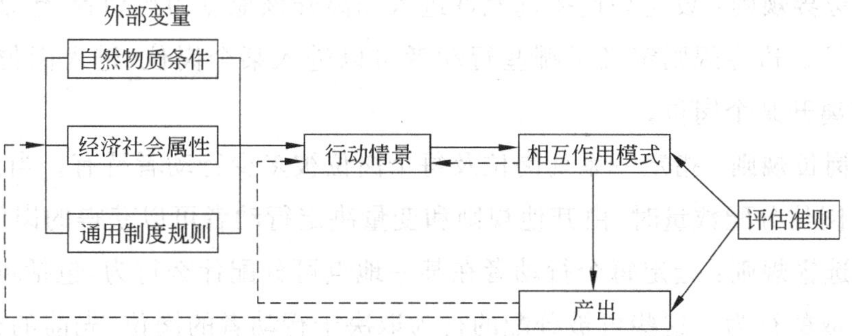

图 3-5 简化后的 IAD 框架

资料来源：Ostrom，2011。

第四节 外部变量与结果评估

一、外部变量

除了行动舞台，IAD 框架还关注那些影响和决定行动舞台特别是行动情景的潜在变量。任何具体的行动情景的结构都由三组外部变量所决定：(1)自然物质条件；(2)经济社会属性；(3)通用制度规则。

通用制度规则是 IAD 框架最关注的外部变量。规则是行动者之间的共识，指的是关于应当、禁止或允许采取何种行动的规定。个人在日常生活中使用的规则和规范有许多来源：除了中央政府的正式立法和规章之外，还有地方政府通过的法律；在企业和协会中，个人也会受到一系列规则的约束；甚至每个家庭都可以有自己的规则。深入的制度分析首先试图理解个人在决策中使用的规则和规范。人类遵循规则或符合规则的行为不像生物或物理行为那样可以预测。所有规则都是用人类语言制定的，而语言和词句往往简化了它们所描述的事物。因此，规则往往不够清晰并容易引起误解①。

在 IAD 框架中，埃莉诺·奥斯特罗姆定义了七种对于制度分析而言至关重要的规则②。

① Anderies J M，Janssen M A. Sustaining the commons[M]. Center for Behavior，Institutions and the Environment，Arizona State University，2016.

② Ostrom E. Understanding Institutional Diversity[M]. Princeton University Press，2005.

（1）**边界规则**：设定如何挑选允许进入和离开该地点的行动者，包括其数量、属性和资源。边界规则定义了哪些行动者可以进入某个岗位、进入岗位的过程，以及如何离开某个岗位。

（2）**岗位规则**：指定一系列岗位及每个岗位被多少行动者持有。当岗位规则没有制定岗位分配数量时，由其他规则和变量决定行动者可以获得的岗位数量。

（3）**选择规则**：指定每个行动者在某一地点可分配什么行为，包括可以、必须和禁止采取的行为。这些可被分配的行为取决于行动者的岗位、先前的行动以及相关状态属性。

（4）**范围规则**：范围规则定义了潜在结果的结果空间宽度和结果变量的范围。

（5）**聚合规则**：指定行动者的决策在单个节点上是如何映射从而影响中期或最终结果，聚合规则决定了在决策过程中的某个行为在被执行之前，是需要单个参与者的决策，还是需要多个参与者的决策。

（6）**信息规则**：指定行动者之间交流的渠道及哪些信息是必须、可以或禁止共享的。信息规则在提供行动者过去的行为时特别重要，这样行动者就可以知道谁值得或不值得信任。

（7）**支付规则**：指定不同地点上成本与效益，包括奖励和制裁，在行动者之间如何分配。

很多规则并没有被明确的书写或记录下来，甚至一些参与者可能并没有把一些正在被使用的日常规则视为规则。因此研究者在挖掘一个特定行动情景的规则时，需要一定的时间和调查技巧①。这七种规则可以影响行动情景的结构，分别对应于行动情景内部的七个要件，如图 3-6 所示。

虽然通用制度规则会影响行动情景的所有要素，但仅靠规则无法完全解释行动情景中的行动和结果。行动情景还会受到所处的自然物质条件和经济社会属性的影响②。

行动情景和行动者都要受到自然物质条件的制约。诸如什么行动在物理上是可行的、行动与结果如何联系、行动者如何观察到结果等，都会受到周围物质环

① Ostrom E. Institutional Rational Choice: An Assessment of the Institutional Analysis and Development Framework[A]. In Paul Sabatier, ed. Theories of the Policy Process, 2nd, 21-64. Boulder, CO: Westview Press, 2007.

② Ostrom E. Understanding Institutional Diversity[M]. Princeton University Press, 2005.

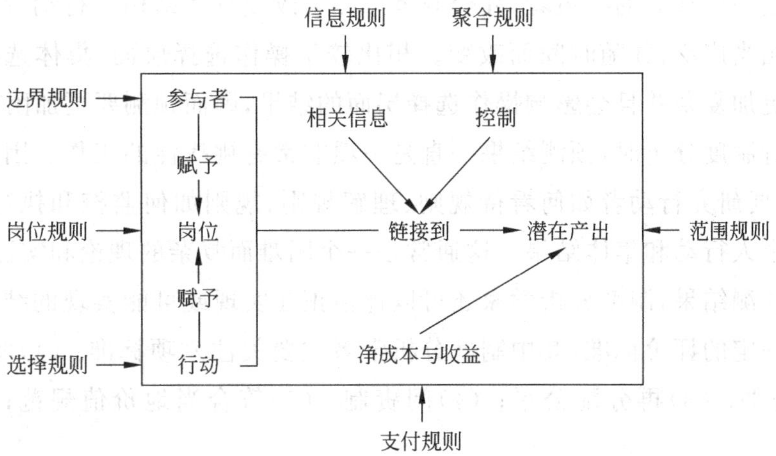

图 3-6 行动情景的内部结构与关联规则的对应关系

资料来源：Ostrom,2005：189。

境的影响和制约[1]。不同的自然物质条件与制度规则结合,可能会产生完全不同的结果。因此必须要认识到,当自然物质条件发生改变时,在某一种情景下产生正向激励的规则可能会在新的环境中失效。在进行制度分析时,必须要对不同情景下自然物质条件的差异保持敏感。

影响行动舞台结构的第三组变量是经济社会属性。经济社会属性主要包括：社会普遍接受的行为价值观;潜在参与者对特定行动舞台结构的共同理解程度;同一个社群中的人的偏好同质性;社群的规模和构成,以及社群成员的贫富差距等。例如,当所有行动者在同一个小型社区中进行互动,并且拥有共同的价值观,他们就更容易通过建立一定的规则规范来管理社区。在这样的社区中,信誉非常重要,而且对成员实施监控和制裁也相对容易。如果行动者来自不同的文化,说着不同的语言并且彼此互不信任,那么制定和维持有效规则的成本就会大大增加。

二、预测及评估结果

在信息对称的条件下,行动者会受到激励以选择稳定均衡的特定策略。在这种情况下,对结果预测比较容易。但是对很多行动情景并不能做出准确的预测。

① John M. Anderies, Marco A. Janssen. Sustaining the Commons[M]. Arizona State University, 2016：22.

个人并不是完全独立的决策者，社会规范可能会改变行为结构。行动者的策略选择可能会相当广泛，并随时间而改变。相比较于操作选择层面，集体选择层面和宪制层面更加复杂并且会影响操作选择层面的结果，因而预测要更加困难①。

在进行制度分析时，预测结果一直是一项非常有挑战性的工作。因此需要深入地分析，要研究行动者如何看待规则、理解规则、规则如何监控和执行，以及会产生何种个人行动和集体结果。这通常是一个困难而复杂的理论和实证任务。

除了预测结果，制度分析学家还可以评估正在实现或可能实现的结果。评估结果需要一定的评价标准，其中制度分析学者主要关注六项标准：(1)经济效率；(2)财政公平；(3)再分配公平；(4)问责制；(5)符合当地价值规范；(6)可持续性②。

1. 经济效率

经济效率由资源分配的净收益大小决定。效率的概念在估计投资收益成本或回报率时起着重要作用，这些研究通常用于确定公共政策的经济可行性。因此，当对备选制度安排进行权衡时，考察规则如何影响行为和资源分配至关重要。

2. 财政公平

评估财政公平主要有两种方法：基于个人贡献和获利之间的平等，以及基于不同的支付能力。财政公平概念认为，从一项服务中受益的人应承担该项服务的融资负担。对财政公平的感知和接受度会影响个人为集体作出贡献的意愿。

3. 再分配公平

将资源重新分配给较贫穷个人的政策非常重要。虽然效率目标要求稀缺资源用于能产生最大净效益的地方，但实现公平目标则要求提供有利于特别贫困群体的设施。在某些情况下，再分配公平可能与财政公平的目标相冲突。

4. 问责制

政府官员应该在公共设施和自然资源的开发和使用方面对公民负责。对问

① Ostrom E. Understanding Institutional Diversity[M]. Princeton University Press, 2005.

② Ostrom E. Background on the Institutional Analysis and Development Framework[J]. Policy Studies Journal, 2011, 39: 7-27.

责制的关注不一定与效率和公平目标发生冲突。事实上,实现效率目标要求决策者能够掌握关于公民偏好的信息,有效收集这些信息的制度安排也有助于实现效率,同时还可以加强问责制和促进再分配公平。

5. 符合当地价值规范

除了问责以外,也应当评估这些结果是否符合当地的价值规范。例如需要考虑公职人员或地方领导人是否能通过舞弊而获得丰厚回报,并且不会被发现?遵守承诺的人在职业生涯中是否更有可能获得奖励和晋升?

6. 可持续性

最后,只有制度安排能够应对不断变化的环境,行动情景才能实现可持续性。发展中国家的农村地区经常面临自然灾害和高度地方化的情况。如果一种制度安排过于僵化,无法应对这些独特的情况,那么制度就不太可能持续有效。例如,如果灌溉系统由中央控制,并且只分配特定数量的资源用于定期维护,则可能无法满足能够抵御特大洪水的需求。

在使用上述目标作为选择替代制度安排的标准时,权衡取舍往往是必要的,其中在效率目标和再分配公平目标之间做出选择尤其困难。权衡问题在考虑资助公共项目的替代方案时最为明显。现有资源或设施使用的经济效率定价原则要求价格等于使用的边际成本。这一原则不适用于公共物品:公共物品中额外增加一个使用者的边际成本为零,如果根据经济效率原则有效价格也应当是零,然而这会导致负向激励和潜在的低效率。因此如何用整体的标准评估制度安排,显然是一个艰巨的任务。

第三节和第四节介绍了IAD框架的基本结构。IAD框架的重要贡献在于结构化地组织了存在于各种制度安排中的主要变量,其最重要的内容包括两个方面:一个是区分宪制、集体选择和操作选择这三个决策层次以及它们之间的关系;二是阐明在三个决策层次的任一层次上用于分析结果及其影响因素[①]。

IAD框架的基本功能,是帮助研究者分析行动者在特定的情动情景下,如何根据三组外部变量相互作用,产生特定的激励和互动模式,进而形成特定的产出,

① 王亚华.对制度分析与发展(IAD)框架的再评估[J].公共管理评论,2017(01):3-21.

并对产出做出客观的评估。该框架提供了一个结构性的方法，研究不同环境下的行动者的集体行动逻辑。IAD框架对于促进公共管理和政策研究中的理论发展作出了非常有价值的贡献，因而在政策过程理论中占有一席之地，并在经验研究中获得了广泛应用[①]。

第五节 IAD框架的应用与评价

一、IAD框架的应用

在创建IAD框架并得到初步发展阶段(20世纪70年代早期)，该框架主要用于考察美国大都市地区城市公共服务提供与生产过程。这一阶段的研究工作通过聚焦联邦主义情境下的公共服务供给，区分了单一行动主体(如地方政府)与多主体在公共服务供给模式上的差异。20世纪80年代以后，IAD框架更多地被研究者运用于公共池塘资源管理的实证分析过程。

总体来看，IAD框架被作为经典范式应用于实证研究公共池塘资源，例如地下水，灌溉，森林，草原、渔业和生态系统管理。其中，灌溉管理方面的研究是广泛运用IAD框架的主要领域之一。灌溉系统代表了典型的公共池塘资源，它具有共同消费、高排他性成本和竞用性收益的特征。许多灌溉系统都面临着占用和供给问题：占用问题是由于水的数量难以满足每个人的需要，容易产生“过度利用”问题；供给问题则是由于需要大量的投入建设和维护蓄水、引水和管理设施，容易产生“搭便车”问题。占用和供给作为典型的公共池塘资源集体行动问题，非常适合应用IAD框架分析，用以揭示行动者面临的外部变量，包括自然物质条件、经济社会属性、通用制度规则，如何影响特定行动情景中的激励结构。埃莉诺·奥斯特罗姆曾指出：“灌溉系统是制度研究者的标本，正如果蝇是进化生物学家的标本。”[②]研究灌溉系统对于理解复杂的公共事物治理机制具有重要的学术价值，灌溉系统也因此成为IAD框架应用文献最为丰富的领域之一[③]。

IAD框架在灌溉系统方面的应用，始于20世纪80年代末埃莉诺·奥斯特罗

① 王亚华.对制度分析与发展(IAD)框架的再评估[J].公共管理评论，2017(01)：3-21.

② Ostrom E. Coping with tragedies of the commons[J]. Annual Review of Political Science，1999，2(1)：493-535.

③ 王亚华.对制度分析与发展(IAD)框架的再评估[J].公共管理评论，2017(01)：3-21.

姆关于公共池塘资源开创性的研究。① 在她的指导下,邓穗欣(Shui-Yan Tang)运用IAD框架完成了灌溉管理方面的首篇博士论文,②其后又陆续发表了一系列相关论著③④⑤。IAD框架在灌溉系统领域的大范围应用,则始于20世纪90年代的"尼泊尔灌溉制度和系统(NIIS)数据库"项目,该项目是运用IAD框架组织设计,由印第安纳大学政治理论和政策分析研究所与尼泊尔的科研机构协作实施的,旨在探究制度如何与不同的物理和社会经济变量联合影响尼泊尔灌溉系统的绩效问题。NIIS数据库中的数据来自尼泊尔灌溉系统中编码方法提供的200多个案例研究和相关领域的工作。NIIS项目产生了一系列重要成果,对于埃莉诺·奥斯特罗姆获颁的诺贝尔奖,其重要性仅次于1990年的名著《公共事物的治理之道》⑥。NIIS项目的一个重要发现是尼泊尔农民管理的灌溉系统显著优于政府机构管理的灌溉系统。在IAD框架指引下的分析表明,农民通过自主治理的方式克服了在灌溉系统中的建设、维护和持续管理中的集体行动困境问题⑦。产生这一结果的原因是灌溉官员更关心岗位的升迁、机构的预算和新灌溉系统的建设,而忽视既有灌溉系统的绩效,而农民由于关系切身生计有激励去维护和管理灌溉系统⑧。

在NIIS项目中,一批亚洲学者参与并取得重要成果,代表性学者包括邓穗

---

① Ostrom E. Governing the commons: the evolution of institutions for collective action[M]. Cambridge University Press, 1990.

② Tang S Y. Institutions and collective action in irrigation systems[D]. Indiana University, 1989.

③ Tang S Y. Institutional arrangements and the management of common-pool resources[J]. Public Administration Review, 1991: 42-51.

④ Tang S Y. Institutions and collective action: Self-governance in irrigation[M]. Institute for Contemporary Studies Press, 1992.

⑤ Tang S Y. Institutions and Performance in Irrigation Systems[A]. In Ostrom, E., Gardner, R. and Walker J. eds., Rules, Games, and Common-Pool Resources. University of Michigan Press, 1994: 225-245.

⑥ Ostrom E, Lam W F, Lee M. The performance of self-governing irrigation systems in Nepal[J]. Human Systems Management, 1994, 13(3): 197-207.

⑦ Lam W F. The Institutional analysis and Development Framework: Application to Imigation Policy in Nepal[J]. Policy Studies and Developing Nations: Policy Analysis Concepts and Methods: An Institutional and Implementation Focus, 1997.

⑧ Shivakoti G P, Ostrom E. Farmer and Government organized irrigation systems in Nepal: Preliminary findings from analysis of 127 systems[C]. Fourth Annual Common Property Conference of the International Association for the Study of Common Property, Manila, Philippines. 1993.

欣、林维峰(Wai-Fung Lam)、加内什·施瓦格蒂(Ganesh Shivakoti)[①②③]。在NIIS项目的影响和带动下,更多学者在其他国家用类似的方法开展了灌溉系统的制度分析,如印度、日本、菲律宾、意大利,以及部分非洲国家。其中爱德华多·阿拉拉尔建立了菲律宾的灌溉管理数据库,运用IAD框架分析取得一批重要研究成果[④]。林维峰对台湾地区的灌溉系统案例进行了制度分析[⑤]。王亚华建立了中国的灌溉管理数据库,运用IAD框架实证研究了中国灌溉系统治理的影响因素[⑥⑦]。此外,值得关注的是,在IAD框架的帮助下比较研究开始出现。例如,林维峰实施了一项在尼泊尔和中国台湾两地的跨地区灌溉管理比较研究。[⑧]雷格米(Regmi)做了一个跨部门之间的比较,分析了尼泊尔的灌溉和森林[⑨]。此外,值得注意的是,在灌溉管理与发展援助相结合的制度分析也广泛使用了IAD框架[⑩⑪]。

大量基于IAD框架的灌溉系统的实证研究,促进了灌溉系统的治理理论进展,直接推动了公共池塘资源集体行动理论的发展。灌溉系统治理已经成为公共池塘资源领域的最重要的支撑性领域之一,为公共池塘资源乃至更一般的公共事物研究提供理论背景和经验基础。虽然IAD框架的应用领域主要集中在公共池塘资源领域,但也有学者将其扩展到其他类型物品的研究当中,例如对俱乐部物

① Tang S Y. Institutions and collective action: Self-governance in irrigation[M]. Institute for Contemporary Studies Press, 1992.

② Lam W F. Governing irrigation systems in Nepal: institutions, infrastructure, and collective action[M]. Institute for Contemporary Studies, 1998.

③ Shivakoti G P, Ostrom E. Improving Irrigation Governance and Management in Nepal[M]. Oakland, CA: Institute for Contemporary Studies Press, 2002.

④ Araral E. What explains collective action in the commons? Theory and evidence from the Philippines[J]. World Development, 2009, 37(3): 687-697.

⑤ Lam W F. Institutional design of public agencies and coproduction: a study of irrigation associations in Taiwan[J]. World Development, 1996, 24(6): 1039-1054.

⑥ Wang Y, Chen C, Araral E. The Effects of Migration on Collective Action in the Commons: Evidence from Rural China[J]. World Development, 2016, 88: 79-93.

⑦ 王亚华,汪训佑.中国渠系灌溉管理绩效及其影响因素[J].公共管理评论,2014,16(01):47-68.

⑧ Lam W F. Designing institutions for irrigation management: Comparing irrigation agencies in Nepal and Taiwan[J]. Property Management, 2006.

⑨ Regmi A. The role of group heterogeneity in collective action: A look at the intertie between irrigation and forests. Case studies from Chitwan, Nepal[D]. Indiana University, 2007.

⑩ Gibson C C, Andersson K, Ostrom E, et al. The Samaritan's dilemma: the political economy of development aid[M]. Oxford University Press on Demand, 2005.

⑪ Araral E. Bureaucratic incentives, path dependence, and foreign aid: An empirical institutional analysis of irrigation in the Philippines[J]. Policy Sciences, 2005, 38(2): 131-157.

品的研究[①]。除此之外,IAD框架还在其他研究领域中得到广泛应用,包括社会经济政策、产业和金融发展,以及城市基础设施等广泛的议题。对于IAD框架在实证研究中的应用情况,埃莉诺·奥斯特罗姆本人曾经数次做过总结。

除了传统的公共池塘资源治理研究以外,IAD框架也开始应用于各种新兴类型和大规模公共事物治理的研究和知识积累中。目前IAD框架被广泛应用于知识公地(Knowledge Commons)、文化公地(Culture Commons)、公共卫生(Health Commons)、大规模海洋公地(Large-Scale Marine Commons)等新兴公共事物治理情境。除了对研究对象的拓展,还有一些学者致力于对框架结构的改进。例如迈克尔·麦金尼斯(Michael McGinnis)认为,处于邻近不同行动情景的行动者有能力互相影响其各自面临的行动情景中的制度规则,进而影响其互动策略,因此提出了"近邻行动情景"(Adjacent Situation)概念,用来诊断多个行动情景之间的互动和影响[②]。

在具体应用操作上,埃莉诺·奥斯特罗姆介绍了两种经常使用的分析步骤:一是在初步理解行动情景结构与变量关系基础之上,更进一步挖掘某些可能影响行动情景结构的关键变量;二是探讨行动情景如何随时间演进而发生改变,尤其是要考虑到早期的产出结果是如何伴随时间推移而影响到认知及其策略的。埃莉诺·奥斯特罗姆认为,IAD框架的发展与应用主要限定在社会科学家这一群体,其分析趋势在于侧重考查行动情景及其内部结构,而不是更为一般的其余情景要素。

应用IAD框架的具体方式多种多样,大体可以归为整体运用和局部应用两种类型。由于IAD框架提供了研究系统整体的观念和方法,可以用于指引大规模的公共池塘资源治理研究。邓穗欣、林维峰和爱德华多·阿拉拉尔的博士论文均系统研究了多种因素如何影响行动者所面临的激励和产出,属于IAD框架的

① Bushouse B K. Governance Structures: Using IAD to Understand Variation in Service Delivery for Club Goods with Information Asymmetry[J]. Policy Studies Journal, 2011, 39(1): 105-119.

② Mcginnis M D. Networks of Adjacent Action Situations in Polycentric Governance[J]. Policy Studies Journal, 2011, 39(1).

整体应用[①②③]。王亚华等的研究也属于这种方式,通过大样本数据分析和变量检验,解释了中国特色的因素,如劳动力外流,如何影响灌溉系统的集体行动及其绩效[④]。由于IAD框架的整体运用非常耗时耗力,所以大量研究属于局部应用。例如,林维峰对台湾地区的灌溉系统案例的研究,主要侧重官僚行为的激励结构研究[⑤]。

在运用IAD框架的灌溉管理文献中,采纳的研究方法也各式各样。一些基于大样本数据库开展定量分析,其中运用统计数据和计量分析去检验特定的假设[⑥⑦]。而另外一些研究则基于田野调查进行了定性分析[⑧⑨]。还有些研究则采用案例研究方法[⑩⑪]。在一项基于中国情境的研究中,周茜利用IAD框架组织分析了中国湖北省的两个用水户协会的案例,揭示了中国灌溉管理分权式改革面临的独特困境[⑫]。埃莉诺·奥斯特罗姆等最早将实验室实验方法引入到公共池塘资源研究[⑬],该方法有助于人为设定各种情境检验特定的研究假设或理论,因而获得的

---

① Tang S Y. Institutions and collective action in irrigation systems[D]. Indiana University，1989.

② Lam W F. Institutions，engineering infrastructure，and performance in the governance and management of irrigation systems：The case of Nepal[D]. Indiana University，1994.

③ Araral E. Decentralization puzzles：A political economy analysis of irrigation reform in the Philippines[J]. 2006.

④ Wang Y，Chen C，Araral E. The Effects of Migration on Collective Action in the Commons：Evidence from Rural China[J]. World Development，2016，88：79-93.

⑤ Lam W F. Designing institutions for irrigation management：Comparing irrigation agencies in Nepal and Taiwan[J]. Property Management，2006.

⑥ Tang S Y. Institutions and collective action：Self-governance in irrigation[M]. Institute for Contemporary Studies Press，1992.

⑦ Lam W F. Governing irrigation systems in Nepal：institutions，infrastructure，and collective action[M]. Institute for Contemporary Studies，1998.

⑧ Lam W F. Institutional design of public agencies and coproduction：a study of irrigation associations in Taiwan[J]. World Development，1996，24(6)：1039-1054.

⑨ Lam W F. Coping with change：A study of local irrigation institutions in Taiwan[J]. World Development，2001，29(9)：1569-1592.

⑩ Regmi A. The role of group heterogeneity in collective action：A look at the intertie between irrigation and forests. Case studies from Chitwan，Nepal[D]. Indiana University，2007.

⑪ Bravo G，Marelli B. Irrigation systems as common-pool resources. Examples from Northern Italy[J]. Journal of Alpine Research| Revue de géographie alpine，2008 (96-3)：15-26.

⑫ Zhou，Qian. Decentralized Irrigation in China：An Institutional Analysis[J]. Policy and Society，32，77-88. 2013.

⑬ Ostrom E，Gardner R，Walker J，et al. Rules，games，and common-pool resources[M]. University of Michigan Press，1994.

应用日益增多①。

制度规则对于激励和产出的影响研究,是该领域研究文献的核心主题。从政策制定角度来看,IAD框架中的三组外部变量较容易更改的就是事实上的制度规则。通过改变制度规则,有可能促使行动者所面临的激励结构和行动者相互作用方式发生改变。由于宪制、集体选择和操作选择三个层面的规则,共同影响公共池塘资源系统,对于灌溉系统的制度分析可以在三个层面中的任何一个进行。IAD框架支持多层次的嵌套制度分析,这方面的文献也构成了IAD框架的高级应用②。

事实上,该领域早期的文献主要强调操作规则层面的分析,关注自然物质条件、经济社会属性和通用制度规则如何有效塑造基层行动者(灌溉农户)的激励结构。例如,为了理解和增进灌溉自主治理的运作,20世纪90年代的文献主要以农户的激励为中心③;随着对灌溉管理中官僚激励结构重要性的认识,21世纪以来部分文献开始转向集体选择层面的分析,重视研究更高层行动者(灌溉官僚)的激励机制如何形成④⑤。同时,也陆续有文献将操作选择层面和集体选择层面整合起来,进一步研究灌溉官员和农户之间的相互作用关系⑥。

在灌溉系统的上述文献中,大都相对严格地应用了IAD框架,这也反映了该框架在灌溉系统研究中的适用性。但从更大范围的IAD应用研究文献来看,存在大量IAD框架的变形应用。这主要是因为IAD框架是一个能够用于分析制度、行为与激励的普遍性框架,具有很强的理论抽象性,使得在一些经验研究中直接应用IAD框架存在困难。事实上,大量实证研究文献,都会根据特定的研究主题在应用IAD框架时作出微调或改造⑦。

---

① 这方面的总结参见 Poteete A. R., Janssen M. A. and Ostrom E. Working Together: Collective Action, the Commons and Multiple Methods in Practice[M]. Princeton, NJ: Princeton University Press, 2010.

② 这方面的研究可参见此文介绍:Blomquist W, deLeon P. The design and promise of the institutional analysis and development framework[J]. Policy Studies Journal, 2011, 39(1): 1-7.

③ Ostrom E. Crafting Institutions for Self-Governing Irrigation Systems[M]. Institute for Contemporary Studies Press, 1992.

④ Araral E. Bureaucratic incentives, path dependence, and foreign aid: An empirical institutional analysis of irrigation in the Philippines[J]. Policy Sciences, 2005, 38(2): 131-157.

⑤ Lam W F. Designing institutions for irrigation management: Comparing irrigation agencies in Nepal and Taiwan[J]. Property Management, 2006.

⑥ Araral E. Decentralization puzzles: A political economy analysis of irrigation reform in the Philippines[D]. Indiana University, 2006.

⑦ 王亚华. 对制度分析与发展(IAD)框架的再评估简[J]. 公共管理评论,2017(1): 3-21.

二、IAD框架的优点

通过回顾相关文献,IAD框架在经验运用方面的优点可以总结为以下方面①。

1. 制度分析的通用语言

IAD框架作为制度分析的通用语言,提供了一个可以跨领域进行诊断、分析和政策描述的框架,能够帮助在不同的政策领域进行理论和经验的研究。IAD框架将不同类型的变量进行分类,形成了一个逻辑一致性的变量体系,可用于诊断不同类型的问题,有助于促进相关理论认识的形成和积累。

多年来IAD框架被不同学科的学者使用,提高了知识积累的效率,特别是包括灌溉系统在内的公共池塘资源方面。在统一的分析框架下,世界范围的灌溉系统治理具有了可比性,能够检验不同的制度设定在各种情景下如何影响集体行动。目前,影响公共池塘资源集体行动的变量已经被识别出数十个,所累积产生的理论影响深远②③。正如一项基于意大利北部灌溉系统情况的案例研究指出的:"被广泛认可的影响变量的识别对研究大有裨益,它允许研究人员更容易对影响集体行动的更多其他因素进行详细地研究,比如社会资本在灌溉系统中的角色。"④

2. 包容多学科的范式

与上述通用语言的特征紧密相连的是,IAD框架提供了一个能够包容多学科的分析范式。研究者可以使用该范式在不同的情景设定中有效地理解人类行为的相互作用及其影响。多层次和深度的分析需要多学科的范式,IAD框架具有整合多学科经验的优势。大量关于灌溉系统的比较研究基于来自不同学科的案例研究,比如人类学、社会学、农业经济学和政治科学。这些不同学科的研究来自世

---

① 王亚华. 对制度分析与发展(IAD)框架的再评估简[J]. 公共管理评论,2017(1):3-21.

② Agrawal A. Common resources and institutional sustainability, In Ostrom et al. (eds.), The drama of the commons [M]. Washington, DC: National Academy Press.2002.

③ Wang Y, Chen C, Araral E. The Effects of Migration on Collective Action in the Commons: Evidence from Rural China[J]. World Development, 2016, 88: 79-93.

④ Bravo G, Marelli B. Irrigation systems as common-pool resources. Examples from Northern Italy[J]. Journal of Alpine Research| Revue de géographie alpine, 2008 (96-3): 15-26.

界各地,聚焦到灌溉系统面临的共同问题,形成的理论进展相当可观①。

IAD框架提供了一个基础研究平台,不同学科的方法论都能够被用于理论分析和实证检验,共同服务于增进对某个特定领域或理论问题的认识。比如,单案例研究、多案例的荟萃分析、大样本田野研究、理论模型与行为人模型等多种方法,已经被整合应用于公共池塘资源的研究,用于增进对集体行动理论的认识②。

3. 便于处理复杂性

制度体系非常复杂,其基本特征包括多样性、不可分割性、多层次性和构形特征等。政策分析者面临的挑战是,如何开展有效的研究设计,用以将复杂变量置于一个综合的框架中研究其对产出的影响。IAD框架提供了一个有力的工具,强调许多因素的相互作用联合决定产出,帮助从看似混乱无序的情境中寻找规律。IAD框架在处理复杂制度体系方面的优势,可以为政策建议的导出提供可靠的实证研究基础。

在IAD框架的引导下,作为复杂的社会生态的灌溉系统在许多实证研究中,被详细地解构和精致地分析。比如,林维峰运用IAD框架来解释制度以及多种自然和社会经济属性,如何影响尼泊尔灌溉系统的绩效③;爱德华多·阿拉拉尔利用该框架对菲律宾的灌溉系统治理的众多影响因素进行检验,帮助理解公共池塘资源集体行动的复杂性④。

4. 辅助研究设计和组织

IAD框架是辅助研究设计的强大工具,能够帮助将复杂的研究对象进行结构化地组织。大量现有的实证研究文献,应用了IAD框架或者修订的IAD框架,作为论文的基本分析框架。这其中既有大样本的定量研究,也有定性的案例研究,应用该框架进行组织。IAD框架也可以作为一种思维工具,用于研究的组织和论

---

① 最新的理论进展综述请参见:Wang Y, Chen C, Araral E. The Effects of Migration on Collective Action in the Commons: Evidence from Rural China[J]. World Development, 2016, 88: 79-93.

② Poteete A. R., Janssen M. A. and Ostrom E. Working Together: Collective Action, the Commons and Multiple Methods in Practice[M]. Princeton, NJ: Princeton University Press, 2010.

③ Lam W F. Governing irrigation systems in Nepal: institutions, infrastructure, and collective action[M]. Institute for Contemporary Studies, 1998.

④ Araral E. What explains collective action in the commons? Theory and evidence from the Philippines[J]. World Development, 2009, 37(3): 687-697.

文的写作,而不一定体现在书面成果中。当然,IAD框架不但支持复杂系统的整体性研究设计,也可以用于组织局部问题的深入研究,例如,对行动者的战略博弈和相互作用的分析①。

5. 提供制度研究的有益概念

在IAD框架的子类别中,规则被分为七大类型:边界规则、岗位规则、选择规则、范围规则、聚合规则、信息规则和支付规则。这样的分类为定义制度如何影响一个行动情景的内部结构提供了理论方法。该理论方法在制度研究领域,是非常前沿且富有启发性的。灌溉系统中的各种制度规则,可以根据这个分类进行精确地定义和精致地分析②③。

三、IAD框架的缺点

尽管有上述的诸多优点,IAD在实证研究的应用中也显示出它的不足,简要总结如下④。

1. 系统运用的成本较高

由于IAD框架包含的内容非常广泛,系统应用依赖密集的信息,深度研究经常需要大量的实际调研工作,因此需要投入大量的时间。比如,上文提到的NIIS项目,投入了大量的人力和财力资源用于建设数据库。这使得系统运用IAD框架更适合出现在大型研究项目或者博士论文的研究中。实际上,目前已经有一批运用IAD框架研究灌溉系统的博士论文,并形成了多个灌溉系统数据库。即使是系统运用IAD框架的定性研究论文,也需要对案例展开深度的实地调研,搜集内容丰富的资料和信息。因此,系统运用IAD框架的门槛较高,这也制约了该框架的更广泛应用。

---

① Araral E. Bureaucratic incentives, path dependence, and foreign aid: An empirical institutional analysis of irrigation in the Philippines[J]. Policy Sciences, 2005, 38(2): 131-157.

② Tang S Y. Institutions and Performance in Irrigation Systems[A]. In Ostrom, E., Gardner, R. and Walker J. eds., Rules, Games, and Common-Pool Resources. University of Michigan Press, 1994: 225-245.

③ Ostrom E. Developing a method for analyzing institutional change[M]. Alternative Institutional Structures. Routledge, 2008: 66-94.

④ 王亚华.对制度分析与发展(IAD)框架的再评估[J].公共管理评论,2017(01):3-21.

2. 比较复杂而难以掌握

作为一个包容多学科的分析范式,IAD框架可以提高跨学科的交流效率。然而通过文献梳理发现,除了与印第安纳大学政治理论与政策分析研究所有联系的研究人员之外,运用该框架的其他学者数量相对较少。上文提到的相对严格意义上运用IAD框架的文献作者大都是与该研究所直接相关的学者,比如教师、访问学者和研究生。当然,他们发表的文献也的确是引领该领域的高质量文献。导致此种情境的重要原因,是IAD框架比较复杂,虽然容易接受但并不容易掌握,这也制约了该框架的更广泛应用。

3. 框架包含太多的选择

虽然IAD框架能够很好地处理复杂性,但并没有提供相对固定的因果链条。在这个框架中,所有框架内的因素都有可能发生相互作用。这可能导致那些不习惯于处理复杂系统,或者那些不完全理解该框架宗旨的人,在处理各种影响因素和多层次变量之间的联系时陷入迷惑。IAD框架试图定义一套变量,便于分析者进行研究设计,然而这些变量的特定价值在不同的问题分析中可能相差甚远。从传统的学科角度来看,这是一个难以理解的综合视角。由于它太过灵活并且包含太多竞争性假设,导致运用IAD框架高度依赖于使用者个人的理解。当然,这样的评价恐怕也是不公平的,因为这个框架本意是被用来作为"组织调查"的有力工具,而非"提供解释或者预测行为和结果"①。

4. 提供宏观指导但难以深入

虽然IAD框架提供了多层次的制度分析方法,但是大多数的使用者仅仅应用第一层次的框架来处理不同影响因素之间的关系,比如自然物质特征、经济社会属性、制度规则、行动情景、相互作用和产出。绝大多数的文献都在第一层次使用IAD框架,依靠框架的第一层来设计研究或者构建分析。这种情况使得IAD框架更像一个提供宏观指导从而让研究得以开展的工具,但却难以指导进行更深

---

① Schlager, E.(2007).A Comparison of Frameworks, Theories, and Models of the Policy Process[A]. In Paul Sabatier, ed. Theories of the Policy Process, 2nd, pp. 293-320. Boulder, CO: Westview Press. 中译版见:埃莉诺·奥斯特罗姆. 制度性的理性选择:对制度分析和发展框架的评估. 萨巴蒂尔编,彭宗超,钟开斌译. 政策过程理论[M]. 北京:生活·读书·新知三联书店,2004 (9):125-149.

的调研以及分析不同层次间的联系。

5. 使用子分类存在困难

IAD 框架在第一层次外确实提供了更多的指引。比如，规则和行动情景在第二层次已经被分为七个子类（见图 3-6）。然而，子分类变量定义的复杂性可能妨碍使用者的具体应用。理论上，IAD 框架可以用于辨识不同环境下行动者面临的行动情景及规则的细微差异。而实际上，应用第二个层次对规则和行动情景进行联系和分析的文献寥寥无几，说明子分类变量应用的可操作性并不高。然而，这个评价可能不完全公平，因为埃莉诺·奥斯特罗姆坚称，用于评估这个框架优点和缺点的标准应该是学术的有用性而不是实际的操作性 。如果以学术的有用性作为标准，那么可以忽略这个评价。

四、IAD 框架的建议与展望

毫无疑问，IAD 框架是一个广泛用于制度和政策分析的有用工具。继续扩展 IAD 框架的应用范围，并支持其在更多领域的实证研究有很大潜力。服务于这样一个目的，这里提出以下建议：

1. 鼓励更多的应用

虽然 IAD 框架并不是社会科学家试图理解社会秩序难题的唯一框架，然而它值得在社会科学研究中获得更多的关注和应用。由于现代治理问题的复杂性日益凸显，在更多的治理诊断和政策分析领域，值得尝试运用该框架处理复杂社会系统。这个建议对于 SES 框架同样适用。

2. 提供指导或者培训课程

IAD 框架比较复杂，制约了其应用，因而可以考虑开发该框架的应用指导手册。制作指导手册的目的，是为了使得研究者能够更好地理解和应用该框架。IAD 框架的指导手册最好能够与具体应用结合起来，一个成功的案例是国际森林资源和制度（IFRI）研究计划的田野调研手册。另一个推广 IAD 框架的有效方式是为制度研究者和政策分析者提供相关的训练课程。对于 SES 框架而言也是如此。

3. 根据需要灵活应用

IAD 框架不是一个僵化的和静态的框架。它允许根据特定的分析目的,灵活调整框架的应用。它可以在多种方面提供借鉴:为概念设计提供灵感,局部的应用,整体的分析等。文献中也的确是以多种多样的方式在运用 IAD 框架。实际上,IAD 框架的应用带有很强的经验性,可以根据研究者的需要灵活选择应用方式,也可以加以改造或修订,以适应特定的研究对象。使用者可以根据自己的需要大胆地改造和修订 IAD 框架,以满足特定研究的需要。

4. 结合运用 SES 框架

近年来新发展起来的 SES 框架,是 IAD 框架在社会生态系统领域的具体应用和升级,并且已经受到了国际学术界的广泛关注,展现了富有生命力的发展前景。在公共事物特别是公共池塘资源的研究领域,强烈推荐 SES 框架取代 IAD 框架,对社会生态系统提供更有针对性和精确的制度诊断分析。当然在运用 SES 框架的同时,IAD 框架仍然可以提供有益的宏观指引,因此两者也可以结合使用。

5. 简化子类别变量

为 IAD 框架提供子类别变量非常有益,有助于更深度地应用这个框架。然而,对于研究人员来说,理解或者使用现有的子类别变量存在很大困难,比如对七种规则的分类和七种行动情景的区分。从理论发展的角度讲,这些子类别变量的使用情况并不重要。但是,为了让该范式能够在更广泛的实证研究范围内推广,这些子类别变量可能需要简化。建议研究人员根据自己的需要灵活应用或修订使用子类别变量。

IAD 框架是以奥斯特罗姆夫妇为首的布卢明顿学派,长期倚重的分析框架和标志性的理论符号,因此值得公共管理学界重视。作为制度与政策分析的重要工具,IAD 框架具有成为制度分析的通用语言和多学科范式的显著优势,因而能够为组织和设计研究提供一般性的框架,特别是在处理复杂的调查和制度分析时显示出优越性。然而,IAD 框架同样暴露出较高的系统应用成本和难以学习的问题,从而导致该框架在绝大多数的实证研究中的作用仅为提供宏观指导。

IAD 框架已经被中国公共管理学界熟知,过去十几年间已经涌现很多运用该框架的理论和实证研究文献，展示了其在中国应用的价值和潜力。本章归纳的IAD框架应用中存在的问题，也是中国学者在研究中面临的实际问题，由于东西方语境的差异，这些问题可能在中国的应用过程中还更为突出。比如，基于中国本土资料系统应用IAD框架的研究还很少，大多数的实证研究还是将其作为一个参考工具或者局部性的应用。

在认识到IAD框架是一个处理制度和政策难题的有效工具后，同样应该注意到，该框架并不是社会科学家用以理解社会秩序问题的唯一框架。事实上，IAD框架仅仅是制度理性选择分析框架大家庭中的一员，或者被认为是研究政策过程的重要范式之一。在所有研究政策过程的竞争性框架当中，施拉格认为，虽然制度分析与IAD能够包容分析很多内容，但是“倡导联盟框架”（Advocacy Coalition Framework，ACF）对于政策制定问题更加具体，而“霍弗博特政策评价模型”（Hofferbert Framework）更适用于政策选择问题[①]。因此，我们应该根据特定的调查需求，认真选择最适合的框架，不能陷入只有一种框架能够选择的误区。

总体来看，由于IAD框架处理复杂结构和问题的显著优势，IAD框架在制度分析和政策过程分析中应该得到更多的应用。鼓励更加灵活的应用，设计相关的指导手册或者培训课程以及简化子分类变量等措施，能够有效地提高IAD框架的应用范围。当然，随着近年来SES框架的兴起，在公共事物特别是公共池塘资源研究领域，SES框架能够在一定程度上替代IAD框架。

尽管如此，由于制度对于人类福祉的影响十分显著，作为一个能够用于分析人类制度、行为与激励的普遍性框架，相信IAD框架在未来公共管理研究中仍然是一个有重要价值的分析框架。IAD框架的推广和应用，不仅能够帮助发展更好的理论来理解人类行为和激励，而且能够广泛地指导理论的实际应用，帮助实现更优的制度设计和更好的政策。

过去40多年间，中国经历了快速的经济社会制度变革进程。如何理解制度变迁与中国经济社会发展的内在机制，IAD框架提供了一个非常有益的分析工具，对于中国的制度分析学者具有一般性的参考和应用价值，有助于为中国的制度变革提供更为综合全面的深层透视。同时，中国作为世界上首屈一指的人口总量、地理疆域和经济规模大国，拥有世界上最为复杂而多样的公共事物，IAD框架

① Schlager E. A Comparison of Frameworks，Theories，and Models of Policy Processes[A]. In Paul Sabatier，ed. Theories of the Policy Process，2nd，293-319. Boulder，CO：Westview Press，2007.

在中国的公共事物治理研究中可以发挥更为重要的作用,为中国的资源环境政策和经济社会可持续发展作出贡献。

关键术语

框架 理论 模型 制度分析与发展(IAD)框架 行动舞台 行动情景 行动者 自然物质条件 经济社会属性 通用社会规则 宪制规则 集体选择规则 操作规则

思考题

1. 在学校这个行动舞台中,有哪几类行动者?七种规则具体表现是什么?

2. 运用IAD框架,你可以研究哪些具体问题?在这些研究问题中,七种规则与行动舞台是如何互动的?

第四章

耦合基础设施系统(CIS)框架

IAD 框架在公共事物研究中发挥了重要作用。但随着学科发展的深入和研究领域的拓展,IAD 框架并不能很好地满足所有的研究需要,需要对 IAD 框架进行发展,以寻找更加合适的框架作为研究工具。耦合基础设施系统(Coupled Infrastructure Systems,CIS)框架,就是基于 IAD 框架发展而来的一种公共事物治理分析框架。相比 IAD 框架,CIS 框架更加强调由相互耦合的基础设施所构成的系统在人的互动行为中的作用,认为许多公共事物治理问题可以从耦合基础设施系统的角度进行研究。

第一节 基础设施:CIS 框架的核心概念

一、CIS 框架的历史渊源

虽然 IAD 框架已经成为公共事物治理尤其是公共池塘资源研究领域的经典分析框架,但学者们对于分析框架的探索仍在继续,埃莉诺·奥斯特罗姆本人也认识到了 IAD 框架的潜在不足以及对于框架继续深化认识与发展的必要性[①]。尤其在进入 21 世纪以来,一批研究学者逐步认识到复杂的社会生态系统(Social-Ecological System)对于公共事物治理的重要影响[②]。

学者们基于 IAD 框架的研究,发现制度是塑造人类反复互动的博弈规则,可以帮助相关群体在应对公共池塘治理困境中发挥重要作用。然而,置于社会生态系统的背景下,学者们进一步发现制度与运行的社会和生物物理环境密切相关。

---

① Ostrom E. Background on the Institutional Analysis and Development Framework [J]. Policy Studies Journal, 2011, 39: 7-27.

② 更早关于社会生态系统概念的探索可见 Berkes F, Folke C. Linking Social and Ecological Systems [M]. Cambridge Univ. Press, 1998.

这种互动关系的复杂程度,难以通过传统的IAD框架进行把握。同时,IAD框架源于政治学和政策分析的学术传统,也使得IAD框架的发展和应用通常都集中于社会属性和制度安排,对于社会生态系统的演变则相对不足①。这些问题都推动了研究者对于分析框架的研究与发展。在对于分析框架和相关概念、理论的持续探索过程中,一批学者重点关注社会生态系统的稳健性问题,即何种制度安排可以使社会生态系统在外部冲击下保持稳健。

为了更好地聚焦对复杂系统稳健性的关注,2004年,安德列斯、马可·詹森和埃莉诺·奥斯特罗姆基于对IAD框架的发展,提出了"社会生态系统的稳健性框架"(Robustness of Social-Ecological Systems Framework)的概念,简称稳健性框架(Robustness Framework)②。在这个框架中,安德列斯等人借鉴了工程学领域的稳健性概念,即系统在外部冲击下保持稳定的能力,同时将资源、治理系统和相关基础设施视为同一个耦合系统中的组成部分。稳健性框架是CIS框架的前身,并且此时基础设施已经成为框架中的重要概念。

在稳健性框架的基础上,2016年安德列斯将框架进行了完善,并更好地结合了IAD框架的部分思想,提出了完整的CIS框架③。CIS框架更加强调基础设施的独特特征对于理解公共事物治理的重要性。CIS框架的提出不仅是对框架本身的完善,也大大推动了框架在国际公共事物治理研究中的应用。虽然目前CIS框架仍然比较小众,但在2016年后呈现出快速发展的态势,其生命力和影响力日益增强。

二、不同类型的基础设施

CIS框架下的基础设施,指的是能够使系统产出结果和价值的体系。典型的基础设施即包括道路、桥梁、配电系统,也包括互联网通信协议和计算机软件。基础设施有两个关键的特征:首先,基础设施是一种质料(如机器)和信息(如知识)的集合,并且可以产生对社会有用的物质或信息财富;其次,基础设施需要社会对

① Anderies J M, Janssen M A, Schlager E. Institutions and the performance of coupled infrastructure systems [J]. International Journal of the Commons, 2016, 10(2): 495.

② Anderies J M, Janssen M A, Ostrom E. A framework to analyze the robustness of social-ecological systems from an institutional perspective[J]. Ecology and Society, 2004, 9(1).

③ Anderies J M, Janssen M A, Schlager E. Institutions and the performance of coupled infrastructure systems [J]. International Journal of the Commons, 2016, 10(2): 495.

其投资来进行生产和维护。耦合基础设施系统是指一种基础设施本身并不能直接产出价值,必须在耦合的系统中与其他类型的基础设施相互协同才能产出价值。例如必须在相应知识的指导下操作机械才能进行生产活动,单独的操作知识或机械都不能产生价值①。

提到基础设施,人们可能会想到道路、建筑物、电网、互联网等,但制度分析学家眼中有更多样的基础设施。CIS框架将基础设施分为五种类型,分别是硬基础设施、软基础设施、自然基础设施、人类基础设施和社会基础设施。这些不同类型的基础设施都需要通过集体行动来生产和维护②③。

1. 硬基础设施

硬基础设施主要指最常见的人造基础设施,如公路、铁路、大坝和发电站。硬基础设施能够生产和分配各种满足人们生活的必需品,例如淡水、能源和信息,并存在于人们生活的每一个环节。以人们日常中的出行为例,硬基础设施可以分配和传导物质、人员和信息。通过硬基础设施,人们可以通过公路、铁路、水路和飞机出行,也可以在专属的道路上步行或骑行。在这个过程中,为满足人们出行和流动的需要,发电厂和炼油厂需要对矿物燃料进行加工以产生能源,这些能源需要通过电网或加油站实现分配,并通过各种设备和车辆才能最终发挥作用。

硬基础设施为社会提供了关键的底层基础架构支撑,而硬基础设施需要的投资也非常庞大,不可能由个人来支付,必须通过社会集体产生。因此,硬基础设施的生产和维护会带来一系列集体行动问题。典型的集体行动问题包括谁来生产基础设施,基础设施在什么地方生产,完成后将位于何处?生产完成之后,硬基础设施由谁负责维护?这些集体行动问题处理不善,已经造成了现实中很多基础设施的衰败,例如桥梁倒塌、停电、道路失修损毁。

2. 软基础设施

软基础设施指的是为使用基础设施而人为制定的规则、指南。规则和指南的

---

① Anderies J M, Janssen M A. Sustaining the commons[M]. Center for Behavior, Institutions and the Environment, Arizona State University, 2016.

② Anderies J M. Understanding the dynamics of sustainable social-ecological systems: human behavior, institutions, and regulatory feedback networks[J]. Bulletin of mathematical biology, 2015, 77(2): 259-280.

③ Anderies J M, Janssen M A. Sustaining the commons[M]. Center for Behavior, Institutions and the Environment, Arizona State University, 2016.

建立需要相应的知识作为指导,而知识的建立和传播需要大量的投资。对于基础设施产出价值的作用而言,软基础设施是必不可少的。没有软件(软基础设施)的支持,计算机(硬基础设施)就无法正常工作。软基础设施通常可以被看作是社会运行的指导,这里的社会概念覆盖了从个人到社区、再到县市,乃至国家、联合国的所有级别的组织。

CIS框架中重点关注的一种软基础设施是“制度”。制度是构建人与人之间反复互动的规则和指令,例如道路中的指示牌、法律条文、行政规定等。软基础设施使社会能够解决集体行动问题并协调它们的活动。软基础设施通常可以被看作是社会运行的指导。与其他基础设施一样,制度等软基础设施也必须与其他类型的基础设施相结合才能发挥作用。

3. 自然基础设施

自然基础设施是一种非人造的基础设施。典型的自然基础设施包括湿地、森林等。自然界的生态系统是一种基础设施,但是这种基础设施必须要与其他类型的基础设施相耦合才能发挥作用,而且人类可以通过使用其他类型的基础设施来限制或提高自然基础设施的产出。如果没有人类的知识,自然界和生态系统本身不能直接提供服务或产出。

4. 人类基础设施

人类基础设施是指行为人处理信息和做出决策的能力。最重要的人类基础设施就是知识。知识对人类社会来说至关重要,是任何生产活动的基本要素。人类社会的各行各业都需要知识,例如农民的农业种植知识、工人的机械操作知识、律师的法律知识。知识需要投资,并且与其他类型的基础设施相结合时才能产出价值,因此知识也是一种基础设施。人类基础设施与软基础设施有一定联系但又相互区别。软基础设施指的是规则和指南,人类基础设施指的是人类所掌握的知识体系与技术。人类基础设施的物理表现是我们大脑中的神经网络,这些神经网络需要大量的学习(学习也可以视为一种投资)来训练和培养记忆信息和解决问题的能力。

5. 社会基础设施

社会基础设施指的是人与人之间的互动关系。这些人类之间的相互关系对人类社会的运行至关重要。人类社会关系的建立非常耗时耗力，即需要大量投资，同时这种关系也能产生产出，因此这种社会关系也是一种基础设施。社会基础设施是一种润滑剂，减少人类活动的各类摩擦和成本，典型的社会基础设施就是人之间的信任。例如人们在生活中有很多事情是在朋友和亲戚的帮助下完成的，如果没有友谊或亲情的社会关系纽带，这些工作可能需要从市场上雇用别人来完成。通过雇佣完成一项任务将会比通过社会关系麻烦得多，用经济学的术语来说，这将大大增加交易成本。除了个人之间的信任之外，组织（例如企业或学校）也存在着大量的社会互动关系，这也是社会基础设施的一部分。因此建立一家企业或一所学校，并不仅仅是投资建设办公场所或教学楼，更重要的是要投资建立社会互动关系。

以上是CIS框架视角下的五类基础设施，为了实现有价值的产出，必须使多种类型的基础设施组合在一起。事实上，除了某些特殊情况，所有类型的基础设施都是必需的。

第二节　CIS框架的基本结构及其演变

在IAD框架中，基础设施的概念比较隐晦，并不包含具体细节[①]。CIS框架是对IAD框架的扩展，目的是明确不同类型的基础设施如何组合在一起相互关联、相互作用以形成耦合系统。早在20世纪90年代埃莉诺·奥斯特罗姆等学者就已经开始关注公共事物治理中的基础设施问题。在《制度激励与可持续发展——基础设施政策透视》一书中，埃莉诺·奥斯特罗姆等人已经注意到了以灌溉系统为代表的基础设施在农业生产中的作用[②]。但在这一阶段学者的关注重点仍集中在物质基础设施（主要是硬基础设施），制度因素则被视为影响基础设施绩效的外部变量。CIS框架的提出则超越了传统对于基础设施的认识。

一、CIS框架的核心组成部分

2004年，安德列斯、马可·詹森和埃莉诺·奥斯特罗姆提出了稳健性框架，

① Anderies J M, Janssen M A. Sustaining the commons[M]. Center for Behavior, Institutions and the Environment, Arizona State University, 2016.

② 埃莉诺·奥斯特罗姆等. 制度激励与可持续发展[M]. 毛寿龙等译. 上海：上海三联书店，2000：12-17.

这一框架是对 IAD 框架中行动情景的扩展[1]。尽管稳健性框架的分析重点是社会生态系统(Social-Ecological Systems,SESs)而不是基础设施系统,但这一框架已提出了资源系统、资源用户、公共基础设施、公共基础设施提供者四大要件。这四部分也成为了 CIS 框架的核心要件。

稳健性框架首先关注的是共享资源和使用资源的大量资源用户。资源就是人类社会生活面对的形形色色的公共事物。资源用户是行动者,也是公共事物的使用者。共享资源和资源用户的关系提出了一个问题:谁创建了如何使用共享资源的规则?这个问题引出了框架的第三个核心要件:公共基础设施提供者。公共基础设施提供者为资源用户创建资源和基础设施的使用规则。作为个体的资源用户和公共基础设施提供者可能有很大的重叠,也有可能是完全不同的个体,这取决于框架涉及的社会治理系统的结构和规模。

稳健性框架主要聚焦于操作层面和集体选择层面的行动舞台。在操作层面,资源用户与公共基础设施提供者的个体可能有很大程度的重合。例如在小型社区中,业主即资源用户可能定期开会,讨论管理其共享资源的问题和解决方案。现在随着技术的发展,线上业主群的建立更加方便了业主之间的沟通与联系。这些固定参与社区公共资源管理的业主都是公共基础设施提供者,并可能具有不同的分工和角色。但是他们同时也都是资源用户,在创建社区公共资源的使用规则时,他们也是具有直接利害关系的利益相关者。因此在操作层面,当资源用户和公共基础设施提供者有较多重合时,实际上规则就是由利益相关者和直接参与者来负责制定的。

在集体选择层面,即较大规模的社会治理系统中,很难实现由资源用户直接担任公共基础设施提供者,通常会选择由少部分人在特定的组织机构内,代表其他资源用户进行公共基础设施供给决策。这些代表通过一定的集体选择安排选出,具体关于公共基础设施供给的决定也经由一定的集体选择安排所做出。例如农林部门制订的农村路桥修建养护计划,或者偏远地区的教育普及安排,就是集体选择层面做出的公共基础设施供给决定。联合国大会是一个比较极端的大规模社会治理的例子,各国的大使代表各自的国家,在国际层面制定政策。

该框架的第四部分是公共基础设施,包括人造的软/硬基础设施。硬基础设

① Anderies J M. Understanding the dynamics of sustainable social-ecological systems: human behavior, institutions, and regulatory feedback networks[J]. Bulletin of Mathematical Biology, 2015, 77(2): 259-280.

施包括运河、管道、桥梁、道路和卫星等；软基础设施包括使用资源的制度安排，同时也需要人类基础设施（如各类专业人员）来执行这些制度安排。公共基础设施能直接影响资源，也能直接与资源用户互动。

共享资源、资源用户、公共基础设施提供者和公共基础设施构成了CIS框架的主体，而五种基础设施则构成了稳健性框架的这四个组成部分：共享资源，即自然基础设施；资源用户，包括人类基础设施和社会基础设施；公共基础设施，由软基础设施、硬基础设施、人类基础设施、社会基础设施构成；公共基础设施提供者，包括人类基础设施和社会基础设施。表4-1描述了现实中四大要件的典型例子以及部分有代表性的潜在问题。

表4-1　稳健性框架中的四大要件

要　件	包含的基础设施	典型例子	潜在问题
A. 资源	自然基础设施	水资源、渔场	不确定性、复杂性
B. 资源用户	人类基础设施、社会基础设施	使用灌溉系统的农民、近海捕鱼的渔民	过度捕捞、搭便车
C. 公共基础设施提供者	人类基础设施、社会基础设施	地方协会及委员会、政府部门	内部冲突或对采取何种政策犹豫不决、信息缺失
D. 公共基础设施	软基础设施、硬基础设施、人类基础设施、社会基础设施	基建工程	磨损、损耗

资料来源：Anderies、Janssen和Ostrom，2004；Anderies，2015。

二、CIS框架内四个要件的相互作用

除了提出四大要件之外，稳健性框架对于CIS框架的形成还有两项重要的贡献。首先，稳健性框架不仅关注物质基础设施，还将基础设施的概念扩展到了非物质的社会基础设施，包括制度、规则等社会资源。其次，稳健性框架不仅提出了四大要件，而且还描绘了四大要件以及外部变量之间的相互关系，其中尤其强调了基础设施提供者和资源用户之间的关系对结果的影响。在外部变量的影响下，稳健性框架的四大要件之间的相互作用共同产出了最终的结果。

稳健性框架及其内部四个要件的相互作用如图4-1所示。除了四个要件的互动之外，该框架还考虑了两种类型的外部干扰。第一种外部干扰是生物物理干扰（箭头7），如洪水、地震、山体滑坡和气候变化，生物物理干扰主要影响资源（A）

和公共基础设施(D)。第二种外部干扰是社会经济变化(箭头 8),如人口增长、经济变化、经济萧条或通货膨胀,以及重大政治变化,社会经济变化主要影响资源用户(B)和公共基础设施提供者(C)。

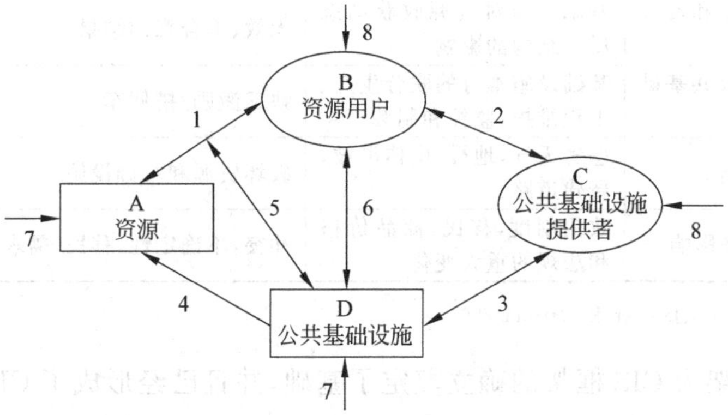

图 4-1　稳健性框架及其内部互动结构

资料来源:Anderies、Janssen 和 Ostrom,2004。

稳健性框架认为需要超越早期只关注资源用户、个人和集体理性之间的协调与合作的问题。在复杂的现实社会中的互动与链接关系要复杂得多。这些互动关系主要包括:资源用户对资源的收获(图 4-1 中的链接 1)、资源用户和公共基础设施提供者之间的联系(链接 2)、公共基础设施提供者对基础设施的供给和投资(链接 3),以及资源用户和公共基础设施(链接 6)之间的潜在交互。其中研究者过去较少关注资源用户和公共基础设施之间的互动,但实际上在公共基础设施的日常运行和维护中,资源用户提供了大量主动协同的互动与生产作业。此外,各类生态实体之间的联系(链接 1、4 和 5)也是系统波动的来源,这些生态实体之间的互动会影响整体生态系统产出价值的稳健性。表 4-2 列举了一些四大要件之间八种链接的典型例子,以及存在的潜在问题。

表 4-2　稳健性框架内部互动与链接类型

链　接	典型例子	潜在问题
(1) 资源与资源用户之间	供水、捕鱼	资源不足
(2) 资源用户与公共基础设施提供者之间	选民、贡献资源、推荐政策、监控提供者的绩效	不确定性/缺乏参与、搭便车、寻求租金、缺乏信息
(3) 公共基础设施提供者和公共基础设施之间	建立初始结构、定期保养、监控和执行规则	资本过多或资本不足、破坏资源使用的时空格局、成本/腐败

续表

链　接	典型例子	潜在问题
(4) 公共基础设施和资源之间	基础设施对资源水平的影响	无效/低效
(5) 公共基础设施和资源动态之间	基础设施对资源收获动态反馈结构的影响	无效、不合意的结果
(6) 资源用户和公共基础设施之间	基础设施本身的联合生产、工程维护,监控和制裁	缺乏激励/搭便车
(7) 外部生态影响	恶劣天气,地震,山体滑坡,新建道路	破坏资源和基础设施
(8) 外部社会经济影响	政治制度,移民,商品价格和法规的重大变化	冲突,不确定性,移民,需求显著变化

资料来源：Anderies、Janssen 和 Ostrom,2004。

稳健性框架为 CIS 框架的确立奠定了基础,并且已经形成了 CIS 框架的基本结构和互动关系,因此可以被视为 CIS 框架的早期版本。实际上,图 4-1 所展现的结构关系已经成为相关学者在研究中应用最广泛的 CIS 框架结构。

三、从稳健性框架到 CIS 框架

在稳健性框架中,耦合基础设施系统是重要的分析单元,类似于行动舞台是 IAD 框架的分析单元。在稳健性框架的基础上,安德列斯等学者又进行了进一步的发展。安德列斯在 2015 年提出了硬基础设施、软基础设施、自然基础设施、人类基础设施和社会基础设施等五种基础设施的分类,并将其嵌入到 IAD 框架和稳健性框架中[①]。对于 IAD 框架,安德列斯用以上五类基础设施重新解释了框架中的三组外部变量：如图 4-2 所示,自然物质条件是由人造硬基础设施和自然基础设施构成的;经济社会属性包括人类基础设施和社会基础设施(知识和社会资本);通用制度规则主要由人造软基础设施构成。同时,五种基础设施嵌入稳健性框架的四个要件之中,丰富了框架的内涵[②]。

2016 年,安德列斯、马可・詹森和施拉格将嵌入了基础设施的稳健性框架和由基础设施解释的三组外部变量相结合,从而形成了完整的 CIS 框架[③]。CIS 框

① Anderies J M. Understanding the dynamics of sustainable social-ecological systems: human behavior, institutions, and regulatory feedback networks[J]. Bulletin of Mathematical Biology, 2015, 77(2): 259-280.

② 五种基础设施与四大要件的对应关系见表 4-1

③ Anderies J M, Janssen M A, Schlager E. Institutions and the performance of coupled infrastructure systems[J]. International Journal of the Commons, 2016, 10(2): 495.

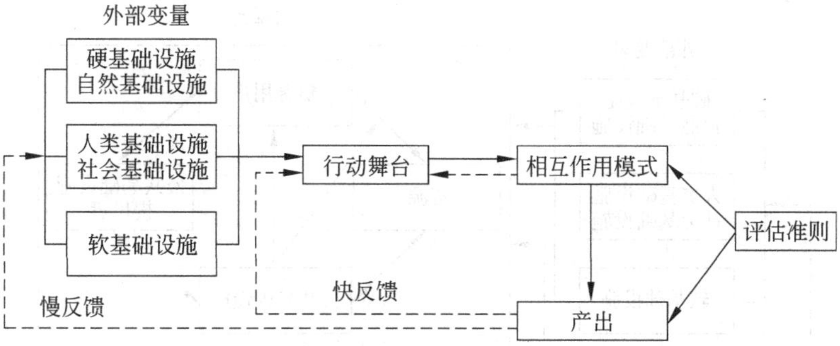

图 4-2　由基础设施解释的 IAD 框架外部变量

资料来源：Anderies，2015。

架中基础设施的概念不再局限于行动情景中，而是扩展到了外部变量，图 4-3 显示的就是 CIS 框架的完整结构。其中 NI、SI、HI、SHMI、HHMI 分别代表自然基础设施、社会基础设施、人类基础设施、软基础设施、硬基础设施。AS 代表潜在的行动情景，S 代表基础设施的溢出效应。

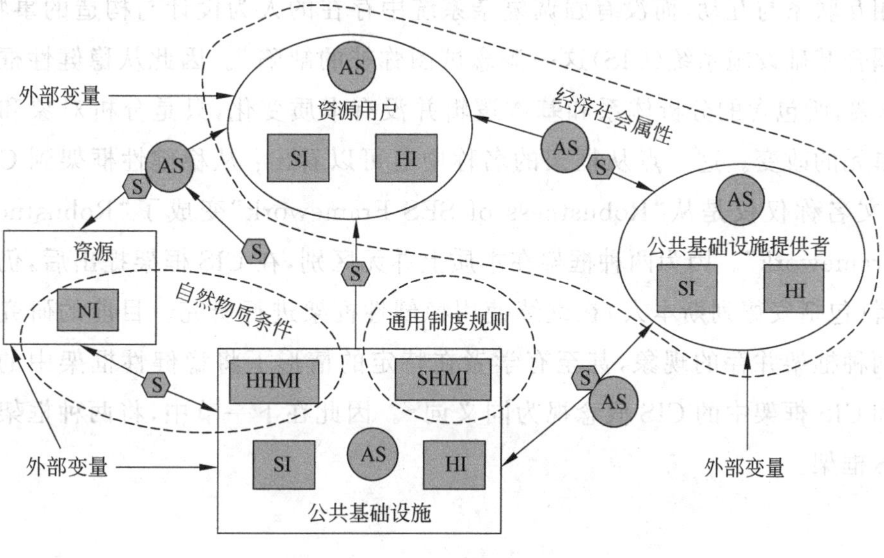

图 4-3　CIS 框架完整结构图 1

资料来源：Anderies、Janssen 和 Schlager，2016。

图 4-4 所示是更加简洁的 CIS 框架完整结构图。需要注意的是，尽管已经形成了更加完整的 CIS 框架结构，但在目前的研究中，被使用最多的 CIS 框架结构形式仍然是图 4-1 所展示的稳健性框架。

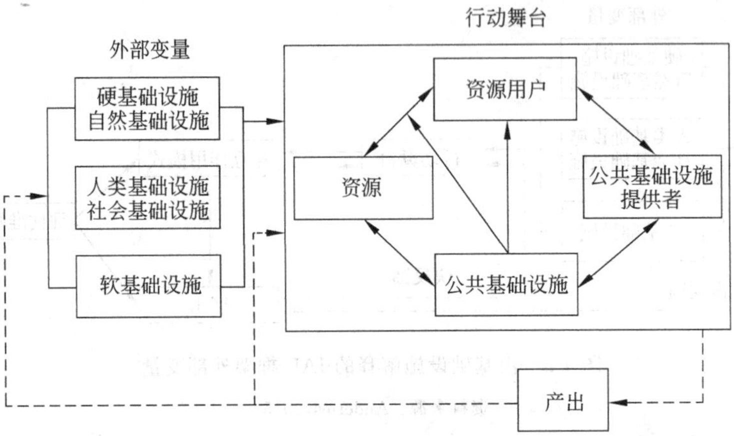

图 4-4　CIS 框架完整结构图 2

资料来源：Anderies、Janssen，2016。

2019 年，安德列斯等人进一步辨析了稳健性框架与 CIS 框架的联系与异同：作为稳健性框架分析对象的社会生态系统（SES）概念只强调了不同组成要件之间的相互联系与互动，而没有强调复杂系统中存在的人为设计与构造的事物，这正是耦合基础设施系统（CIS）这一概念试图弥补的缺陷[①]。因此从稳健性框架到 CIS 框架，所包含的分析体系和基本逻辑并没有本质变化，只是分析对象和核心分析单元的改变。这一点从框架的名称中也可以看出：从稳健性框架到 CIS 框架，英文名称仅仅是从“Robustness of SES Framework”变成了“Robustness of CIS Framework”。因为两种框架在本质上并无区别，在 CIS 框架提出后，仍有很多学者（包括安德列斯本人）在继续使用稳健性框架进行研究。目前的研究中呈现出两种框架并存的现象，甚至有学者在特定的情形下将稳健性框架中的 SES 概念和 CIS 框架中的 CIS 概念视为同义词[②]。因此在下一节中，将两种框架统称为 CIS 框架。

---

① Anderies J M, Barreteau O, Brady U. Refining the Robustness of Social-Ecological Systems Framework for comparative analysis of coastal system adaptation to global change[J]. Regional Environmental Change, 2019, 19(7): 1891-1908.

② McCord P, Dell'Angelo J, Gower D, et al. Household-level heterogeneity of water resources within common-pool resource systems[J]. Ecology and Society, 2017, 22(1).

第三节 CIS框架视角下的集体行动问题

在CIS框架的视角下,五类基础设施相互耦合,由此构成了复杂人类社会生活的基础,这提供了一种新的观察世界的角度。在耦合基础设施系统的运行中,会涉及大量的集体行动,由此产生了两类非常典型的集体行动问题[①]。

一、供给问题

第一类集体行动问题是供给(Provision)困境。基础设施建设和维护成本如何在集体中分担,是一个经典的公共事物治理问题。公共基础设施(如道路、大坝、电网、电磁频谱)投资成本巨大,超出了个人可以承担的范围。因此基础设施尤其是大型公共基础设施就必须经由集体投资来创建和维护,并由集体共享使用。在这种情况下,成本如何分担就是关键的集体选择问题。例如一条新修的道路,建设和维护成本是通过汽油税支付还是由所有纳税人承担,就是一个典型的集体选择问题。

基础设施的成本分配在不同国家会有不同的做法。在许多发达国家,政府通过税收支付基础设施建设和维护的成本;而在一些不发达的农业国,当地农民可以通过提供劳动力的方式为灌溉系统分担成本。关于成本分担的规定不仅仅是一个资本问题,还可能会产生某些负面效果。一个典型例子是美国高速公路。在美国,高速公路的建设费用大部分由联邦政府承担,而地方政府则负责养护费用。因此地方政府有更高的积极性增加高速公路的数量,但是道路普遍缺乏维护。这种行为可能在短期内会产生一定的效益,但会给财政和纳税人带来长期负担。另外,道路维护资金虽然可以通过"使用者付费"原则和提高汽油税来解决,但对政客来说,这样会损害部分选民利益,因而存在政治风险。

二、占用问题

第二类问题是占用(Appropriation)困境,这类问题的本质是基础设施的使用

① Anderies J M, Janssen M A. Sustaining the commons[M]. Center for Behavior, Institutions and the Environment, Arizona State University, 2016.

权如何分配。由于公共基础设施的使用是难以排他的，因此公共基础设施的使用应由集体共享。但在实际中不同人群使用基础设施而产生的收益是不对等的。当纳税人对基础设施的建设作出同样的贡献时，却并不一定能获得同样的收益，这就产生了收益与成本的不对等。现实中典型的例子包括高等教育、灌溉系统等。国家的高等教育由纳税人的税收支持，但是对于高等教育的使用权需要通过高考等选拔考试来分配，因此纳税人并不能获得完全相同的使用收益。灌溉系统中也有类似的情况，当通过集体行动完成灌溉系统的建设后，水渠的上游用水户始终可以获得比下游更充裕的用水供给，这也产生了使用收益的不对等。

不平等的问题广泛存在于耦合基础设施系统之中，并且可能会对群体和社会解决集体行动问题产生负面影响。如果公共基础设施提供者进行决策的过程中，社会精英群体相比低收入群体能被更好地代表，精英群体的利益关切得到更多的考虑，所制定的基础设施相关政策的公平性将会受到影响。例如伴随着城市的发展，车行道路网络也越来越密集。这在便利了乘车人的同时，可能也挤压了骑行者或步行者的城市公共空间。但是需要注意的是，有一些基础设施（如高等教育）可以产生广泛的间接收益，因此即使不能实现使用权和收益的平等，依然值得全社会进行投资[①]。

供给困境和占用困境是两大经典的公共事物治理困境。当耦合基础设施系统面临这两类经典问题时，诸如成本分配、成本收益不对等、使用权分配等一系列问题都需要在具体情境下通过制度来界定和规制。CIS 框架就是一个用于分析基础设施中存在的集体行动问题和制度的分析框架。

第四节 CIS 框架的应用与发展

对于 CIS 框架的潜在价值，安德列斯等人总结为三点：第一，可以实现编码和术语的一致性；第二，可以处理过去难以编码的资源系统的动态、多尺度特征；第三，使研究人员能够扩大案例研究的范围[②]。基于这些优点，尽管目前 CIS 框架仍然比较小众，但在 2016 年之后相关研究数量增长迅速。并且从研究的合作性

① Anderies J M, Janssen M A. Sustaining the commons[M]. Center for Behavior, Institutions and the Environment, Arizona State University, 2016.

② Anderies J M, Janssen M A, Schlager E. Institutions and the performance of coupled infrastructure systems [J]. International Journal of the Commons, 2016, 10(2): 495.

来看,使用CIS框架开展的研究呈现出明显的合作研究倾向,大多数的研究都是由三个或更多的研究者共同合作完成。

在CIS框架的相关研究中,美国占据绝对主导和中心位置。其中最重要的学者就是美国亚利桑那州立大学的安德列斯。除了安德列斯以外,他在亚利桑那州立大学的同事布拉迪(Ute Brady)和马可·詹森也作出了重要的贡献。他们所在的亚利桑那州立大学也成为CIS框架研究的中心。

一、CIS框架的应用

从研究目的的角度看,稳健性框架以及CIS框架的提出,是为了研究四个核心要件之间的交互关系以及复杂系统应对外来因素冲击的稳健性①。这两方面也成为学者在实际应用中研究最多的方向。

1. 四大核心要件的互动与联系

在CIS框架四大要件的互动关系中,研究者最关注的是资源用户与公共基础设施提供者之间的联系。研究者发现二者之间的联系非常关键,而且二者之间互动的差异往往也是造成现实生活中不同耦合基础设施系统绩效差异的重要原因。在创建制度安排时,有两种人类基础设施会起到重要作用。一种是产生于资源用户经验的实践知识;另一种是解决特定问题所需的专业知识。如果资源用户与公共基础设施提供者的距离太远或联系不紧密,就容易造成实践知识的缺失。缺乏实践知识可能导致制定的制度或政策不适合资源用户现实应用,因此可能造成政策的失效。另外,如果地方社区自己制定制度安排,则可能缺少专业知识。因此,从资源用户中选出代表在集体选择层面参与规则制定,可以在一定程度上兼顾专业知识与实践知识②。

现实中前一种政策失效的现象更普遍。在很多地方,造成公共事物治理悲剧的原因就是资源用户与公共基础设施提供者之间相互分离。这造成了公共基础设施自上而下供给,但没有有效的制度规则约束,从而导致在操作层面成本收益

① Bernstein M, del Mar Mancha-Cisneros M, Tyson M, et al. Mapping Ostrom's common-pool resource systems coding handbook to the coupled infrastructure systems framework to enable comparative research[J]. International Journal of the Commons, 2019, 13(1).

② Anderies J M, Janssen M A. Sustaining the commons [M]. Center for Behavior, Institutions and the Environment, Arizona State University, 2016.

和使用权的划分无法有效界定。同时自上而下供给的公共基础设施与当地条件的匹配性也可能存在问题。这些矛盾都会造成公共基础设施的低效率。因此,资源用户和公共基础设施提供者之间的距离和联系是公共事物治理中的一个关键因素。

在具体的研究中,克鲁帕(Krupa)等利用 CIS 框架对阿拉斯加捕鱼业的分析考察了公共基础设施提供者、捕鱼者、鲑鱼资源和规则规章之间的特定相互作用①。西斯内罗斯(Mancha-Cisneros)以墨西哥的一个群岛地区为例研究禁渔区的绩效,其中重点讨论了软基础设施和人类基础设施的作用②。胡巴拉(Houballah)等将 CIS 框架和 SES 框架结合起来使用以解释多功能管理实践背后的制度安排,对法国韦科尔(Vercors)地区的森林进行了制度分析,重点关注治理和社会组织的维度如何影响、适应和改变当地社会与生态变量之间的相互依赖性③。斯文森(Svenssona)等人将"耦合基础设施系统"的概念应用于中国西北地区的三个案例,将水市场视为一个耦合基础设施系统进行分析,解释了自 1949 年以来水权制度和水市场如何以及为何变化。其中主要着眼于软(制度)和硬基础设施如何随着时间的推移而调解自然基础设施(河流)来创建水市场④。

2. 耦合基础设施系统的稳健性与脆弱性

耦合基础设施系统遇到多种干扰。例如,天气、害虫灾害和地震会影响共享资源系统以及硬公共基础设施。更高级别的治理带来的外部变化会影响软公共基础设施、资源用户和公共基础设施提供者。

"稳健性"(Robustness)是指特定耦合基础设施系统应对此类冲击并继续产出价值的能力。如果一个耦合基础设施系统是稳健的,一个外部干扰不会从根本上破坏系统的功能,系统会相对快速地恢复基本功能。与之相对应的,"脆弱性"

① Krupa M B, Chapin III F S, Lovecraft A L. Robustness or resilience? Managing the intersection of ecology and engineering in an urban Alaskan fishery[J]. Ecology and Society, 2014, 19(2).

② del Mar Mancha-Cisneros M, Suárez-Castillo A N, Torre J, et al. The role of stakeholder perceptions and institutions for marine reserve efficacy in the Midriff Islands Region, Gulf of California, Mexico[J]. Ocean & Coastal Management, 2018, 162: 181-192.

③ Houballah M, Cordonnier T, Mathias J D. Which infrastructures for which forest function? Analyzing multifunctionality through the social-ecological system framework[J]. Ecology and Society, 2020, 25(1).

④ Svensson J, Garrick D E, Jia S. Water markets as coupled infrastructure systems: comparing the development of water rights and water markets in Heihe, Shiyang and Yellow Rivers[J]. Water International, 2019, 44(8): 834-853.

(Fragile)则指耦合基础设施系统在外部冲击面前失去了稳定产出价值的能力，即系统失灵。另一个与稳健性相类似的概念是韧性(Resilience)。相关学者研究了CIS框架内韧性与稳健性的异同：二者都与耦合基础设施系统在外部冲击下保持原有状态的能力有关；但韧性侧重于体现系统距离状态转变的边界阈值，而稳健性代表了对外部冲击的反应强度①。

不同耦合基础设施系统的稳健性是不同的。例如在2010年的头几个月里，分别在海地和智利发生了两场大地震。在海地一场7.0级的地震据信造成了超过5万人死亡，而在智利一场8.8级的地震只造成了497人死亡。在灾后重建的过程中，智利的重建恢复速度也比海地快得多。发生在智利的地震要严重得多，但无论是死亡人数还是灾后基础设施的恢复，智利都要远优于海地。为何会有这种差异？这主要基于两方面的原因②：首先，智利是一个多地震的国家，因此有非常严格的建筑标准(硬基础设施)；其次，在智利人们普遍具有丰富的关于地震的知识和经验，并有相应的应急响应制度安排(软基础设施)。但海地经济落后，且地震没有智利那样频繁。因此海地缺乏应对地震的经验，而经验恰恰是人类基础设施的一个重要部分。人类基础设施、软基础设施和硬基础设施的不同完善程度形成了智利和海地的耦合基础设施系统稳健性的差异。

智利的耦合基础设施系统在面对地震时展现出了更强的稳健性。但是提高稳健性需要投资和成本。然而无论如何加大投资，耦合基础设施系统都不可能在面对每一次外部冲击时保持稳定。一个系统可以被设计成对一种类型的冲击是稳健的，但因此可能变得容易受到其他类型的冲击，即“稳健而脆弱”的特性。例如美国的防波堤被设计为能抵御每年发生的小型风暴，但在百年罕见的卡特里娜飓风中却暴露出了脆弱性。实际上，美国基础设施应对飓风和洪水时的漏洞和脆弱性，很早就被科学界和工程界所了解。但由于政府资源有限，这些漏洞不足以促使政府加强投资以提高稳健性。因此，在资源有限的情况下，必须首先确定应对威胁的优先级来指导如何分配资源，以提高相应的稳健性。

在对耦合基础设施系统稳健性的研究中，内勒(Naylor)等以英国沿海的康沃尔(Cornwall)郡为例，使用CIS框架分析在自然灾害冲击下社会生态系统的稳健

① Homayounfar M, Muneepeerakul R, Anderies J M, et al. Linking resilience and robustness and uncovering their trade-offs in coupled infrastructure systems[J]. Earth System Dynamics, 2018, 9(4).

② Anderies J M, Janssen M A. Sustaining the commons[M]. Center for Behavior, Institutions and the Environment, Arizona State University, 2016.

性和脆弱性，并分析了框架内互动结构的动态变化①。瑟维尔（Therville）等利用CIS框架研究了法国朗格多克（Languedoc）地区在多层级治理结构交叠的情境下，应对气候变化的治理情况②。盖尔布瓦（Guerbois）等人对CIS框架进行了编码，并结合设计原则考察南非花园大道（Garden Route）的生态系统应对外部变化和人类需求的适应性③。鲁维诺斯（Rubinos）和安德列斯则利用CIS框架分析秘鲁的皮乌拉盆地（Piura）应对环境变化（厄尔尼诺现象）的弹性④。

21世纪预期可能会有更多的极端天气。如何在稀缺资源中进行权衡，并分配在不同的基础设施之间，将是公共基础设施提供者必须面对的具有挑战性的权衡。

二、CIS框架的发展

从稳健性框架到CIS框架是一个持续十余年的演进过程，而且目前对CIS框架的发展和完善仍在继续。CIS框架的其中一个重要完善方向，是推动CIS框架实现标准化和通用化的努力。基于IAD框架和CIS框架的联系，一些学者把IAD框架中应用的CPR编码手册应用到CIS框架中⑤。通过对CIS框架中的变量进行与IAD框架一致的标准化编码，可以打通不同框架之间的通用性，同时在这个过程中填补了CPR编码手册中的部分欠缺。安德列斯等人也在努力完善CIS框架的标准化和通用性。他们将CIS框架内四个要件之间互动链接行为进行标准化的动词编码，并编制了一套通用动词列表，同时将作为分析对象的社会

① Naylor L A, Brady U, Quinn T, et al. A multiscale analysis of social-ecological system robustness and vulnerability in Cornwall, UK[J]. Regional Environmental Change, 2019, 19(7): 1835-1848.

② Therville C, Brady U, Barreteau O, et al. Challenges for local adaptation when governance scales overlap. evidence from Languedoc, France[J]. Regional Environmental Change, 2019, 19(7): 1865-1877.

③ Guerbois C, Brady U, de Swardt A G, et al. Nurturing ecosystem-based adaptations in South Africa's Garden Route: a common pool resource governance perspective[J]. Regional Environmental Change, 2019, 19(7): 1849-1863.

④ Rubinos C, Anderies J. Integrating collapse theories to understand socio-ecological systems resilience[J]. Environmental Research Letters, 2020.

⑤ Bernstein M J, Mancha-Cisneros M D M, Tyson M, et al. Mapping Ostrom's common-pool resource systems coding handbook to the coupled infrastructure systems framework to enable comparative research[J]. International Journal of the Commons, 2019, 13(1): 1-25.

生态系统通过标准化的编码划分为由简单到复杂的五类基本原型[①]。目前 CIS 框架的标准化工作只是一个开始,完整的通用动词列表仍需依靠今后的大量工作。

CIS 框架对 IAD 框架进行了发展并对相关变量重新进行了解释,同时也对 SES 框架的形成起到了重要的推动作用[②]。因此,可以说 CIS 框架在公共事物研究的发展中起到了承上启下的重要作用。作为一种有效的分析框架,以及对 IAD 框架、SES 框架的有益补充,CIS 框架今后将发挥更大的研究应用价值。

关键术语

耦合基础设施系统(CIS)框架　稳健性框架　硬基础设施　软基础设施
人类基础设施　自然基础设施　社会基础设施　公共基础设施提供者
稳健性　脆弱性

思考题

1. 你最近都使用了哪些基础设施?都分别是什么类型的基础设施?
2. 你在生活中遇到哪些基础设施"稳健而脆弱"的例子?

---

① Anderies J M, Barreteau O, Brady U. Refining the Robustness of Social-Ecological Systems Framework for comparative analysis of coastal system adaptation to global change[J]. Regional Environmental Change, 2019, 19(7): 1891-1908.

② Colding J, Barthel S. Exploring the social-ecological systems discourse 20 years later[J]. Ecology and Society, 2019, 24(1).

第五章

社会生态系统(SES)框架

第一节　作为复杂社会诊断工具的SES框架

随着人们对人与环境之间相互作用的认识不断深入,对人类集体行动的探索越来越需要将社会环境和自然生态环境视为重要的作用因素纳入到有关的分析中来。由此埃莉诺·奥斯特罗姆及其合作者在IAD框架基础上,又进一步将其升级为社会生态系统(Social-Ecological System, SES)框架。SES框架旨在通过一套更详细的共同语言来实现对人类社会更精确的描述和更系统的诊断。SES框架自2007年提出以来,引起了国际社会科学界的广泛关注,目前仍然处于快速的发展之中。

一、复杂的社会生态系统

人类社会与外界生态环境的互动具有高度的复杂性。这个互动舞台由不同的生态系统(例如湖泊、河流、渔业、森林、牧场、海洋和大气)和人造工程系统(例如道路、灌溉系统和通信网络)组成。随着人类经济社会发展水平的提高和人口规模不断增大,在人类社会和生态系统的复杂互动中寻求可持续治理之道也变得越来越困难①。

面对人类社会与生态环境互动的复杂性,埃莉诺·奥斯特罗姆等学者提出了社会生态系统的概念。安德列斯等人将SES定义为,"一种与多个社会系统紧密联系并受其影响的生态系统",其中人类之间的相互关系通过与自然物质单元和

① Ostrom E, Cox M. Moving beyond panaceas: a multi-tiered diagnostic approach for social-ecological analysis [J]. Environmental Conservation, 2010: 451-463.

非人类生物单元的相互作用来调节[①]。所有人类使用的资源都嵌入在复杂的社会生态系统中。社会生态系统由多个子系统和这些子系统内的内部元素或变量组成,类似于由器官、组织器官、细胞组织、蛋白质细胞等组成的生物体。例如在在复杂的海洋生态系统中,资源系统(沿海渔业)、资源单位(龙虾)、用户(渔民)和治理系统(管理沿海渔业的组织和规则)等子系统相对独立又相互作用,在海洋生态系统整体层面互动的结果又反过来影响了这些子系统及其组件,以及其他的海洋生态系统[②]。

实现社会生态系统的可持续性需要一定的科学知识作为指导,但是长期以来生态学和社会科学各自独立发展、难以融合。此外,很多相关学者倾向于开发简单的理论和模型来分析资源问题的各个方面并试图确定一种普适的解决方案。很多理论预测提出了"一刀切"的建议,但结果往往造成了政策方案的失败。因此有学者在很久以前就发现了用"万能药"的思路治理复杂社会生态问题的危害,并强调当代复杂系统分析中的自适应管理和学习过程。然而,现实中很多决策者仍然偏向于采取简单解决方案来应对复杂治理问题[③]。

为了超越理论或模型对社会生态系统的简化判断,一些学者开始寻找能对集体行动选择产生影响的复杂因素。例如,埃莉诺·奥斯特罗姆认为八项原则设计是公共池塘资源实现持续良好自主治理的关键,然而埃莉诺·奥斯特罗姆提出的自主治理八项原则只是代表了一种治理的可能性结果而非确定性结果,也即八项原则并不必然带来良好的治理绩效[④]。尽管八项原则明确了自主治理成功运作的主要条件,但仍难以成为研究复杂社会生态系统问题的诊断工具。影响公共池塘资源集体行动的变量如此之多,显然增加了诊断社会生态系统问题的复杂性[⑤]。

目前,世界范围内在渔业、湖泊和森林等多个自然资源领域遭受自然资源锐减或被严重破坏,同时也面临着生物多样性锐减和全球气候变化的威胁。而这些

---

① Anderies J M, Janssen M A, Ostrom E. A framework to analyze the robustness of social-ecological systems from an institutional perspective[J]. Ecology and Society, 2004, 9(1).

② Ostrom E. A general framework for analyzing sustainability of social-ecological systems[J]. Science, 2009, 325(5939): 419-422.

③ Ostrom E. A diagnostic approach for going beyond panaceas [J]. Proceedings of the national Academy of Sciences, 2007, 104(39): 15181-15187.

④ Cox M, Arnold G, Tomas S V. Design Principles are Not Blue Prints, But are They Robust?: A Meta-analysis of 112 Studies[M]. Lincoln Institute of Land Policy, 2009.

⑤ Ostrom E. A general framework for analyzing sustainability of social-ecological systems[J]. Science, 2009, 325(5939): 419-422.

生态系统的问题很少能归咎于单一原因[①]。为了实现环境系统的可持续性，必须要超越传统上非常盛行的简单“万能药”方案，建立起可用于进行严格研究和政策分析的一般诊断性框架。因此相关学科需要深化关于复杂系统的基础理论研究，并认识到这种复杂系统中的嵌套层次关系和可分解特性[②]。

研究者需要认识到，开发一种诊断性方法并确定在不同治理系统下影响行为人的不同变量组合是一项非常复杂的工作。这需要检查资源系统的嵌套属性和该资源系统生成的资源单位，这些资源单位共同影响治理系统创建中的用户激励，并随着时间的推移影响系统内部的交互和结果。此外，需要让资源用户和治理官员们能够对适应性政策进行试验，以便从不断变化的社会生态系统中获得反馈。

现实中有些生态系统是可持续的，而另一些则濒临崩溃。诊断生态系统绩效差异的一个核心挑战是，要在不同的空间和时间尺度上识别和分析这些复杂系统多个层次之间的关系。理解一个复杂的系统整体需要了解特定的变量以及相关组成部分的关联。然而，不同的学科会使用完全不同的框架、理论和模型来分析它们在复杂的多层次整体中的相应部分，这为剖析复杂性的过程带来很大的困难。因此，理解复杂性需要一个通用框架来整合跨多学科的研究成果，从而更好地理解复杂的社会生态系统。

二、作为诊断工具的SES框架

为了诊断复杂的社会生态系统问题，埃莉诺·奥斯特罗姆研发出一种新的系统诊断方法：多层次嵌套性框架，即社会生态系统（SES）框架。SES框架的基本结构如图5-1所示。在该框架中，资源系统、资源单位、治理系统和用户属于第一层级变量。资源系统即作为系统的资源整体，例如一个保护公园、湖泊或放牧区。资源单位是资源系统的组成部分。资源系统和资源单位概念不同，例如一片林地是一个资源系统，林地中的一棵树则是资源单位；一个渔场是资源系统，渔场中的一条鱼则是资源单位。治理系统由各种各样的与社会治理相关的一系列规则、制

① Ostrom E. A diagnostic approach for going beyond panaceas [J]. Proceedings of the National Academy of Sciences, 2007, 104(39): 15181-15187.

② Ostrom E, Cox M. Moving beyond panaceas: a multi-tiered diagnostic approach for social-ecological analysis [J]. Environmental Conservation, 2010: 451-463.

度、规范等构成。例如,管理公园的政府和其他组织、与公园使用有关的具体规则,以及这些规则是如何制定的。用户就是具体的资源使用者,例如为了实现不同目的而以各种方式使用公共渔场的不同个体。资源用户的概念后来又被进一步发展为行动者①。第一层级的四个变量共同影响着在一个特定行动情景中的交互作用和互动结果,并且也受这些交互作用和互动结果的直接影响。上述变量,还被更为广泛的外部社会、经济、政治背景和生态系统环境背景所影响。以上八个要件构成了 SES 框架的第一层结构②。

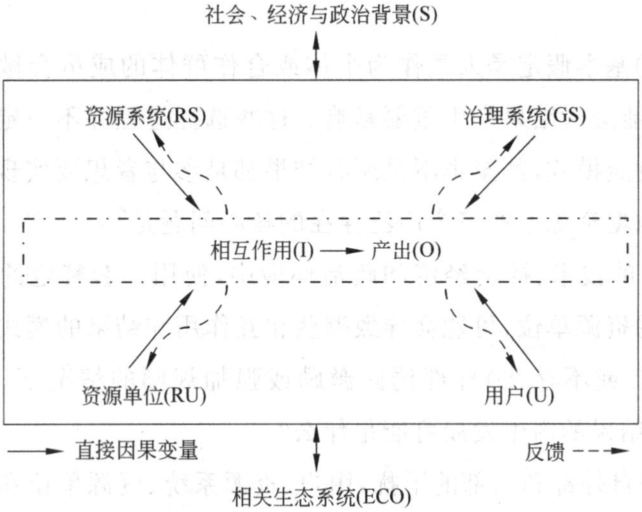

图 5-1 社会生态系统(SES)框架概念示意图

资料来源:Ostrom, E. (2007)。

图 5-1 中概念框架所显示的一级变量都可以被分解为二级变量和更多层次,并可以兼容特定的理论。在特定时间和空间位置运行的不同类型的社会生态系统,可以通过更加细致的变量进行识别和界定,从而能够识别和准确诊断不同系统之间产出结果差异的原因。复杂系统中的互动结果通常取决于一个或多个层次中的若干个变量的具体组合。一个变量的作用性质和影响强度则取决于其他变量和社会生态系统过往的互动结果。

① McGinnis M D, Ostrom E. Social-ecological system framework: initial changes and continuing challenges[J]. Ecology and Society, 2014, 19(2).

② Ostrom E. A diagnostic approach for going beyond panaceas [J]. Proceedings of the National Academy of Sciences, 2007, 104(39): 15181-15187.

为了更好地理解和改善复杂系统，需要从三个方面理解社会生态系统的可分解性：首先，变量从概念上划分为不同的类型和子类型，研究者需要以科学方法深入地理解这些由不同类型和子类型构成变量。其次，存在相对可分离的不同子系统，这些子系统相互独立又会影响彼此的性能。这对于实现复杂社会生态系统的长期解决方案至关重要，政策可以在一个系统的某个部分中进行探索，而不需要在整体系统中强加统一的改变。最后是要理解复杂系统的整体大于各部分之和。因此，研究者必须认识到，变量组合的微小调整就可能带来系统整体的明显变化①。

SES 框架的基本假定是人类作为个体或合作群体的成员会做出有意识的选择，这些选择可能会对结果产生重要影响。这些选择过程并不一定符合任何特定的决策或政策制定模式，甚至也不是所有结果都是参与者想要实现的。SES 框架试图回答公共池塘资源中的三个广泛存在的核心问题是②：

(1) 在特定的技术、社会经济和政治环境中，使用一套特定的规则来治理资源系统和特定的资源单位，可能会导致哪些相互作用和结果的模式？

(2) 在存在(或不存在)外部诱因激励或强加规则的情况下，不同的治理安排、使用模式和结果的内生发展可能是什么？

(3) 对于来自外部和内部的干扰，用户、资源系统、资源单位和治理系统的特定配置的稳健性和可持续性会有什么不同？

三、SES 框架的诊断性思维

诊断性思维贯穿于 SES 框架之中③④⑤。SES 框架的最初灵感驱动，即是开发一种诊断工具，以供关注复杂社会生态系统可持续性的研究者或政策制定者使

① Ostrom E. A diagnostic approach for going beyond panaceas [J]. Proceedings of the National Academy of Sciences, 2007, 104(39): 15181-15187.

② Ostrom E. A diagnostic approach for going beyond panaceas [J]. Proceedings of the National Academy of Sciences, 2007, 104(39): 15181-15187.

③ Schlager E, Cox M. The IAD Framework and the SES Framework: An Introduction and Assessment of the Ostrom Workshop Frameworks[A]. In Paul Sabatier, ed. Theories of the Policy Process. Routledge, 2018: 225-262.

④ Ostrom E. A diagnostic approach for going beyond panaceas [J]. Proceedings of the National Academy of Sciences, 2007, 104(39): 15181-15187.

⑤ McGinnis M D, Ostrom E. Social-ecological system framework: initial changes and continuing challenges[J]. Ecology and Society, 2014, 19(2).

用。诊断是医学专业人员的日常活动,在医学中起着至关重要的作用。医学教科书中包含大量的信息,但在某项具体的诊断或治疗中,只有一小部分信息是与诊断相关的。因此专业医疗人员会询问关于个人症状的问题,以确定问题性质和相关信息。做出正确的诊断是有效治疗的关键步骤,这个过程需要专业人员的专业知识和对相关领域的理解。

但是对于社会或生态研究人员而言,传统上比较缺乏类似诊断行为。SES 框架旨在为制度分析者、生态学家、政策制定者和相关公民提供类似诊断活动的基础,利用这个框架可以组织相关知识对特定社会生态系统进行诊断①。正如医学研究中所展现的,所有治疗处方都可能产生意想不到的效果,这取决于所使用的药物组合。政策分析学者需要研究和记录特定政策干预的非预期效果,从而避免错误的政策组合。没有能应对所有情况的万能药,也没有能研究一切社会生态系统的最优切入视角。切入视角的选择取决于研究者、用户或政策制定者关心的问题。识别和明确问题必须始终是分析社会生态系统的第一步。一旦确定了一个合适的切入视角来检查一个特定的问题,便可以使用多层变量将其嵌入分析中②。

如果没有一个框架来组织理论和实证研究所确定的相关变量,就无法积累生物物理学和社会科学家从不同国家的不同资源系统研究中获得的孤立知识。因此 SES 框架的理论价值就在于:第一,提供了一个通用框架,可以适应和应用于不同的情况;第二,提供了一套核心变量和一个共同的语言,以更好地实现比较和沟通;第三,提供了一个诊断工具,有可能通过分析变量和结果之间的相互联系发展新的理论③。

SES 框架提供了跨情景的一个通用比较分析工具,可以研究相似系统中各种变量的作用,通过这样的比较分析可以避免两种极端。

第一种极端是避免过度的简化。传统的社会科学理论大部分都经过了高度简化,抽象为几个变量或者非常简单的逻辑。在这种简化的假设下,会形成传统

---

① McGinnis M D, Ostrom E. Social-ecological system framework: initial changes and continuing challenges[J]. Ecology and Society, 2014, 19(2).

② Ostrom E. A diagnostic approach for going beyond panaceas [J]. Proceedings of the National Academy of Sciences, 2007, 104(39): 15181-15187.

③ Partelow S. A review of the social-ecological systems framework[J]. Ecology and Society, 2018, 23(4).

的简单治理思路。SES 框架可以提供更加完整的变量全局图景,以避免过度简化。

第二个是避免过度的细致。社会科学的研究方法不是从演绎出发,而是从归纳、个案出发。社会学家经常会进行一些实地调查,例如调查一个村子,并提炼出一个理论。由于每个调查样本都不同,可能就会导致新理论和新概念层出不穷。这种情形被称为"千村千理论",被很多学者所诟病。SES 框架可以在不同的复杂系统之间建立比较基础,诊断看似相似的系统之间的一些关键变量差异,由此可以在抽象和细致之间取得平衡。

第二节 SES 框架的多层次分析与关键变量

一、SES 框架的多层结构

SES 框架是一个多层次分析框架,可以对结构进行进一步的细致分层。每一层次的一个变量都可以在更加微观的层面上分解为若干变量。例如第一层次中的要件如资源系统、治理系统等,可以进一步划分为第二层级变量,如资源系统的规模、系统生产力、集体选择规则等。第二层级变量包含了更多的细节,对研究可以产生更细致的指导。常规的第二层级变量见表 5-1。

表 5-1 SES 框架第二层级变量列表

社会、经济、政治背景(S) S1-经济发展;S2-人口趋势;S3-政策稳定性;S4-政府政策;S5-市场化;S6-专家团队;S7-技术	
资源系统(RS)	治理系统(GS)
RS1-资源部门 RS2-系统边界是否清晰 RS3-系统规模* RS4-人造设施 RS5-系统生产力* RS6-自我保持平衡的能力 RS7-设施供给可预测性* RS8-可储蓄状况 RS9-位置分布	GS1-政府组织 GS2-非政府组织 GS3-网络结构 GS4-产权体系 GS5-操作规则 GS6-集体选择的规则* GS7-宪制规则 GS8-监督和制裁规则
资源单位(RU)	使用者(U)

续表

社会、经济、政治背景(S) S1-经济发展;S2-人口趋势;S3-政策稳定性;S4-政府政策;S5-市场化;S6-专家团队;S7-技术	
RU1-资源单位流动性* RU2-增减或更替率 RU3-资源单位互动性 RU4-资源单位经济价值 RU5-单位数量 RU6-可区分特征 RU7-资源时空分布	U1-使用者的数量* U2-使用者的社会经济属性* U3-使用历史和经验 U4-地理位置 U5-领导力* U6-社会规范/社会资本* U7-社会生态系统的知识* U8-对资源的依赖* U9-所使用的技术
互动(I)→结果(O)	
I1-资源收获水平 I2-使用者间的信息共享 I3-商议过程 I4-使用者间的矛盾冲突 I5-对设备维护的投资行动 I6-游说行动 I7-自我组织的行动 I8-网络化行动 I9-监督活动 I10-评估活动	O1-社会绩效测量 O2-生态绩效测量 O3-外部性(对其他系统的影响)
其他生态系统(ECO) ECO1-气候条件,ECO2-污染模式,ECO3-社会生态系统的其他流入与流出	

资料来源:根据 Ostrom (2007),Meinzen-Dick (2007),Poteete Janssen and Ostrom (2010)等文献整理。其中标注 * 号的变量是影响集体行动结果的关键变量。

对于第二层级中的所有变量,都可以在更细致的层面用若干变量进行描述。针对不同的研究对象和研究目的,研究者甚至可以将框架不断进行层次分解,进行非常微观细致的考察。在动态变化的复杂世界中,以及相关的理论和模型中,相互关联影响的变量经常处于不同的层次,例如资源系统中可用的储存量可能因资源单位而异。研究者经常需要挖掘第三层或第四层变量以及它们之间的联系,以便更准确地理解变量[①]。在 2013 年的一项应用 SES 框架开展的研究中,泽维尔·巴苏尔托(Xavier Basurto)等人将框架分解到了第五层,是在实际应用中层

① Ostrom E. A diagnostic approach for going beyond panaceas [J]. Proceedings of the National Academy of Sciences, 2007, 104(39): 15181-15187.

次分解最细致的研究之一[①]。

....
治理系统(GS)
....
GS6通用制度规则
GS6.1 产权
....
GS6.1.4区域使用权限
GS6.1.4.1海底区域
GS6.1.4.2个人所有的钓鱼点
GS6.1.4.3区域使用公共权利
....

图 5-2　泽维尔等人的研究中选取的部分变量及分解层次

资料来源：Basurto X，Gelcich S，Ostrom E.（2013）。

曾经有评论认为 SES 框架过于复杂。对于这种批评，埃莉诺·奥斯特罗姆认为字典中用来描述语言的单词有几万个，相比之下，SES 框架仅用几十个或上百个变量描述复杂的社会生态系统，这实际是一项非常有效率的工作。

在庞杂的 SES 框架二级变量列表中，埃莉诺·奥斯特罗姆综合之前的研究成果，识别出了能够影响公共池塘资源自主治理可能性的以下 10 个具体的核心变量[②]。这 10 个核心变量分别是资源系统的规模、系统的生产率、系统动态变化的可预见性、资源单位的可流动性、用户数量、领导力、社会资本、知识、资源对用户的重要性和集体选择规则[③]。

这 10 个核心变量处于 SES 框架的第二层，也就是包含在第一层八个要件之中。其中资源系统包含资源系统的规模、资源系统的生产力、资源系统的可预测性等三个变量；在资源单位里有一个变量，即资源单位的可流动性；在治理系统中有一个变量，即集体选择的规则；在用户中则包含五个变量：用户的数量、领导力、社会资本、知识和资源的重要性。

获取这 10 个变量是分析一个社会生态系统是否能自我组织的第一步。其中任何一个变量的影响都取决于其他 SES 变量，而且在大多数复杂系统中，变量会以非线性方式相互作用，因此对这 10 个变量及其关系进行分析非常具有挑战性。此外，尽管社会生态系统的可持续性最初取决于用户或政府制定的规则，但对于

① Basurto X，Gelcich S，Ostrom E. The social-ecological system framework as a knowledge classificatory system for benthic small-scale fisheries[J]. Global Environmental Change，2013，23(6)：1366-1380.

② Ostrom E. A general framework for analyzing sustainability of social-ecological systems[J]. Science，2009，325(5939)：419-422.

③ 这 10 个核心变量的具体内容将在本书第六章详细介绍。

系统的长远发展而言,这些规则可能还不够①。

二、重新检视“公地悲剧”

利用 SES 框架,可以重新检视哈丁的“公地悲剧”②。在哈丁的设想中,牧场向所有人开放,每个牧民都从增加牲畜放牧中直接受益,并且只承受过度放牧带来的延迟成本。在 SES 框架下,“公地悲剧”的隐喻可以视为包含五个假设:(1)牧场是一个资源系统(RS1);(2)不存在与资源系统相关的治理系统(GS);(3)牧场中的动物作为个体资源单位(RU1)可以被识别,并且是它们的所有者的财产(隐含假设 RU6),并且当被养肥时,可以出售以换取现金(RU4);(4)鉴于牧场的规模(RS3),使用牧场的用户的数量足够大(U1),对其长期生产力产生不利影响(RS5);(5)资源用户独立地做出决策以使他们自己的短期回报最大化(U7)。这五个关于第二层变量的假设导致了对牧草提取量非常高(I1)和生态系统遭到严重过度采伐或破坏(O2)的理论预测。如表 5-2 所示,相比于 SES 框架所包含的诸多变量,哈丁的“公地悲剧”仅仅涉及非常有限的变量。其中甚至完全不包含治理系统下的相关变量,其他几组变量也存在大量的空白。因此可以说,与复杂的现实世界相比,哈丁的“公地悲剧”则是一个极端简化的假设。

表 5-2 SES 框架视角下的哈丁“公地悲剧”

社会、经济、政治背景(S) S1-经济发展;S2-人口趋势;S3-政策稳定性;S4-政府政策;S5-市场化;S6-专家团队;S7-技术	
资源系统(RS)	治理系统(GS)
RS1-牧场 RS2- RS3-有限规模 RS4- RS5-可再生 RS6- RS7- RS8- RS9-	GS1- GS2- GS3- GS4- GS5- GS6- GS7- GS8-

① Ostrom E. A general framework for analyzing sustainability of social-ecological systems[J]. Science, 2009, 325(5939): 419-422.

② Ostrom E. A diagnostic approach for going beyond panaceas [J]. Proceedings of the National Academy of Sciences, 2007, 104(39): 15181-15187.

续表

社会、经济、政治背景(S) S1-经济发展;S2-人口趋势;S3-政策稳定性;S4-政府政策;S5-市场化;S6-专家团队;S7-技术	
资源单位(RU)	使用者(U)
RU1-在静止的牧场中移动的牛 RU2- RU3- RU4-养肥的牛可以卖出 RU5- RU6-属于特定的所有者 RU7-	U1-存在大量的使用者 U2- U3- U4- U5- U6- U7-自身短期收益最大化 U8- U9-
互动(I)→结果(O)	
I1-牧场提取量最大化 I2- I3- I4- I5- I6- I7- I8- I9- I10-	O1- O2-生态系统被破坏 O3-
其他生态系统(ECO) ECO1-气候条件,ECO2-污染模式,ECO3-社会生态系统的其他流入与流出	

资料来源:Ostrom (2007)。

利用 SES 框架重构“公地悲剧”有助于加深对哈丁理论的理解。以上述假设为特征的情形,即个人独立做出匿名决策,主要关注自己的直接回报,确实会导致对开放资源的过度占用。这一点已经得到实验的证实:当受试者在模拟公共池塘资源的场景中做出独立和匿名的决定时,反复出现了类似“公地悲剧”的现象。然而,在实验室实验的结构中做一个小的改变,就会对相互作用和结果产生重大影响:简单地让受试者在决策轮之间进行面对面的交流,就能让他们接近社会最佳收获水平,而不是严重过度占用资源。在面对面的讨论中,受试者会讨论他们的行为策略,并建立规范(U6)来鼓励对规范的一致遵守。

可以看到,哈丁的公地悲剧理论在 SES 框架的变量体系中是一个极端简化的假设。现实世界中存在着非常丰富复杂的变量,因此公地的结果很可能也会发生变化,哈丁意义上的公地悲剧就可能得到避免,这也是很多实证研究所证实的。因此通过 SES 框架可以发现,哈丁的错误在于过度简化了现实世界。

第三节　SES 框架的发展与演变

在埃莉诺·奥斯特罗姆提出了 SES 框架的早期版本后,一些学者包括埃莉诺·奥斯特罗姆本人一直注重对于该框架的完善与发展。目前对 SES 框架比较重要的发展主要体现在以下几点①。

一、强调行动情景的动态结构

IAD 框架高度重视行动情景的概念,在行动情景中,不同岗位上的行动者根据其他行动者可能采取的行动以及潜在成果的收益和成本的信息,选择自身的行为。而在 SES 框架的初始版本中,行动情景的概念被隐含在交互作用和结果的变量中。因此研究者们对 SES 框架发展完善的方向之一,就是在初始版本的基础上明确了行动情景的概念。通过反馈路径将行动情景的结果与其他变量联系起来,从而在 SES 框架传达了明确的动态结构。

SES 框架的早期版本并没有强调动态结构,因而可能会引起误解,认为 SES 框架本质上是静态的。实际上,行动情景的结果可能会影响治理系统、行动者、资源系统和资源单位等四大核心要件中的变量,但这种影响并不会同时显现,而是可能在未来某个时刻才会体现出来。因此对于 SES 框架的变量,应当将其解释为在某个明确的时间点下的参数或状态变量。

二、用行动者变量代替用户变量

SES 框架引起了研究各种资源类型的研究人员的注意,其中包括对基础设施网络中的高科技系统的研究。在这些系统中,需要关注除了直接用户或消费者以外的第三方的行为,在这种情形下“用户”的概念就不再恰当。很多相关研究者都认为,“行动者”的概念比“用户”更具包容性,而用户类别变量则被视为行动者下

① McGinnis M D, Ostrom E. Social-ecological system framework: initial changes and continuing challenges[J]. Ecology and Society, 2014, 19(2).

的子类别变量。

通过用行动者概念替换用户，可以极大地扩展SES框架的潜在应用范围，例如可以研究一些存在不同群体的行动者的情景。此外，还可以根据行动者参与的活动范围来区分行动者群体。

三、多重第一层变量

SES框架的最初版本，关注的行动情景只涉及总体治理系统中的一组用户，这些用户依赖于特定类型的资源单位，而后者又是从特定资源系统中提取的。其他治理环境和生态系统的多重可能性都被纳入外部变量之中，因此最初的SES版本似乎只能容纳第一层变量的一种情况。

但在实践中，经常可能需要考虑一个以上的资源系统、多个用户群体或不同的治理系统。因此研究者倾向于纳入多种第一层级变量共存，例如不同的行动者可能会从多个资源系统中提取或产生不同类型的资源单位，并且其活动可能会受到来自不同治理系统中的规则的指导和约束。

在SES框架中增加多重第一层变量为研究增加了额外的任务，即需要明确不同的第一层级变量实例之间是如何关联的。例如在某些情形下，行动者可能无权参与规则制定，而在另外一些情形下，行动者可以参与从规则制定、资源提取到制裁的各类活动。而同一个SES框架需要能同时兼容以上不同的情形。

四、区分变量间不同的关系

在SES框架中纳入多重第一层变量也带来了变量间可能存在不同关联方式的问题。SES框架中，不同变量可以通过不同的方式组合在一起：有些关系是形式上的组合关系，例如资源系统中包含的资源单位；还有一些变量是附加在其中一些变量上的属性，例如行动者的数量或资源系统的物理范围；另外一些属性还会以聚合的形式相关联，不同治理系统之间可以通过多种方式彼此交互，并与其他要件交互。有学者对SES框架中变量间的不同关联方式进行了深入研究，并总结了SES框架中变量间关系的规范形式，提高了SES框架的规范化和标准化①。

① Hinkel J, Bots P W G, Schlüter M. Enhancing the Ostrom social-ecological system framework through formalization[J]. Ecology and Society, 2014, 19(3).

除了上述几点外，其他对于 SES 框架的发展还包括在第一层变量中增加了变量之间的逻辑关系、修订了部分第二层变量、完善了外部影响变量、将监督和评价作为特殊的行动情景纳入框架等。基于这些发展的最新版本 SES 框架如图 5-3 所示。

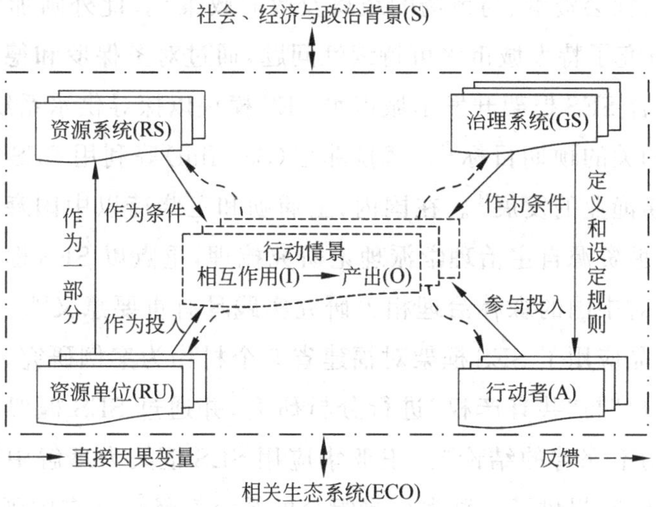

图 5-3　扩展后的社会生态系统(SES)框架概念示意图

资料来源：McGinnis and Ostrom，E.(2014)。

在扩展的 SES 框架结构中，每个第一层级要件属性都包含多个同类要件，表明可能存在多个并存的要件实体。要件之间的链接添加了相关类型标签，以突出显示这些链接的不同逻辑性质：资源系统可以由多种类型的资源单位组成；每个治理系统都定义了行动者的权限和潜在选择；相关治理系统和资源系统为行动情景的运行提供了条件。这些调整通过扩展 SES 框架原始版本的通用性来使其可以应用于复杂的社会生态系统。

第四节　SES 框架的应用与展望

一、SES 框架的应用

目前 SES 框架的应用主要集中在灌溉系统、小规模渔业系统和林业系统中。其中埃米·波蒂特(Amy Poteete)、马可·詹森和埃莉诺·奥斯特罗姆对此框架进行了升级，纳入了通过实证研究识别出的12个影响用户自主治理的最常见变量[①]；梅森·迪克(Meinzen-Dick)通过对灌溉系统的专门研究，揭示了影响农民参与灌溉管理的重要变量，包括水资源稀缺性、用水户协会的规模、用户的社会经济异质性、领导力、社会资本、与市场的距离及政府政策[②]。此外阿加沃尔(Rimjhim M.Aggarwal)研究了特大城市水可持续性问题，通过对圣保罗和德里两个城市进行实证研究，结合SES框架开发了城市水SES模块以探寻供水系统发展轨迹，并检查是否实现相关的预期目标[③]。塞拉菲尼(Serafini)等利用SES框架研究了巴西小型拖网捕捞渔业的发展[④]。在国内，王浦劬和王晓琦以中国森林治理为研究对象，对公共池塘资源自主治理学派理论研究梳理，重点以SES框架提出了森林研究网络体系，对中国的森林治理相关研究实践具有重要意义[⑤]。在林权问题的研究方面，蔡晶晶应用了SES框架对福建省5个村作为案例研究，对两种改革模式——"分山到户"与"共有产权"进行分析研究，并通过SES框架相关变量得出两种改革模式均不完善的结论[⑥]。王亚华应用SES框架为理解中国历史上自主治理灌溉制度演变，提供了一种多变量组合的系统解释[⑦]，并在中国农村灌溉治理影响因素的研究中，应用SES框架结合全国多省区的大样本数据探索灌溉治理的影响因素[⑧]。

与此同时，SES框架也已应用到一般粮食生产系统、水产养殖系统、陆地养护和牧场管理、流域管理、海洋养护和海洋生态系统管理、沿海发展、能源系统和污

---

① Poteete A R, Janssen M A, Ostrom E. Working together: collective action, the commons, and multiple methods in practice[M]. Princeton University Press, 2010.

② Meinzen-Dick R. Beyond panaceas in water institutions[J]. Proceedings of the National Academy of Sciences, 2007, 104(39): 15200-15205.

③ Rimjhim M. Aggarwal, LaDawn Haglund. Advancing Water Sustainability in Megacities: Comparative Study of São Paulo and Delhi Using a Social-Ecological System Framework[J]. Sustainability,2019,11(19).

④ Thiago Zagonel Serafini, Rodrigo Pereira Medeiros,José Milton Andriguetto-Filho. Conditions for successful local resource management: lessons from a Brazilian small-scale trawling fishery[J]. Regional Environmental Change, 2017,17(1).

⑤ 王浦劬，王晓琦.公共池塘资源自主治理理论的借鉴与验证：以中国森林治理研究与实践为视角[J].哈尔滨工业大学学报（社会科学版），2015（3）：23-32.

⑥ 蔡晶晶."分山到户"或"共有产权"：集体林权制度改革的社会—生态关键变量互动分析——以福建省5个案例村为例[J].经济社会体制比较.2011(06)：154-160.

⑦ 王亚华.诊断社会生态系统的复杂性：理解中国古代的灌溉自主治理[J].清华大学学报（哲学社会科学版），2018,33(02)：178-191,196.

⑧ 王亚华，陶椰，康静宁.中国农村灌溉治理影响因素[J].资源科学，2019,41(10)：1769-1779.

染管理等广泛的研究领域[①]。此外,学者还开始应用SES框架对新兴事物进行研究,例如法国学者马泽(Armelle Mazé)在经典的农业公地背景下扩展了知识公地研究,应用SES框架对法国农民种子网络中的分布式协作知识管理进行研究[②]。

总体来看,早期的国内外文献主要集中在自然资源领域,近期研究则致力于延伸和扩展,特别是交叉领域和复杂问题上运用SES框架更为显著。在具体的研究设计中,单案例研究是最常见的分析类型。有大量的研究集中在框架的持续发展方面,包括框架的概念、方法和构建理论。总体来看,应用SES框架的研究主要分为六大类型:(1)进行单案例研究的混合方法诊断;(2)进行单案例研究的定性诊断;(3)进行单案例研究的定量诊断;(4)进行文献的荟萃分析;(5)多案例研究的比较分析,或大样本比较分析(使用定性、定量或混合方法);(6)使用SES框架作为评价工具[③]。

应用SES框架一般要考虑三个方面。首先,研究者需要选择分析关注的层级。为了确定分析层级,研究者往往需要回答以下问题:与特定资源系统相关的哪些交互和结果与研究者的关注点最相关?涉及哪些类型的行动者?哪些治理系统会影响这些行动者的行为?其次,研究者必须选择应该测量哪些变量以及如何测量。最后,SES框架的应用要保持共同的研究基础。SES框架促进了不同研究群体之间结果的交流。从一个经验环境转移到另一个经验环境时,每个概念的特定含义或用于度量概念的特定指标可能会有很大的不同,但在所有的应用中都应保持第一和第二层级变量的一致。通过保持这一共同研究基础有助于增进知识积累,使不同学科、不同地点、不同资源类型的研究可以更容易实现交流和比较[④]。

目前应用SES框架的研究展现出了几个重要的发展趋势[⑤]。第一个重要趋势是,SES框架研究虽然主要仍集中在小规模公共事物治理上,如渔业、林业和灌溉系统等经典CPR系统,但同时SES框架的应用范围已经开始向更广泛的研究

---

① Partelow S. A review of the social-ecological systems framework[J]. Ecology and Society, 2018, 23(4).

② Mazé A, Domenech A C, Goldringer I. Commoning the seeds: alternative models of collective action and open innovation within French peasant seed groups for recreating local knowledge commons[J]. Agriculture and Human Values, 2021, 38(2): 541-559.

③ Partelow S. A review of the social-ecological systems framework[J]. Ecology and Society, 2018, 23(4).

④ McGinnis M D, Ostrom E. Social-ecological system framework: initial changes and continuing challenges[J]. Ecology and Society, 2014, 19(2).

⑤ Partelow S. A review of the social-ecological systems framework[J]. Ecology and Society, 2018, 23(4).

领域拓展。一些学者最近开始将研究重点转移到大规模尺度的公共事物，如沿海系统。长久以来的观点认为，通过研究小规模 CPR 系统获得的知识在很大程度上是可以推广到大规模系统中的，当然具体的理论适用性尚需进行严谨的实证检验。

第二个重要趋势是二手资料的广泛使用。很多研究者利用 SES 框架作为一种概念框架对过去的研究和数据进行重组或集成，通过重新审视既有研究以发现新的理论和概念视角。此外，基于 SES 框架开展荟萃分析研究也广泛使用了二手数据。另外，对于很多研究者来说，使用 SES 框架开展一项全新的研究要面临很多方法论方面的挑战和困难，例如需要厘清分层框架的含义、理解诊断方法、对嵌套的社会生态系统进行综合分析等。这些困难也造成了直接使用一手资料的研究较少。使用二手数据的主要挑战通常是对数据进行编码，需要研究者准确地理解以前研究的数据收集方法、数据格式化和分析。

SES 框架应用中的第三个重要趋势是变量的调整。SES 框架是由社会科学家推动开发和应用的，因此一些研究者认为该框架过于注重社会系统变量，对生物物理变量关注不足，因此应对框架中的变量进行修改以包含更多的生物物理变量。然而，目前对变量进行修改的困难之一是缺乏指导变量修改的理论或规则指南。

二、SES 框架的挑战与未来展望

在 SES 框架的研究和应用中，面临着一些在未来需要解决的重要挑战，这些挑战广泛存在于当前普遍使用的研究方法中，而非 SES 框架所独有①。但在 SES 框架的应用中这些挑战也非常突出，因此解决这些问题对于提高 SES 框架的应用很有价值。

变量定义分歧：很多变量并没有被很好地定义，或者在不同的背景中可能有多种解释。例如社会资本变量在不同的语境下可能有不同的含义：可以指社会网络中的结构、连通性；也可能指社群中的信任程度、互惠行为。变量的定义会指明测量对象并影响数据得出的结论。如果在不同的研究中不能适用通用的变量概念，那么很难在不同研究之间进行综合比较。

① Partelow S. A review of the social-ecological systems framework[J]. Ecology and Society, 2018, 23(4).

变量与指标分歧:选择哪些指标来测量及编码变量也会存在分歧。许多变量概念过于宽泛,无法直接测量或不容易定义,例如社会经济属性、规范、信任和社会资本。通常需要根据特定的背景确定测量变量的指标。不同的研究之间可能会用相同的定义考察相同的变量,但却会选择不同的指标,这也给研究间的比较造成困难。

测量分歧:更进一步,即使两项研究采用相同的变量定义和相同的指标,但可能以不同的方式测量变量和指标。例如资源单位的经济价值,即使同样以市场价值作为指标,不同的测量方式也可能得出不同的结果。

数据转换分歧:原始数据如何分析、图形可视化或文本呈现也可能存在分歧,对已发表的数据结果进行二次分析也存在类似的问题。为了对研究结果进行比较,通常需要对数据类型或结构进行转换,数据转换可以提高研究之间的可比较性,但可能影响数据的含义和背景。因此需要对数据转换方法保持透明。

解决现有的挑战有助于更好地发展和应用 SES 框架。埃莉诺·奥斯特罗姆认为,SES 框架的价值在于提供了一个通用框架,可以适应和应用于不同的情况;提供了一套核心变量和一个共同的语言,以更好地实现比较和沟通;以及提供了一种诊断工具,可以通过分析变量和结果之间的相互联系发展新的理论。未来也需要在这三个方向继续发展 SES 框架①。

通用框架:SES 框架可以根据不同情况进行修改以适应具体的研究对象,同时框架本身也正在不断修改和完善(例如第三节中总结的框架演进与发展)。未来需要提高框架在不同情形下进行调整和修改的一致性和标准化,以保持框架提供可比较成果的通用性。

跨研究比较:目前应用 SES 框架开展的研究,异质性仍较强,因此实现不同研究之间的比较仍比较困难,而且很多研究本身并没有考虑与其他研究的可比较性。未来需要提高数据收集和二次利用的透明性,以提高比较的可靠性。建立统一的大型数据库是提高可比较程度的重要方向。

诊断工具:未来的研究可以进一步探索 SES 框架对确定社会生态相互关联影响的类型或模式,为发展社会生态互动的一般理论作出贡献。

除了这三个方面以外,提高对更广泛的技术系统的兼容性,以及完善治理系

---

① Partelow S. A review of the social-ecological systems framework[J]. Ecology and Society, 2018, 23(4).

统要件下的变量,也是SES框架未来发展的重要方向①。其中,社会生态技术系统(SETS)集成了人为建设的技术系统,与社会生态系统、紧密联系、相互影响又有所区别,是未来公共事物治理研究非常有前景的领域。未来SES框架需要进一步发展以更好地兼容社会生态技术系统。

第五节 分析框架的竞争性发展与反思

一、IAD框架与SES框架的比较

在本书介绍的三个框架中,IAD框架和SES框架都是基于埃莉诺·奥斯特罗姆的理论开发和发展的框架,并且二者之间的联系最为密切,是目前公共事物治理研究中应用最广泛也是最成熟的两个框架。

SES框架的出发点与IAD框架类似,都是埃莉诺·奥斯特罗姆构建的社会科学研究通用语言。埃莉诺·奥斯特罗姆认为,SES框架就是建立在IAD框架基础之上的,IAD框架的主要构成要件可以对应SES框架的相应要件。二者之间有明显的相同点②。

两种框架最主要的相同点是都围绕一系列行动情景展开,基于此可以将各自情景中的要素进行对应。其中最相似的要素是行动者及其社群属性,包括群体规模、异质性等公共池塘资源的研究中最常关注的变量。两个框架中的其他要件也以进行对照:SES框架中的治理系统可以大致对应IAD框架的制度规则,尽管治理系统的概念要比制度规则更加宽泛;而IAD框架中的自然物质条件和SES框架中的资源单位以及资源系统概念都同样来源于公共池塘资源领域的相关研究。综合以上几点,两种框架有非常相似的部分。

另外,由于SES框架是IAD框架在社会生态系统和公共池塘资源研究方面的升级版,旨在分析社会生态系统的具体框架,IAD框架则是分析人类集体行动的一般性分析框架,因此IAD框架和SES框架也有很多不同之处。

首先,SES框架相比IAD框架最大的不同之处在于其诊断性的思维和学术

① McGinnis M D, Ostrom E. Social-ecological system framework: initial changes and continuing challenges[J]. Ecology and Society, 2014, 19(2).

② Schlager E, Cox M. The IAD Framework and the SES Framework: An Introduction and Assessment of the Ostrom Workshop Frameworks[A]. In Paul Sabatier, ed. Theories of the Policy Process. Routledge, 2018: 225-262.

语言,以及多层次结构。因为存在多层次的结构以及相应的变量,通过变量选择过程可以生成与特定社会生态系统相对应的变量组合。

其次,SES 框架并没有把行动情景作为重要的分析单元。相比 IAD 框架,SES 框架的应用重点开始从研究行动情景的集体行动向其他方向转移。在 SES 框架中,核心分析单元需要依据特定的社会生态系统而定。

再次,二者的理论基础不同。IAD 框架的重要理论基础之一是博弈论,行动情景中的很多假定都源于博弈论,IAD 框架的其他理论基础包括制度经济学和公共选择理论。而适用于 SES 框架的多层结构和诊断逻辑的相关理论并没有得到充分发展。目前 SES 框架可以应用于不同的研究领域,但通过这些不同的研究领域发展出具有一致性的框架则还有很长的路。

最后,SES 框架与 IAD 框架的研究应用的出发点和侧重点不同。IAD 框架应用的任务之一是研究自主治理等制度分析问题,以期理解人们如何与制度互动做出行为决策。而 SES 框架的应用则主要关注研究对象的复杂内部联系,以更好地探索社会与生态系统之间的互动关系。

二、IAD 框架与 SES 框架的结合

鉴于 IAD 框架和 SES 框架的紧密联系和各自优缺点,两种框架可以相互补充而不能相互替代,学者往往需要在框架之间进行选择。通过比较两个框架,可以发现两个框架中的变量有很紧密的关联。其中 SES 框架下的资源系统和资源单位与 IAD 框架中的生物物理条件高度相似;行动者与经济社会属性有很高的重合度,治理系统与通用制度规则高度重合[①]。因此目前对于框架研究的一个重要方向是将两种框架结合起来,形成一种集成性框架。埃莉诺·奥斯特罗姆本人就曾提出过这种集成性框架的构想[②]。

目前相关学者先后提出了两种实现 IAD 框架和 SES 框架集成的构想,即"社会生态系统的新制度分析"框架(New Institutional Analysis of Social-Ecological

① Cole D H, Epstein G, McGinnis M D. Toward a New Institutional Analysis of Social-Ecological Systems (NIASES): Combining Elinor Ostrom's IAD and SES Frameworks[J]. Indiana Legal Studies Research Paper, 2014 (299).

② Ostrom E. Background on the Institutional Analysis and Development Framework[J]. Policy Studies Journal, 2011, 39: 7-27.

Systems，NIASES）[①]和 IAD-SES 组合框架（Combined IAD-SES Framework）[②]。

社会生态系统的新制度分析是较早将两种框架集成的尝试。本质上 NIASES 的集成方式非常直观，就是利用 SES 框架中四个核心要件，重新解释了 IAD 框架对应的三种外部变量。

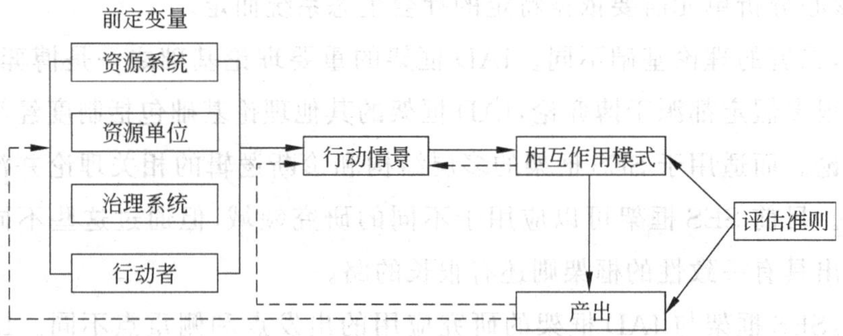

图 5-4　NIASES 框架示意图

资料来源：Cole D H，Epstein G，McGinnis M D. Toward a New Institutional Analysis of Social-Ecological Systems (NIASES)：Combining Elinor Ostrom's IAD and SES Frameworks [J]. Indiana Legal Studies Research Paper，2014 (299)。

IAD-SES 组合框架遵循类似的思路，利用 SES 框架的四大要件解释 IAD 框架的三组外部变量，同时进一步用同一组变量表示受到行动情景互动结果的影响后的状态。通过这一处理可以更好地表达复杂系统动态变化的时序性。

将 IAD 框架和 SES 框架进行集成，可以让研究者借鉴两种框架的不同优点，既保持对复杂社会的多样性和复杂性的关注，同时也能透视随着时间变化而产生的制度或社会生态变化。目前生物物理环境、相关科学知识、经济社会和公共政策都在经历复杂的变化，结合使用这两种框架，可以更好地理解这些复杂变化。

三、分析框架的发展与联系

除了 IAD 框架和 SES 框架之间可以结合以外，CIS 框架也与这两个框架有着紧密的联系。相比于其他研究人与环境相互作用的框架，以上三个框架与共享

① Cole D H，Epstein G，McGinnis M D. Toward a New Institutional Analysis of Social-Ecological Systems (NIASES)：Combining Elinor Ostrom's IAD and SES Frameworks[J]. Indiana Legal Studies Research Paper，2014 (299).

② Cole D H，Epstein G，McGinnis M D. The utility of combining the IAD and SES frameworks[J]. International Journal of the Commons，2019，13(1).

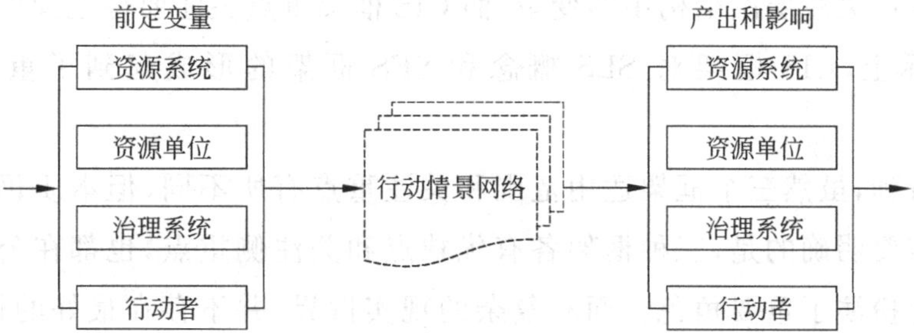

图 5-5　IAD-SES 组合框架示意图

资料来源：Cole D H，Epstein G，McGinnis M D. The utility of combining the IAD and SES frameworks[J]. International Journal of the Commons，2019，13(1)。

资源和公共事物困境治理关系最密切，同时这三个框架之间联系密切，都在公共事物治理研究的发展中占有重要地位①。

IAD 框架的核心是行动情景。在行动情景中，行动者可以聚集在一起交流、决策并参加集体行动。IAD 框架常用于研究小型系统中集体行动，是用于研究外部变量与集体行动能力之间关系的有力工具。

但是，IAD 框架不适宜研究会对外部变量产生缓慢影响的因素，尤其在考虑区域和全球环境变化时，政策和治理空间的快速变化与价值观、制度、法律结构和生态系统的缓慢变化之间的相互作用非常重要。而且 IAD 框架对于自然系统过程的多样性和复杂性的关注也不够②。

为此，埃莉诺·奥斯特罗姆开发了诊断性的社会生态系统框架。但是，SES 框架中的要素间相互作用结构并没有在互动-结果得到体现，因此无法了解某些特定要件之间的具体互动如何影响结果。

CIS 框架通过对 IAD 框架中的变量进行重新组合，使得要件之间的复杂互动关系变得清晰可见。CIS 框架通过建立不同要件之间的链接可以形成多个行动情景，而非 IAD 框架专注于单一行动情景。此外，不同于 SES 框架，CIS 框架可以看到一个或多个特定链接对结果的影响。CIS 框架与 SES 框架的关键区别是，

① Anderies J M，Barreteau O，Brady U. Refining the Robustness of Social-Ecological Systems Framework for comparative analysis of coastal system adaptation to global change[J]. Regional Environmental Change，2019，19(7)：1891-1908.

② Cole D H，Epstein G，McGinnis M D. Toward a New Institutional Analysis of Social-Ecological Systems (NIASES)：Combining Elinor Ostrom's IAD and SES Frameworks[J]. Indiana Legal Studies Research Paper，2014 (299).

SES框架重点关注层次结构中的变量，而CIS框架重点关注要件之间的动态变化关系。实际上，CIS框架对SES概念和SES框架的形成起到了重要的推动作用[①]。

可以看到，虽然三个框架适用范围和关注重点有所不同，但本质仍是一脉相承。最后需要明确的是，三种框架各有优缺点和关注侧重点，也都在公共事物治理研究中都扮演了重要角色。面对复杂的现实世界，并不存在最好的框架，只存在面对特定研究对象的最合适的框架。研究者需要针对具体的研究对象和研究情景，灵活选择适用的框架。

关键术语

社会生态系统(SES)框架　治理系统　资源系统　资源单位　行动者

社会经济政治背景　相关生态系统

思考题

1. 如果学校是一个社会生态系统，那么资源系统、治理系统、资源单位和行动者分别指的是什么？

2. 回想一个你正在研究或感兴趣的课题，对于这个研究课题，使用哪个框架最适宜？

① Colding J, Barthel S. Exploring the social-ecological systems discourse 20 years later[J]. Ecology and Society, 2019, 24(1).

第六章

集体行动与自主治理

集体行动是贯穿公共事物治理学科发展的经典问题。传统观点认为,集体行动困境无法通过自主治理得到解决,必须要借助市场或政府的力量。而埃莉诺·奥斯特罗姆等学者则证明了通过自主治理解决集体行动问题是可能的,并进一步总结了成功实现集体行动的相关原则和条件。在此基础上所开展的围绕集体行动问题的一系列研究,成为公共事物治理学科发展的重要推动力。

第一节 公共事物治理中的集体行动概念

"公地悲剧"的有效治理,关键在于成功实现某种形式的集体行动(Collective Action),集体行动也因此成为公共事物治理研究的核心主题。纵观人类文明史,集体行动现象遍布社会的每一个角落。某些历史条件下,集体行动是推动社会变革的重要力量;而有些条件下,集体行动则有可能成为和谐社会中的不安定因素。因此集体行动的驱动机制一直以来都是研究者们关注的热点问题[①]。对于究竟该如何界定集体行动,学者们从不同学科的、不同视角给出了多种答案。事实上的集体行动包含了多个相似性概念,如"集体行为[②]""维权行动[③]""群体性事件[④]"

---

① Van Zomeren M, Iyer A. Introduction to the social and psychological dynamics of collective action[J]. Journal of Social Issues, 2009, 65(4): 645-660.

② Granovetter M. Threshold models of collective behavior[J]. American Journal of Sociology, 1978, 83(6): 1420-1443.

③ Fu D. Disguised collective action in China[J]. Comparative Political Studies, 2017, 50(4): 499-527.

④ Perry E J. Rural violence in socialist China[J]. China Quarterly, 1985: 414-440.

“社会冲突[①]”“社会运动[②]”“集体抗争[③]”等，在安东尼·奥泊绍（Anthony Obershall)看来，不管是集体行为，还是所谓的社会运动，本质上都是集体行动的一种形式[④]。

回顾关于集体行动的早期研究，法国社会心理学家古斯塔夫·勒·庞(Gustave Le Bon)是较早系统性研究人类集体行动的先驱。他出版的《乌合之众：大众心理研究》从心理学的角度分析了人类的集体行为(Collective Behavior)，他从病理学的角度将集体行为定义为“一大群人突然在同时做出了违反常规的行为，因此，集体行为是奇怪的、病态的、情绪骚动的、无组织的和破坏性的越轨行为[⑤]”。同为社会学家的查尔斯·蒂利(Charles Tilly)认为，集体行动就是人民行动一致以追求共同利益[⑥]。芝加哥社会学派(Chicago School of Sociology)把集体行为看作是这样一些社会行为形式，即通常的行为准则不再能够用作行为的指针，因此人们集体性地超越或颠覆了既定的制度模式和制度结构[⑦]。在这个意义上，集体行为和集体行动概念常常被互相代替。

集体行为和集体行动两个概念彼此关联但又区别明显。一般认为，集体行为多用来描述非理性的、表达性的群体行为，例如群体性骚乱事件；集体行为诸多研究关注行为对社会控制组织的破坏和瓦解。集体行动则强调理性努力，多用来描述具有明确捍卫、提升集体利益意向的群体行为；并且集体行动研究关注动员、组织、机遇和威胁，多从挑战者视角出发[⑧]。

1965年，奥尔森在其经典著作《集体行动的逻辑》中，首度将公共选择理论运用于集体行动领域，构建了集体行动和利益集团研究的理论路径[⑨]。后来的集体

---

① Useem B. Breakdown theories of collective action[J]. Annual Review of Sociology, 1998, 24(1): 215-238.

② McCarthy J D, Zald M N. Resource mobilization and social movements: A partial theory[J]. American Journal of Sociology, 1977, 82(6): 1212-1241.

③ Eisinger P K. The conditions of protest behavior in American cities[J]. The American Political science review, 1973, 67(1): 11-28.

④ Oberschall A. Social movements: ideologies, interest, and identities [M]. New Brunswick and London: transaction publishers, 1993.

⑤ Le Bon G. The crowd: A study of the popular mind[M]. Courier Corporation, 2002.

⑥ Tilly C. From mobilization to revolution [M]. New Jersey: Addison-Wesley Pub. Co., 1978.

⑦ Davis. The Chicago approach to collective behavior, in a second Chicago School: The development of a postwar American sociology, ed. G.A. Fine[M]. Chicago: University of Chicago Press, 1995: 188-220.

⑧ Miller B A. Geography and social movements: comparing antinuclear activism in the Boston area[M]. University of Minnesota Press, 2000.

⑨ Olson M. The logic of collective action: public goods and the theory of groups [M]. Harvard University Press, 1971.

行动研究在分析类似现象时逐渐将各类术语统一为“集体行动”。这些研究基本上建立在对奥尔森观点的批评、拥护或者延伸基础上，同时在研究中将集体行动的目的更多聚焦在公共产品供给和集团利益追求上。

在奥尔森之后，研究者进一步完善了集体行动概念的界定。例如，一些学者认为集体行动是指特定团体内群体成员为改变群体的劣势状况，维护或提升群体的共同利益而采取的统一行动[①②③]，通常由两个或两个以上的人合作完成[④⑤]。之后，赖特·斯蒂芬(Wright Stephen)[⑥]进一步明晰并适当发展了集体行动概念内涵：第一，是否为集体行动不取决于参与者数量，即使是物理空间上彼此分离的个体，也有途径和方式参与代表其所属群体的集体行动；第二，集体行动是集体性而非个体性联合行动，那些完全受个人利益驱动的联合行动不能被认定为是集体行动；第三，个体参与旨在提高群体地位的行动也属集体行动范畴。

集体行动的核心是集体成员的行动问题，而行动问题的关键则是个体的决策。基于此，埃莉诺·奥斯特罗姆对“集体行动”的概念作了更进一步的深化，即：集体行动中有关行动的决策是由个人分别独立作出的，但是最终的结果却会影响所涉及的每一个人，如果独立的决策者们都仅追求短期的物质利益，他们就无法获得可为所有人所分享的、可行的更高回报，无论他们是否投入成本、作出贡献[⑦]；而集体行动的实现问题，就是由独立的决策者通过基于理性的策略互动，实现自主组织与自主治理的过程，即群体内个体在面对搭便车、规避责任或其他机会主义行为诱惑的情况下实现相互信任与合作，取得持久的共同收益[⑧⑨]。

公共事物治理中的集体行动，目的在于试图通过集体行动主动增加集体成员

---

① Marshall G R. Collective action, a dictionary of sociology (seconded.) [M]. Oxford University Press.1998.

② Meinzen-Dick R S, Di Gregorio M. Collective action and property rights for sustainable development[R]. 2004.

③ Wright S C, Taylor D M, Moghaddam F M. Responding to membership in a disadvantaged group: From acceptance to collective protest[J]. Journal of Personality and Social Psychology, 1990, 58(6): 994.

④ Sandler T. Collective action: theory and applications[M]. University of Michigan Press,1992.

⑤ Marwell G, Oliver P. The critical mass in collective action[M]. Cambridge University Press, 1993.

⑥ Wright S C. The next generation of collective action research[J]. Journal of Social Issues, 2009, 65(4): 859-879.

⑦ Ostrom E. A polycentric approach for coping with climate change[J]. Social Science Electronic Publishing, 2009, 15(1): 97-134.

⑧ Ostrom E. A behavioral approach to the rational choice theory of collective action [J]. American Political Science Review,1998, 92(1): 1-22.

⑨ 朱宪辰，李玉连.领导、追随与社群合作的集体行动——行业协会反倾销诉讼的案例分析[J].经济学：季刊，2007, 6(2): 581-596.

的福利，是一种帕累托改进。从理论基础上来看，此类集体行动的研究领域较为偏向经济学、管理学等学科，例如水、土、林、草等公共资源治理和农村中小型公共物品供给等问题，由于共享性的问题属性依赖人类社会的复杂合作机制安排，需要人为的制度设计促进“利益增进型”的集体行动。

综上所述，由于学科属性和所关注问题的差异，集体行动的概念由于经过了历史演变，具有多种可能的界定，公共事物治理中的集体行动显然与政治学、社会学中所关注的抗争、维权等“利益抗争型”主题不同，而是偏向于经济学、管理学范式下的公共产品供给、公共资源治理等“利益增进型”主题。[①]

第二节　公共事物的自主治理之道

从加勒特·哈丁的《公地悲剧》发表以来，围绕集体行动困境的破解，学者们从理论上进行了大量讨论。早期的解决思路是“国家或市场”二分法，要么主要依靠国家所有制，通过国家的力量来打破个体理性与集体理性相背离的集体行动困境；要么将公共事物分割为私人所有权，通过市场力量来解决集体行动困境。埃莉诺·奥斯特罗姆基于对全球不同地区地下水、森林、渔业等多个不同类型公共事物的治理案例研究，在《公共事物的治理之道》一书中提出了实现公共事物治理的第三种道路，即通过用户自主治理（Self-Governance）的方式打破集体行动的困境。埃莉诺·奥斯特罗姆的理论指出，在特定的制度条件下，人们完全能够自愿合作和自主治理公共事物，并将成功治理公共池塘资源的制度条件总结为八项原则，这些制度设计原则在世界范围内得到了广泛的检验和应用[②]。

埃莉诺·奥斯特罗姆在《公共事物的治理之道》的第一章中，用博弈论的方法进行了论证，她的论证逻辑就是传统的囚徒困境博弈。在这种博弈空间下，两个囚徒分析发现，无论在任何情况下，自己如果坦白的话相对收益都更高，所以导致两个囚徒都选择坦白，加起来坐牢的时间最长，形成囚徒困境。如果用博弈论的语言来分析公地悲剧，就是一个简单的支付矩阵。如果用政府介入的方式，可以在这个博弈矩阵里面做一些改造，比如中央机构可以没有成本地监督所有放牧人

① 王亚华，舒全峰.公共事物治理的集体行动研究评述与展望[J].中国人口·资源与环境，2021，31(4)：118-131.

② 王亚华.增进公共事物治理：奥斯特罗姆学术探微与应用[M].北京：清华大学出版社，2017.

的活动，并且能够正确地实施制裁，实际上就改变了这个支付矩阵，那么在这种信息完全且没有成本的情况下，中央当局可以改变公地悲剧的结果。但是现实当中由于中央政府的介入而不能够掌握完全的信息，也可能会实行错误的惩罚，所以在信息不完全的情况下，就容易找到一些算例，政府的规制不但没有改进，反而恶化了博弈结果。埃莉诺·奥斯特罗姆认为，信息不完全的时候政府管制带来的均衡收益，甚至还要低于原始的公地悲剧，即政府管制公共资源的方案可能面临失灵而不一定管用。除了政府介入的方式外，私有化的方式、利用市场力量是否可行呢？埃莉诺·奥斯特罗姆做了另外的分析，她假设牧场的一半给其中一个放牧人，另外一半给第二个放牧人，由于降水量分布不均无法合理分配草场资源，同时通过市场或者保险的方式，需要付出额外的费用，在这种情况下，实际上对于流动性不确定性的自然资源，私有化的方式也是非常难以操作的。

在政府和市场之外，埃莉诺·奥斯特罗姆提出了另外一种思路，可以借助放牧人之间的协商，形成有约束力的合约，承诺履行他们的协议，通过这种方式实现成功的自主治理。所以她假设放牧人之间可以进行协商，在这种情况下，她发现如果两个放牧人平等地分享实际的产量，并且每个人支付的费用不太高的话，在自我实施、执行协议的成本比较低的情况下，均分执行费用时能够达到均衡，也就是通过自主治理的方式可以低成本地避免公地悲剧。自主治理的好处在于，首先，规避了信息不完全的问题，因为放牧人最知道当地的情形，可以减少由于信息问题带来的成本。其次，执行成本比较低，彼此之间互相监督，就避免了更多的成本。埃莉诺·奥斯特罗姆在二阶意义上分析认为，公地悲剧是有可能避免的。在囚徒博弈的基础上加入更多的变量，设定更复杂的环境，公地悲剧就可以得到避免。埃莉诺·奥斯特罗姆对人类公共事务治理的思想贡献在于她开辟了政府和市场之外的第三条路：公共事物可以通过用户自主治理得以有效管理。

埃莉诺·奥斯特罗姆认为，解决公共池塘资源的集体行动问题，需要解决三个关键问题：新制度供给、可信承诺和相互监督①。尽管埃莉诺·奥斯特罗姆的理论最初是用来探讨公共池塘资源自主治理的，但是她提出的集体行动理论具有一般性的价值，三个关键问题是人类社会实现集体行动面临的普遍难题。

新制度供给是埃莉诺·奥斯特罗姆集体行动理论的核心要素。制度是影响

---

① Ostrom E. Governing the commons: the evolution of institutions for collective action[M]. Cambridge University Press, 1990.

人们日常交往、沟通和行动的行为规则，其决定了行为主体的行为。新制度供给是指制度供给者在给定的主观偏好、利益结构、理性水平、制度环境、技术条件等约束下，通过特定的程序和渠道进行正式制度创新和设立的过程。在解决"环境治理"这一典型的公地问题中，新制度的供给发挥着基础作用。但是，新制度并不能够凭空产生，从理性主义角度而言，人们能否在环境治理中建立起较为复杂的制度安排，取决于新制度的收益与制度转换的成本大小。而在具体的制度起源和变革过程中，参与者在选择哪一种制度时有可能产生根本分歧，他们就会面临获取新规则的二阶集体困境。因此，在环境治理中，面对新兴的环境问题，能否及时地提供符合参与者平时共同的行为准则和互惠的处事模式的有效制度就尤为关键。

可信承诺是制度得以有效运行的必要条件。可信承诺是指参与主体是否能够按照自身承诺遵守相关制度安排。参与主体的这种承诺一般满足以下两个条件：其一，大多数处境相同的个人作出同样的承诺；其二，采用这一策略的长期预期净收益大于采取占支配地位的短期策略的长期净收益。但是，在环境治理这一公地问题中，即使同时满足这两个条件，参与者仍然有可能破坏原有的承诺，在制度运行中采用权变策略，特别是当违反规则所得到的利益高于遵守规则的利益时，个人通常会采取机会主义的策略，从而破坏可信承诺与制度运行。事实上，这也正是公地问题中经典的"囚徒困境"。因此，相关研究者进一步提出，在环境治理的挑战中，遵守规则的可信承诺只有存在相应的分级激励和惩罚情况下才会出现。

监督是可信承诺得以实行的必要条件，是指参与主体相互了解对方真实行为和行为后果，并能据此进行监视、督促和管理。监督是制度有效运转的核心要素，"没有监督，不可能有可信承诺；没有可信承诺，就没有提出新规则的理由"。但是，监督有着一系列必备的要素和条件，这包括清晰界定公共物品及其使用边界，有效输送和传递信息等。特别需要指出的是，监督是具有成本的，监督一组规则实施情况的成本和收益，并不独立于所采用的这组特定的规则本身[①]。相互监督的加强，增加了人们作出可信承诺的可能，进而提高了人们对规则承诺的可信度，两者相互加强，促进了新规则的实施[②]。

综上所述，有效的新制度供给促进相互监督，相互监督的加强保障人们作出

---

① 张克中，贺雪峰. 社区参与、集体行动与新农村建设[J].经济学家，2008，(1)：32-39.

② 王亚华，唐啸.中国环境治理的经验：集体行动理论视角的审视[J].复旦公共行政评论，2019(02)：187-202.

可信承诺,可信承诺又会使制度供给趋于稳定和有效。因此,制度供给是基础,可信承诺是前提,相互监督是保障,三者相互制约,互为补充,统一于有效的制度设计体系之中。环境治理作为一种公共物品的供给和使用,需要遵守三者共同构成的制度安排。任何环节的缺失,都会使得环境治理难以维持。埃莉诺·奥斯特罗姆的集体行动理论,将制度供给、相互监督、可信承诺等融入一个统一的框架,从而避免了以往研究中只关注单一要素所导致的解释力不足的困境,可以对环境治理提供一个新的更为全面的解释视角。

在此基础上,埃莉诺·奥斯特罗姆进一步提出,如果符合八项原则,或者符合其中大部分,那么公共池塘资源的自主治理就很有可能成功运行,这八项原则包括:

第一,清晰界定边界,CPR 的边界必须要明确地确定,有权从 CPR 汲取一定资源单位的个人或家庭,也必须予以明确地确定。

第二,占用和供给的规则应当与当地的条件保持一致,要规定占用时间、地点、技术和资源单位数量,占用规则要与当地条件及所需要的劳动、物资、资金供应要保持一致。

第三,集体选择安排,绝大多数受操作规则影响的个人,应该能够参与对操作规则的修改;集体选择的安排,一个地方有没有自主治理的一个标志,就是受这些规则影响的这些用户,是不是有能力来修改这些操作规则,如果有能力,就可能实现比较好的自主治理。

第四,监督,CPR 的状况和占用者行为的监督,或者对占用者负有责任的人,或者占用者本人都需要得到监督。

第五,分级制裁,违反操作规则的占用者很有可能要受到其他占用者,包括外部官员,或者他们两者之间的分级制裁,就是根据违约的严重性,实行程度不同的惩罚。

第六,冲突解决机制,占用者和他们的官员能够迅速通过成本低廉的地方公共论坛来解决占用者和官员之间的冲突,包括用户之间的冲突,也包括上下级之间的冲突,都有途径得到很快的解决。

第七,对组织权最低限度的认可,占用者设计自己制度的权利,不受外部政府权威的挑战,这个实际上和第三条有内在联系。

第八,嵌套式层级组织,在一个多层次的嵌套结构当中,对占用、供给、监督、强制的执行、冲突解决和治理活动加以组织。

八项原则提出之后,在世界得到了广泛检验。在 2008 年和 2009 年,埃莉诺·

奥斯特罗姆的两个博士生把2008年以前八项原则在全世界范围内被检验的情况做了一个分析,用荟萃分析的方法去检验这八项原则。检验结果表明,所有的研究都很支持埃莉诺·奥斯特罗姆八项原则[①]。

在利用不同案例进行检验后,八项原则有了一些更新,对第一项、第二项和第四项分别做了拆分。首先,边界需要既包括使用者和非使用者的边界,也需要包括自然的边界,即用户的边界和物理边界都要进行界定。其次,规则的一致性不仅体现在使用者所获收益与承担成本应保持一致,还反映在规则与当地社会生态系统的一致性。最后,第四项拆分成两项,一方面需要监督使用者,另一方面还要监督资源条件。因此八项原则进一步发展为十一条。

综上所述,埃莉诺·奥斯特罗姆的研究贡献了一套人类社会合作治理的理论,这套理论分析人们能不能进行成功的合作,能够在什么样的制度情况下采取有效的集体行动。比如新制度供给、相互监督和可信承诺,这是人类形成有效的集体行动的三大要件,以及公共池塘资源的自主治理的八项原则。

第三节　集体行动的行为理论基础

埃莉诺·奥斯特罗姆在集体行动领域的研究吸收了行为科学的一些最新的进展,为她的理论奠定了一个更加前沿的基础。传统的理论认为人是理性和无助的个体,但是新的行为理论有一些新的突破。

首先,新的行为理论认为人的理性是有限的,虽然可以通过经验学习得到改进,但是很难达到完全的理性。有限理性是现代行为理论非常重大的进展。

其次,新的行为理论认为人会是探索学习的,随着时间不断更新自己的认知。人类社会还有一种非常有趣的一个现象是从众心理,从众心理可能不是完全理性的,但它是理性的,人们愿意从众是因为它节约成本。

最后,行为理论发现人们并不都是百分之百机会主义。过去认为人们因为自私自利,只要有利可图就会去做。现在的行为科学发现人们实际上是愿意去学习和遵守规范的,而且是潜在利他的,就是人们是愿意为别人付出的,甚至在少量的牺牲个人利益的情况下,愿意做出对别人更好的选择。关于人性是善是恶这个命

① Cox M, Arnold G, Tomás S V. A review of design principles for community-based natural resource management [J]. Ecology and Society, 2010,15(4): 38.

题争论了几千年，现在的行为科学经过很多的实验，已经证明了人性既有善的也有恶的，关键就取决于在什么样的现实的情景之下，人性有什么样的表现。

行为理论的新发展，颠覆了已有的社会科学对人性的认识。现在的社会科学必须要建立在新的行为理论的基础之上，才可能做得比较扎实，才能比较符合真实的世界。埃莉诺·奥斯特罗姆的集体行动研究吸收了这些最新的发展，将其作为集体行动研究的基石。埃莉诺·奥斯特罗姆认为集体行动的最终目的是为了促进人与人之间的合作。为了让人们合作，最重要的因素就是信任。信任是促进合作的最重要的基石，而互助互惠是最有助于让人们产生信任的动力来源，所以在她的理论体系当中提炼了非常关键的要素，就是信任与互惠。

埃莉诺·奥斯特罗姆后来发展出一般性的合作理论，并且提出一个普遍性的框架[①]。它实际上是建立在微观的个体行为假设基础之上，微观个体是愿意遵守规范的，也是愿意利他的。而这样的个体当他们之间互动的时候，最重要的是他们之间的信任与互惠水平：信任水平高的时候，就会促进更多的合作，更多的合作就会导致更多的净收益，更多的竞争力反过来又反馈到，个体的行为特征上，让个体更愿意遵守社会的规范，然后人们更愿意信任，最终导致更高水平的合作。这就形成了一个合作治理的环环相扣的链条，这是人类合作的微观基础。它的宏观部分实际上就是哪些变量在影响人们之间的互动，埃莉诺·奥斯特罗姆把它分成两组，一组称为微观的情景变量，一组叫宏观的背景变量，外部的这些变量通过影响人们之间的互动，通过影响个体，导致了人们之间的合作水平的变化，所以它构成了一个完整的集体行动理论。

图 6-1　社会困境中的宏观背景和微观情境影响信任和合作水平

资料来源：Poteete A R，Janssen M A，Ostrom E. 2010：227。

① Poteete A R，Janssen M A，Ostrom E. Working together：collective action，the commons，and multiple methods in practice[M]. Princeton University Press，2010.

第四节 影响集体行动的重要因素及机制

围绕公共事物治理如何有效开展集体行动，已经涌现出大量研究文献，针对影响集体行动的重要因素及其机制，形成了较为系统的理论认识。本节利用IAD框架组织归纳在公共事物治理研究中被广泛讨论的重要因素及其影响机制，以此洞见公共事物治理理论的前沿进展①。

一、自然地理特征层面的影响因素及其机制

公共事物治理往往与自然地理特征密切相关，公共事物治理中的集体行动不可避免地会受到自然地理特征的影响，这一点在农村社区公共物品供给和自然资源治理中体现尤为明显。

(1) 地形地貌(Topography)。群体要达成集体行动以增进公共利益，其背后的深层次原因在于群体成员的相互依赖性，即存在共同的利益空间。当地形地貌崎岖时，通常会带来居住人口分散、交通不便等问题，从而导致群体成员之间的相互依赖性较低，难以克服公共物品自主供给中的搭便车问题。王亚华等人的研究显示，在村级层面，是否位于平原地区对村庄集体行动有着显著的影响；此外在农户层面，其耕地所处的地理位置，例如在灌渠的上游还是下游，同样也会影响其集体行动参与②。

(2) 市场机会(Market Opportunity)。市场机会是指离市场距离的远近，通常是指集体行动的所在地离经济中心或政治中心(多数情况下会重叠)的物理距离，物理距离的远近决定了获利的多少，进而影响个体参与集体行动的预期。梅森·迪克等研究发现，如果与市场机会接近，则会鼓励参与者参与到集体行动中③。不过也有学者认为，市场机会通过影响集体内的异质性，可能对集体行动造

---

① 王亚华，舒全峰.公共事物治理的集体行动研究评述与展望[J]. 中国人口·资源与环境，2021，31(4)：118-131.

② Wang Y，Chen C，Araral E. The Effects of Migration on Collective Action in the Commons：Evidence from Rural China[J]. World Development，2016，88：79-93.

③ Meinzen-Dick R，Raju K V，Gulati A. What affects organization and collective action for managing resources? Evidence from canal irrigation systems in India[J]. World Development，2002，30(4)：649-666.

成负面影响[①]。

(3) 资源稀缺性(Resource Scarcity)。在公共资源管理中,资源的稀缺程度也是集体行动的一个重要影响因素。资源的使用者通常在资源存在中度稀缺时会参与集体行动。阿伦·阿格拉瓦尔(Arun Agrawal)和普拉纳布·巴丹(Pranab Bardhan)研究发现,在灌溉系统中稀缺性和集体行动是非线性关系,即当水资源既不是非常稀缺,也不是非常丰富时,农民更愿意参与到管理和维护灌溉系统的集体行动中[②③]。爱德华·多阿拉拉尔的后续研究也同样发现了这一特征,证实水资源短缺对集体行动存在"倒U型"关系[④]。

二、经济社会属性层面的影响因素及其机制

经济社会属性是影响集体行动的重要变量,在已有研究中得到大量关注。由于集体行动研究起源于西方,早期的经济社会因素主要是基于西方社会情境的。近年来随着来自东方研究成果的增多,越来越多的东方经济社会特征也被纳入研究视野。

1. 人口特征(Demographics)

集体行动本质上反映的是人与人之间的互动过程,是否参与集体行动往往与人口特征有一定关系。性别、年龄、受教育程度等是影响集体行动的基础变量。黄露、朱玉春发现性别对农户参与村庄集体行动有正向影响,但不显著[⑤];李超海通过对农民工是否参加集体行动和参加集体行动次数的研究发现,年龄和受教育程度对集体行动存在显著影响[⑥];丁冬等发现受教育程度、是否担任行政职务是影

---

① Baland J M, Platteau J P. Wealth inequality and efficiency in the commons [J]. Papers, 1997, 49(3): 451-482.

② Agrawal A. Common resources and institutional sustainability, In Ostrom et al. (eds.), The drama of the commons [M]. Washington, DC: National Academy Press, 2002.

③ Bardhan P. Symposium on management of local commons [J]. Journal of Economic Perspectives, 1993, 7(4): 87-92.

④ Araral E. What explains collective action in the commons? Theory and evidence from the Philippines[J]. World Development, 2009, 37(3): 687-697.

⑤ 黄露,朱玉春.异质性对农户参与村庄集体行动的影响研究——以小型农田水利设施建设为例[J].农业技术经济,2017,(11): 61-71.

⑥ 李超海.农民工参加集体行动及集体行动参加次数的影响因素分析——基于对珠江三角洲地区农民工的调查[J].中国农村观察,2009(6): 45-53.

响集体行动水平的重要因素[①]。此外，建立在教育基础之上的认知水平也会对个体的集体行动参与行为带来影响[②]。

2. 群体规模(Group Size)

在奥尔森看来，出现集体行动困境的一个重要原因是群体规模过大，使得搭便车变得更为容易[③]。因此，在一定程度上，小规模群体更容易达成集体行动。但奥利弗·帕梅拉(Oliver Pamela)和马韦尔·杰拉尔德(Marwell Gerald)认为规模对集体行动的影响依赖于产品的生产函数，集体产品的生产函数越接近于纯粹的公共产品，规模对于集体产品的提供就越可能具有积极作用[④]。埃莉诺·奥斯特罗姆也挑战了奥尔森的规模原则，她认为规模大小对集体行动并不具有单方面的关系，因为它忽略了这一要素与其他要素间的可能关联，以及由于这种关联所带来的对集体行动结果的影响[⑤]。后续学者们的研究也发现了这一点，即规模与集体行动并不构成必然的线性关系，而是需要具体情况具体分析。

3. 劳动力流动(Labor Migration)

劳动力流动是世界各国城乡之间常见的现象。由于中国特有的城乡二元体制和城乡发展不平衡，每年上亿农村劳动力人口大规模流向城市地区成为世界瞩目的经济和社会现象。但与此同时，这对于需要依靠大量集体行动来供给公共物品的中国农村带来了一定的影响，并且这种影响呈现出了动态变化的特征。彭长生、孟令杰利用安徽省的数据实证检验发现，劳动力流动对于集体行动并没有影响[⑥]。其后，王亚华等利用全国性的户级数据对劳动力外流的作用进行了检验，发

① 丁冬，郑风田，吴磊，周锋.经济、社会异质性与农村集体行动水平——基于湖北省S县40村400个农户数据[J].中国人口·资源与环境，2013，23(9)：56-61.

② 苗珊珊.社会资本多维异质性视角下农户小型水利设施合作参与行为研究[J].中国人口·资源与环境，2014，24(12)：46-54.

③ Olson M. The logic of collective action: public goods and the theory of groups [M]. Harvard University Press, 1971.

④ Oliver P E, Marwell G. The paradox of group size in collective action: A theory of the critical mass. II[J]. American Sociological Review, 1988: 1-8.

⑤ Ostrom E. How types of goods and property rights jointly affect collective action [J]. Journal of Theoretical Politics, 2003, 15(3): 239-270.

⑥ 彭长生，孟令杰.农村社区公共品合作供给的影响因素：基于集体行动的视角——以安徽省"村村通"工程为例[J].南京农业大学学报(社会科学版)，2007，7(3)：145-155.

现了劳动力外流对集体行动存在显著负面影响①。高瑞等利用全国抽样数据，再次证明了劳动力外流为经济增长作出贡献的同时，也弱化了农村集体行动能力，对农村公共事务治理产生了显著负面影响②。托马斯·鲁德尔(Thomas Rudel)认为其背后的原因在于，人口流动和非农收入提升会通过增加群体的异质性、减弱群体之间的社会纽带、削弱领导者对村庄的领导力、降低对公共资源的依赖程度等，从而降低了集体行动形成的可能③。

4. 经济收入(Income)

集体行动作为一种生产活动，需要投入一定的资源才能有所产出，例如参与者往往需要投入一定的物质资源、人力资源等。根据马斯洛需求层次理论，只有当参与者满足基本需求后，才有可能会追求更高层次需求，例如拒绝搭便车，为集体行动作出贡献。在实际操作中，即为参与个体或组织的经济收入水平会对集体行动造成影响。彭长生、孟令杰发现在控制了项目因素后，影响农村社区公共品合作供给的因素主要是村庄集体收入和村民收入，村庄的人均收入和集体收入越高，村民负担越轻，集体行动就越容易达成④。另一些研究也发现村庄经济发展水平、经济非农化程度等都会对集体行动造成影响⑤。

5. 社会资本(Social Capital)

对于群体而言，社会资本是指群体中使成员之间互相支持的那些行为和准则的积蓄，例如相互熟悉、相互信任等。20 世纪 70 年代以来，经济学、社会学、行为组织理论以及政治学等多个学科都在关注社会资本对于公共物品供给、经济社会发展和集体行动的影响。学者们认为，成员之间的相互信任和交流可以很好地促

---

① Wang Y, Chen C, Araral E. The Effects of Migration on Collective Action in the Commons: Evidence from Rural China[J]. World Development, 2016, 88: 79-93.

② 高瑞，王亚华，陈春良.劳动力外流与农村公共事务治理[J].中国人口·资源与环境，2016，26(2): 84-92.

③ Rudel T. The commons and development: unanswered sociological questions[J]. International Journal of the Commons, 2011, 5(2).

④ 彭长生，孟令杰.农村社区公共品合作供给的影响因素：基于集体行动的视角——以安徽省“村村通”工程为例[J].南京农业大学学报(社会科学版)，2007，7(3): 145-155.

⑤ 周密，张广胜.“一事一议”制度与村级公共投资：基于对 118 位村书记调查的经验分析[J].农业技术经济，2009(1): 88-92.

进彼此间的合作，从而达成集体行动[①][②]；成员之间的经济社会网络会促进集体行动能力的提高[③]。宗教文化和中国情境下的宗族文化作为一种重要的社会资本对集体行动的积极影响也得到了学者们的广泛关注。一些学者在宗教与公共品供给关系的研究方面作了开创性的贡献，其基本结论大都认为宗教信仰会产生有利于收入增长的经济行为和集体行动，进而对公共品的提供会有积极影响[④]；中国的宗族文化在正式制度相对缺位的农村地区，在公共收费[⑤]、克服道德风险[⑥]、权威耦合[⑦]、获取公众支持[⑧]等方面对集体行动存在显著的正向作用。

6. 领导力(Leadership)

领导力和信任是集体行动的两个基本要素。领导者或者企业家，即能够清晰地阐述改进联合产出的各种组织方式的人，往往是集体行动中重要初始激励的来源。这是因为，建立管理机构、通过谈判建立规章以及信息沟通等都需要成本投入，而未来的收益是不确定的，能否实现自组织的集体行动就需要某些个体发挥积极的领导作用。任大鹏、郭海霞[⑨]和王昕、陆迁[⑩]以及牛文娟[⑪]等均发现“骨干成员”或者“精英农户”在集体行动发起、动员个体参与、日常管理决策中都拥有着突出的影响力，是克服集体行动困境的关键要素。梅森·迪克等人也发现，社区中

---

① Dawes R M, McTavish J, Shaklee H. Behavior, communication, and assumptions about other people's behavior in a commons dilemma situation[J]. Journal of Personality and Social Psychology, 1977, 35(1): 1.

② Anderson L R, Mellor J M, Milyo J. Social capital and contributions in a public-goods experiment[J]. American Economic Review, 2004, 94(2): 373-376.

③ Sanyal P. From credit to collective action: the role of microfinance in promoting women's social capital and normative influence [J]. American Sociological Review, 2009,74(4): 529-550.

④ Tsai L L. Solidary groups, informal accountability, and local public goods provision in rural China[J]. American Political Science Review, 2007: 355-372.

⑤ 郭云南，王春飞.本土宗教、宗族网络与公共财政[J].经济学：季刊，2017(1)：833-858.

⑥ 齐秀琳，伍骏骞.宗族、集体行动与村庄公共品供给——基于全国“十县百村”的调研数据[J].农业技术经济，2015(12)：117-125.

⑦ Xu Y, Yao Y. Informal institutions, collective action, and public investment in rural China[J]. American Political Science Review, 2015: 371-391.

⑧ 郭云南，姚洋，Jeremy Foltz.正式与非正式权威、问责与平滑消费：来自中国村庄的经验数据[J].管理世界，2012,(1)：67-78.

⑨ 任大鹏，郭海霞.合作社制度的理想主义与现实主义——基于集体行动理论视角的思考[J].农业经济问题，2008,29(3)：90-94.

⑩ 王昕，陆迁.农村社区小型水利设施合作供给意愿的实证[J].中国人口·资源与环境，2012,22(6)：115-119.

⑪ 牛文娟，唐凡，王慧敏，等.个体差异和群体领袖下跨界农民用水冲突的集体选择[J].中国人口·资源与环境，2015,25(7)：138-147.

更多的“有影响力的人”积极和显著地改善了集体行动，例如能够促进水费收取、农民组织的选举和会议的参与等[①]。因此，在分析群体能否实现共同利益的集体行动时，首先就需要重视制度发展中企业家型个体的角色和特征，尤其领导者的动机、行为选择和能力等分析是关键[②]，好的领导者能够将社会资本存量转化为利益流[③]，是维持村落共同体运转和促进集体行动的重要因素。

7. 异质性(Heterogeneity)

集体行动的参与者之间必然存在不同，即所谓的异质性，异质性问题一直是集体行动研究关注的焦点之一，关于异质性对集体行动的影响，学术界存在以下多种观点：

第一种观点认为，异质性的存在能够促成集体行动。埃莉诺·奥斯特罗姆研究表明，当尼泊尔劳动力由于经济收入原因而短缺的时候，收入相对富裕的茶商愿意给予一定的补贴来促成两者之间的合作行动[④⑤]；阿格拉瓦尔也证明了印度拉贾斯坦邦(Rajasthan)地区的牧草这一公共品的提供和当地异质性存在正相关[⑥]；杰夫·代顿·约翰逊(Jeff Dayton-Johnson)和普拉纳布·巴丹提道，“(收入或财富)异质性对于建立管理权威是有利的，政治地位、社会声望以及其他一些类似因素似乎是提升一些精英分子承担创建集体性规则的成本的真正动机”[⑦]。这就意味着在满足相应的异质性条件下，为了通过集体行动获得更大的收益，某些个体会首先站出来进行组织与协调等工作，成为领导者，而在后一阶段群体内其他个体根据自身条件选择跟随参与或者搭便车，最终群体内的博弈互动可能实现

① Meinzen-Dick R, Raju K V, Gulati A. What affects organization and collective action for managing resources? Evidence from canal irrigation systems in India[J]. World Development, 2002, 30(4): 649-666.

② Kuhnert S. An evolutionary theory of collective action: Schumpeterian entrepreneurship for the common good[J]. Constitutional Political Economy, 2001, 12(1): 13-29.

③ Krishna A. Moving from the stock of social capital to the flow of benefits: the role of agency[J]. World Development, 2001, 29(6): 925-943.

④ Varughese G, Ostrom E. The contested role of heterogeneity in collective action: some evidence from community forestry in Nepal[J]. World Development, 2001, 29(5): 747-765.

⑤ Poteete A R, Ostrom E. Heterogeneity, group size and collective action: The role of institutions in forest management[J]. Development and Change, 2004, 35(3): 435-461.

⑥ Agrawal A. Greener pastures: politics, markets and community among a migrant pastoral people[M]. Duke University Press, 1998.

⑦ Dayton-Johnson J, Bardhan P. Inequality and conservation on the local commons: a theoretical exercise[J]. The Economic Journal, 2002, 112(481): 577-602.

较多数甚至是一致地参与。

第二种观点认为,异质性与集体行动之间没有显著的相关关系,其相关关系甚至是负的。布姆·阿迪卡里(Bhim Adhikari)和乔·洛维特(Jon Lovett)通过尼泊尔森林资源管理中社区异质性对于其集体行动水平的影响的相关性分析,得出社区异质性和集体行动水平之间没有明显的相关关系的结论①;另外一些研究发现,经济社会异质性对于共有资源管理的参与会带来较多的违规,降低集体行动参与率②③。

第三种观点认为,异质性和集体行动水平之间是一种动态的关系。巴德罕的研究表明,异质性和集体行动之间的关系是U型的④。在异质性很小时,每个人有近似相同的激励,因此,集体可以共同解决难题,集体行动也就更容易产生。当异质性比较适中的时候,穷人没有能力参加集体行动,而富人却没有足够的激励进行集体行动的投入,因此导致最低水平的集体行动。而当异质性足够大时,富人主导集体行动,穷人则搭便车,此时,集体行动程度比较高。根据巴德罕的观点,不应该对异质性的影响采取单一的正或负的态度,而应该进行“动态分析”,即对于不同的异质性程度,分别分析其对应的集体行动水平。

第四种观点则把异质性进行了细分,认为不同的异质性对于集体行动水平的影响是不同的,要区分开来分析。例如日本的学者就发现,财富等状况不平等促成了集体行动的达成,但是代际异质性却不会导致明显的集体行动的发生⑤。

三、通用制度规则层面的影响因素及其机制

制度是公共事物治理的基础,制度对于集体行动的影响甚至会是决定性的。埃莉诺·奥斯特罗姆在总结集体行动理论的基础上,提出了集体行动的三大基石:制度供给、可信承诺和相互监督。张克中、贺雪峰认为,群体成员在长期博弈

① Adhikari B, Lovett J C. Institutions and collective action: does heterogeneity matter in community-based resource management? [J]. The Journal of Development Studies, 2006, 42(3): 426-445.

② Gebremedhin B, Pender J, Tesfay G. Collective action for grazing land management in crop-livestock mixed systems in the highlands of northern Ethiopia[J]. Agricultural Systems, 2004, 82(3): 273-290.

③ Vigdor J L. Community composition and collective action: Analyzing initial mail response to the 2000 census [J]. Review of Economics and Statistics, 2004, 86(1): 303-312.

④ Bardhan P. Analytics of the institutions of informal cooperation in rural development [J]. World Development, 1993, 21(4): 633-639.

⑤ Yamamura E. The effects of inequality, fragmentation, and social capital on collective action in a homogeneous society: Analyzing responses to the 2005 Japan Census[J]. The Journal of Socio-Economics, 2008, 37(5): 2054-2058.

过程中形成的一系列制度，包括习俗、规范、道德等意识形态所起的基础性作用，可以减少机会主义行为，促进集体行动①。对此，奥尔森在考虑如何破解集体行动困境的问题时，提出了采取“选择性激励（Selective Incentives）”的方案，即针对群体中不同类型的人，采取不同的激励方式，通常有基于社会奖励的正向激励和基于监督制裁的负向激励两种方式。选择性激励是缓解群体成员搭便车的重要途径，构建一个公平公正的制度环境也同样重要②。

1. 社会奖励（Social Reward）

社会奖励是对集体行动的一种正向激励，这种奖励包括物质利益、职业奖励、精神荣誉等。当集体成员对集体提供的规范和社会奖励更感兴趣时，则更有可能贡献时间、金钱和心理承诺，并参与内部集体行动③。不过也有研究发现，仅靠社会奖励并不能减少搭便车，但是如果能够结合一定的社会宣传，让其所获得的奖励被社会公众熟悉，则能够对集体行动起到显著的正向激励④，即个人贡献的“可见性（Noticeability）”是集体行动更为根本的决定因素⑤。例如，互联网的出现使个人活动与集体活动之间可以更容易地结合起来，个人活动可以轻易地被公众所感知和观察，从而使得集体行动在互联网时代更容易出现。

2. 公平相容（Fairness Compatible）

大量的文献表明，在一个治理系统中，治理结构会显著影响集体行动的可能性。一个好的治理结构会使得个体组织或参与集体行动比不组织或不参与集体行动所获得的收益要多，即满足个体理性约束。但同时也要考虑公平相容约束，即对组织者（或参与者）而言，他得到的收益不能低于搭便车者得到的收益⑥。马

---

① 张克中，贺雪峰.社区参与、集体行动与新农村建设[J].经济学家，2008，(1)：32-39.

② 蔡荣，王学渊.农业合作社的集体行动困境：理论分析与实证检验[J].农业经济问题，2013，(4)：69-75.

③ Knoke D. Incentives in collective action organizations[J]. American Sociological Review, 1988: 311-329.

④ Gächter S, Fehr E. Collective action as a social exchange[J]. Journal of Economic Behavior & Organization, 1999, 39(4): 341-369.

⑤ Lupia A, Sin G. Which public goods are endangered?: How evolving communication technologies affect the logic of collective action[J]. Public Choice, 2003, 117(3): 315-331.

⑥ 皮建才.领导、追随与社群合作的集体行动：基于公平相容约束的扩展[J].经济学：季刊，2007，6(2)：597-606.

修·拉宾(Matthew Rabin)[①]基于魏纳·古斯(Werner Güth)等人[②]的实验认为,如果人们觉得别人没有贡献公平的份额却获得了同样的收益,那么他们为别人“牺牲”自己的热情就会极大地降低。

3. 监督和制裁(Supervision & Sanctions)

无论是社会奖励还是公平相容,本质上并没有解决搭便车的问题,当搭便车者始终都存在时,如果通过建立起监督和制裁搭便车者的制度,则会有效缓解这一问题。因为群体成员选择搭便车的一个重要原因就是监督机制的不完善[③],尤其是随着群体规模的扩大,群体的交易成本(沟通、决策、监督等活动)将不成比例地提高,社会激励(集体感、荣誉感等)和有效监督在大组织中变得软弱和不可靠。研究显示,一个运行良好的民主制度对于集体行动中的监督和制裁有着积极的作用,对公共产品供给和公共池塘资源管理有重要影响[④⑤]。

以上罗列的公共事物治理中影响集体行动的重要因素及其影响机制,反映了公共事物治理研究所达到的深度和广度,从一个侧面展现了公共事物治理学科广博的知识体系。当然,公共事物治理中的重要影响因素并不限于以上因素,还有一些常见的因素,如系统规模、系统动态可预测性、行动者的认知模式及对资源的依赖性等因素,以及一些新兴的因素,如全球化和技术进步等,也可能对公共事物治理的集体行动产生重要影响。因此,公共事物治理的集体行动理论是开放的,并且仍在快速发展之中。

第五节　理解自主治理的关键影响因素

埃莉诺·奥斯特罗姆研究表明,一个成功的运行自主治理的资源系统,往往具备一些特征。即如果一个资源系统当中存在这些特征,那么这个资源系统能够

① Rabin M. Incorporating fairness into game theory and economics[J]. The American Economic Review, 1993: 1281-1302.

② Güth W, Schmittberger R, Schwarze B. An experimental analysis of ultimatum bargaining[J]. Journal of Economic Behavior & Organization, 1982, 3(4): 367-388.

③ 肖云,陈涛,朱治菊.农民专业合作社成员“搭便车”现象探究——基于公共治理的视角[J].中国农村观察,2012,(5): 47-53.

④ 舒全峰.领导力、公共服务动机与中国农村集体行动[M].北京: 清华大学出版社,2020.

⑤ Ribot J C, Agrawal A, Larson A M. Recentralizing while decentralizing: how national governments reappropriate forest resources[J]. World Development, 2006, 34(11): 1864-1886.

实现成功的自主治理的概率就比较高。埃莉诺·奥斯特罗姆用SES框架重新集成了她的自主治理理论：在2009年*Science*期刊发表的论文中，她总结了SES框架当中有以下十个变量对于自主治理是至关重要的：如果一个系统中的这些变量具有某种特征，那么这个系统就有比较高的可能性实现自主治理[①]。

1. 资源系统的规模(RS3)

对于与土地有关的资源系统，如森林等，由于界定边界、监测使用模式和获得生态知识的高昂成本，非常大的资源系统不太可能是自组织的。非常小的区域则无法产生大量有价值的产品。因此，适度的规模最有利于实现自主治理。经常在中等规模的沿海地区、湖泊或河流中捕鱼的渔民[②]比在海洋中捕鱼的渔民更有可能组织起来[③]。

2. 资源系统的生产力(RS5)

资源系统当前的生产力对所有部门的自组织具有非线性效应。如果一个渔场已经枯竭或非常丰富，使用者将认为没有必要对其进行管理。使用者在决定自组织之前需要观察资源系统的稀缺性[④]。

3. 系统动态变化的可预测性(RS7)

系统动态需要具有足够的可预测性，以便用户能够估计如果他们建立或不建立特定的收获规则将会发生什么。森林系统往往比水系统更容易预测。一些渔业系统则难以预测，这对用户或政府官员来说尤其具有挑战性[⑤]。小规模的不可预测性可能导致畜牧系统的用户在更大的规模上组织起来，以增加总体的可预

---

① Ostrom E. A general framework for analyzing sustainability of social-ecological systems[J]. Science, 2009, 325(5939): 419-422.

② Wilson J, Yan L, Wilson C. The precursors of governance in the Maine lobster fishery[J]. Proceedings of the National Academy of Sciences, 2007, 104(39): 15212-15217.

③ Berkes F, Hughes T P, Steneck R S, et al. Globalization, roving bandits, and marine resources[J]. Science, 2006, 311(5767): 1557-1558.

④ Wade R. Village Republics: Economic Conditions for Collective Action in South India [M]. ICS Press Institute for Contemporary Studies, 1994.

⑤ Berkes F, Folke C. Linking Social and Ecological Systems [M]. Cambridge Univ. Press, 1998.

测性[①②]。

4. 资源单元的可移动性(RU1)

由于观察和管理资源系统的成本,相比固定的资源单位(如树木、湖泊中的水),自主治理在移动的资源单位(如野生动物、不受管制的河流中的水)中更难实现[③]。

5. 用户数量(U1)

考虑到将用户聚集在一起,并就变更达成一致的成本较高,团队规模对自组织交易成本的影响往往是负面的[④⑤]。然而,如果管理一种资源的成本很高,例如在印度监测大面积的森林,那么更大的用户数量就更有能力调动必要的劳动力和其他资源[⑥]。因此,用户数量总是会影响自主治理,但其对自组织的影响取决于其他 SES 变量和具体的管理任务类型。

6. 领导力(U5)

在任何类型的资源系统中,当某些使用者具有领导能力,并且由于先前的其他原因而被视为当地领导者时,自主治理就更有可能实现。例如,在印度 48 个灌溉系统的分层样本中,大学毕业生和有影响力的老年人的存在对灌溉组织的建立有强烈的积极影响[⑦]。

① Wilson P N, Thompson G D. Common Property and Uncertainty: Compensating Coalitions by Mexico's Pastoral "Ejidatarios"[J]. Economic Development and Cultural Change, 1993, 41(2): 299-318.

② Mwangi E. Socioeconomic Change and Land Use in Africa [M]. Palgrave Macmillan, 2007.

③ Schlager E, Blomquist W, Tang S Y. Mobile Flows, Storage, and Self-Organizing Institutions for Governing Common Pool Resources[J]. Land Economics, 1994,70(3): 294-317.

④ Wade R. Village Republics: Economic Conditions for Collective Action in South India [M]. ICS Press Institute for Contemporary Studies, 1994.

⑤ Baland J M, Platteau J P. Halting Degradation of Natural Resources: Is There a Role for Rural Communities? [R]. Oxford University Press, 2000.

⑥ Agrawal A. in People and Forests: Communities, Institutions, and Governance, C. C. Gibson, M. A. McKean, E. Ostrom, Eds. (MIT Press, Cambridge, MA,2000), pp. 57-86.

⑦ Meinzen-Dick R. Beyond panaceas in water institutions[J]. Proceedings of the national Academy of Sciences, 2007, 104(39): 15200-15205.

7. 规范/社会资本(U6)

所有类型的资源系统的用户，如果在他们组成的群体中有共同接受的道德和伦理标准，从而遵守互惠规范，并且彼此有足够的信任来保持协议，那么在执行协议时的交易成本和监督成本将更低[①②③]。

8. 知识(U7)

当用户可以相互共享有关SES属性、他们的行为如何相互影响以及其他SES中的规则和知识时，自主治理的成本较低[④]。如果一个系统的资源再生缓慢而人口增长迅速，用户可能不了解资源的承载能力，无法实现自组织，最终破坏资源[⑤]。

9. 资源对用户的重要性(U8)

在自组织的成功案例中，用户要么依赖资源系统作为其生计的很大一部分，要么对资源的可持续性给予很高的重视。否则，组织和维护自组织系统的成本可能不值得用户付出努力[⑥⑦⑧]。

10. 集体选择的规则(GS6)

当用户，如墨西哥的渔民[⑨]和尼泊尔的森林用户团体[⑩]在集体选择层面拥有完全自主权来制定和执行自己的一些规则时，他们只需承担更低的交易成本和更

---

① Baland J M, Platteau J P. Halting Degradation of Natural Resources: Is There a Role for Rural Communities? [R]. Oxford University Press, 2000.

② Trawick P B. Successfully governing the commons: Principles of social organization in an Andean irrigation system[J]. Human Ecology, 2001, 29(1): 1-25.

③ Ostrom E. Understanding Institutional Diversity[M]. Princeton University Press, 2005.

④ Berkes F, Folke C. Linking Social and Ecological Systems [M]. Cambridge Univ. Press, 1998.

⑤ Brander J A, Taylor M S. The simple economics of Easter Island: A Ricardo-Malthus model of renewable resource use[J]. American Economic Review, 1998: 119-138.

⑥ Ostrom E, Dietz T E, Dolšak N E, et al. The drama of the commons[M]. National Academy Press, 2002.

⑦ Berkes F, Folke C. Linking Social and Ecological Systems [M]. Cambridge Univ. Press, 1998.

⑧ Chhatre A, Agrawal A. Forest commons and local enforcement[J]. Proceedings of the national Academy of Sciences, 2008, 105(36): 13286-13291.

⑨ X. Basurto, J. Soc. Nat. Resour. 18, 643 (2005).

⑩ Nagendra H. Drivers of reforestation in human-dominated forests[J]. Proceedings of the National Academy of Sciences, 2007, 104(39): 15218-15223.

低的保护资源的成本[1]。

对这十个关键变量进行数据分析是具有挑战性的，因为任何一个变量的影响还取决于其他SES变量。在大多数复杂系统中，这些变量以非线性方式相互作用[2][3]，共同影响用户是否会实现成功的自主治理。目前SES框架还在不断修订和完善，通过收集世界各地森林、牧场、水系等领域的研究成果，逐步建立可供比较的数据库。理解自主治理的关键影响因素为集体行动理论的发展提供了更大空间。各个学科领域内的公共事物治理研究者们，可以通过自主治理的关键影响因素来对复杂的社会生态系统进行诊断，在统一的框架下形成更为精细知识的积累，为理解人类的集体行动制度演进提供更为先进的工具，同时也帮助发展更为系统的集体行动理论[4]。

关键术语

集体行动　自主治理　八项原则　新制度供给　可信承诺　相互监督

思考题

1. 回想一下，你有过哪些通过集体行动解决实际问题的经历？在这个过程中，新制度供给、可信承诺和监督都是如何体现的？

2. 现在有哪些正在通过政府或市场解决的问题，实际是可以通过集体行动解决的？

① Berkes F, Hughes T P, Steneck R S, et al. Globalization, roving bandits, and marine resources[J]. Science, 2006, 311(5767): 1557-1558.

② Janssen M A. Complexity and ecosystem management: the theory and practice of multi-agent systems[M]. Edward Elgar Publishing, 2002.

③ S. Levin S A. The problem of pattern and scale in ecology: the Robert H. MacArthur award lecture[J]. Ecology, 1992, 73(6): 1943-1967.

④ McGinnis M D, Ostrom E. Social-ecological system framework: initial changes and continuing challenges[J]. Ecology and Society, 2014, 19(2).

第七章

公共事物的多中心治理

多中心(Polycentric)治理是当今学术界讨论的热点之一。该理论起源于公共事物治理过程中的市场失灵和政府失灵问题,其中市场失灵主要体现在"公地悲剧"与"囚徒困境"问题之中;政府失灵主要体现在低效、寻租、公共政策制定的失误等方面。奥斯特罗姆夫妇通过长期的社会调研和理论分析,认为公共事物治理应该从市场或政府的"单中心"治理模式转变为政府、市场、社会"多中心"的治理模式,多中心也成为布卢明顿学派的标签之一。

第一节 多中心的概念及其理论渊源

一、多中心的起源

多中心学派,又称为布卢明顿学派。在美国有三大公共选择理论的学派,布卢明顿学派是其中之一。这三大学派通常都是以地名或者大学校名命名的,比如弗吉尼亚学派、芝加哥学派,布卢明顿学派因为印第安纳大学布卢明顿分校而得名,其核心思想就是多中心。埃莉诺·奥斯特罗姆的学术研究面向公共管理最核心的问题之一,就是社会困境问题,在现实中表现为个人利益和公共利益的相互冲突。多中心学派努力发展多层次的复杂制度体系的分析方法,研究制度如何增进或者阻碍社会合作,这是该学派最重要的学术宗旨。布卢明顿学派认为多中心是适应复杂社会的秩序,是一种看待世界的哲学方式,是反思公共服务生产的理论,是应对自然界、人类社会和公众偏好复杂性的治理之道。

"多中心"一词最早出现在迈克尔·波兰尼(Michael Polanyi)发表的《自由的逻辑》(1951)一书中,用来描述一种社会组织方式,即个人可以在规则体系内自由地追求他们的目标①。在该书出版十年之后，文森特·奥斯特罗姆等人（1961）采用“多中心”来描述大都市区域治理的一种组织形式，其特征是重叠政治单元的多样性，以某种类似市场特征的规则运行，这种看似低效的政治单元配置可以比中央集权政府更高效。具体来说，就是政治单元以一种可预测的模式运作，在一定程度上，政治单元可以“在竞争中能够考虑彼此、履行合同和合作承诺、求助于中央机制来解决冲突”②。20世纪六七十年代美国大城市中警察服务的相关数据给予该理论强有力的实证支持。

二、美国大城市治安服务研究

1965年埃莉诺·奥斯特罗姆和她的丈夫文森特·奥斯特罗姆来到印第安纳大学，开始了一项关于大城市治安服务的研究。当时美国围绕治安服务，有一个很大的公共管理学术争论。当时美国的警察服务机构非常多，例如，印第安纳大学有警察局，印第安纳大学所在地布卢明顿市也有警察局，再往上印第安纳州还有警察局。由于美国每一个行政单元都有警察局，并且这些警察局之间没有隶属关系，因此看起来有些重叠混乱。在20世纪60年代，美国有4万个警察服务机构，这种情况曾经被认为是病态的、凌乱的和低效的，有学者提出要大幅度精简美国的警察机构。但是，当时奥斯特罗姆夫妇不同意这种看法，认为在这个事情的背后一定有其原因，所以他们就着手做实证研究，研究警察数量与治安服务效率之间的关系。他们从印第安纳波利斯开始研究，然后扩展到整个印第安纳州，然后再向周边的芝加哥地区扩展，一直到全美将近100个城市的警察服务机构。这个方向的研究持续了15年，得出了很多重要发现，其中一个结论是：警察服务机构并不是越大越好。

例如，芝加哥周边有三个社区，他们发现这三个社区的人均服务支出只有芝加哥的1/14，但是公民对警察的服务满意度远远要高于芝加哥。他们用这样的实证数据，来证明城市的规模和支出之间是相关的，城市规模越大，治安服务支出的数量越多，但是这个支出的数量和居民对警察的评价之间不存在任何关系。具体而言，这个警察局的规模和居民享受到的警察公共服务，在很多方面是存在负

① Polanyi M. The logic of liberty: Reflections and rejoinders[M]. University of Chicago Press, 1951.

② Ostrom, Vincent, Charles M. Tiebout, and Robert Warren. The Organization of Government in Metropolitan Areas: A Theoretical Inquiry[J]. American Political Science Review, 1961(55): 831-842.

相关的。比如说警察服务机构越大,警察对公民的回应速度越慢,对警察工作满意度越低,进而当地社区的不安全感就越高。其原因在于,很多治安服务的内容是没有规模经济的,比如说治安巡逻、交通事故、犯罪报警等都是反规模经济的。如果一个社区治安服务的单元越小,只服务于每一个片区,这就意味着警察对当地的情况越熟悉,也更有利于维持当地治安。并且,如果一个警察服务机构越小越靠近基层的话,就越容易获取当地居民信任,当地居民越倾向于和警察机构合作,为他们提供线索,这就有利于降低犯罪率,有助于提高服务水平、安全度和满意度。所以,实际上治安服务是反规模经济的,大量的公共服务也具有类似特征。

三、多中心的内涵

布卢明顿学派认为多中心是与复杂社会相适应的秩序,是应对自然界、人类社会、和公众偏好复杂性的治理之道。类似于野生森林看似杂乱而人工林多看似有序,但前者的复合生态功能远高于后者,且前者对于环境变化和自然灾害的防风险能力更高。多中心是一种看待世界的哲学方式,是诊断复杂系统的模型,是反思公共服务生产的理论。

奥斯特罗姆夫妇基于美国地下水治理和警察服务研究所提出的“多中心”思想,经过半个世纪的发展,已经成为布卢明顿学派的“标签”。20 世纪 80 年代开始,埃莉诺·奥斯特罗姆将她的研究重点放在了公共事物中,试图去理解人类如何在复杂和动态的社会物理环境中实现有序治理①。随后,一批公共事物治理领域的相关研究将多中心性作为一个重要因素,多中心治理已经超越了文森特·奥斯特罗姆所关注的效率问题。布罗姆奎斯特等指出,提倡多中心治理的学者主要基于以下几类问题:(1)规模和尺度的多样性;(2)减少错误,促进学习;(3)信息处理能力的有限性;(4)资源管理的多目标;(5)利益和价值的多样性②。格雷厄姆·马歇尔(Graham R. Marshall)指出,多中心治理的优势在于三个方面:(1)多中心治理系统对社会和环境的变化具有更强的适应性;(2)多中心治理体系为复杂的自然资源治理提供了良好的制度;(3)多中心系统中的冗余性能够降低系统

---

① 埃莉诺·奥斯特罗姆. 公共事物的治理之道:集体行动制度的演进[M]. 上海:上海三联书店,2000.

② Blomquist W. Multi-level governance and natural resource management: the challenges of complexity, diversity, and uncertainty[M]//Institutions and sustainability. Springer, Dordrecht, 2009: 109-126.

风险[1]。麦金尼斯等人将多中心的内涵概括为：(1)治理系统具有许多形式上的决策中心，而这些中心是相互独立或者是相互依赖取决于特定的研究问题及其背景环境；(2)多中心是一种组织模式，其中许多独立的元素能够在一个共同的规则体系下相互调整它们之间的关系；(3)多中心系统中行动单元能够以不同规模组织多个治理机构和行动安排[2]。

第二节　从单中心到多中心

一、单中心与多中心

围绕公共服务供给形成了两大对立的观点：一是单中心(Monocentric)视角，通过权力集中的大规模政府来解决公共问题；二是多中心(Polycentric)视角，通过“公共经济”(Public Economies)可以实现更高水平的效率。单中心类似于科层制结构，是有序的、自上而下的、单一的结构形式。相比而言，多中心的结构存在着很多的中心，是网络式的，看起来似乎杂乱无序的，所以顾名思义叫多中心。

单中心理论认为，提高政府服务机构的规模，可以带来更高的产出、更高的效率，可以提高服务的专业性、降低服务成本和提高公共收益，这是单中心的假设。但是这样的看法要成立，需要具备一系列苛刻的条件：物品是同质的；公民具有相似的偏好；投票是可以加总公民偏好的；资助高质量的服务需要大的规模；政治家可以命令官员提供合意的服务；官员可以要求基层官僚提供好的服务；基层官僚可以为公民提供好的服务。

单中心的观点要成立，需要满足上述各种条件，而多中心理论对此提出了尖锐批评。多中心理论认为：公共服务的生产和消费特征是多样化的，规模经济并非都存在，道路建设存在规模经济，教育和治安服务则是反规模经济的，水服务则依赖多重规模；公民偏好具有异质性和集群性等特征；公民的偏好是不断演变的；加总公民偏好是有问题的；权利和义务应当对等(小规模尺度更容易实现)；再分配在大规模尺度更容易实现；带有不同规模和尺度组织的多重辖区，可以使不同

---

① Marshall G R. Polycentricity, reciprocity, and farmer adoption of conservation practices under community-based governance[J]. Ecological Economics, 2009, 68(5): 1507-1520.

② McGinnis M D, Baldwin, Elizabeth B, and Thiel, Andreas. When Is Polycentric Governance Sustainable? Using Institutional Theory to Identify Endogenous Drivers of Dysfunctional Dynamics, 2020.

规模公共服务消费和规模经济成为可能。并且，多中心理论提出，行为人之间的联系不是单向的、自上而下的，而是相互联系和互动的关系。

在多中心理论中，提高政府服务机构的规模，会提高对科层体系的依赖性，这种依赖性的提高，会降低公民的参与和公共服务官员的责任感，对公共服务产生负面影响。至于提高政府机构的规模能否提高公共服务的绩效，则取决于特定物品的属性。如果是有规模经济的物品，那么扩大政府服务机构规模，能够提高服务绩效；如果是反规模经济的物品，提高政府服务机构的规模，反而会降低公共服务的质量。所以要具体问题具体分析，这是多中心理论的看法。

在某种程度上，可以将单中心视为多中心体系的一个特例，单中心对于那些同质性的、具有规模经济的公共服务是有效的。但多中心体系是更为一般的体系，可以适用于各种属性的公共服务供给。也就是说，多中心其实是更有普遍性的秩序，多中心本质上是复杂性的体系。

集体行动的困境源于信息不对称、认知不完全、利益不兼容，大大增加了协调成本和组织成本。而单中心的方式无法规避这三个问题。多中心的解决原理在于依赖分布信息、分散决策和自发秩序。即使可能存在个体理性导致集体非理性的现象，但是单中心式的政府权威有可能继续恶化这一情况，因此可行的办法是在多中心治理的思想下对个人计划进行协调，进而形成长期存续的自发秩序、嵌套层次和交叉单元。

二、多中心的分析框架

保罗·德拉戈斯·阿利吉卡(Paul Dragos Aligica)和弗拉德·塔尔科(Vlad Tarko)构建了一个相互嵌套的多中心治理分析框架，其中包含了多中心治理核心构建的十几种组合及其联系。该框架有三个关键组成部分，分别是决策中心的多样性、制度体系、后期要素之间的竞争以及系统变化。该框架详细列出了系统组成部分在不同环境下可能采取的行为，但是无法直接分析系统动态变化的来源，因此难以对多中心治理问题进行动态分析[①]。

基思·卡莱尔(Keith Carlisle)和瑞贝卡·古尔比(Rebecca L. Gruby)从三个维度分析多中心治理，即属性、条件和优势。该分析框架有助于对多中心治理的

① Aligica P D, Tarko V. Polycentricity: From Polanyi to Ostrom, and Beyond[J]. Governance, 2012, 25(2): 237-262.

案例分析，然而未能对条件之间的相互联系，以及如何创造这样的条件进行分析，因此该框架难以帮助管理者将多中心思想付诸实践[①]。安德鲁·乔丹(Andrew Jordan)等通过实证研究列举了气候变化治理的五个关键命题，这些命题强调了地方行动、相互调整、试验、信任以及总体规则的重要性，并对其潜在的积极和消极影响进行了分析[②]。

麦金尼斯等通过对多中心治理相关文献的分析，认为多中心治理的实现主要在于八个核心因素：(1)多个决策中心，该中心可能是不同的规模和类型；(2)每个决策中心的决策权力是独立的；(3)不同决策中心的权限范围之间存在重叠，即决策存在溢出效应；(4)决策中心之间的相互调整具有多个过程，即决策中心会相互考虑对方；(5)组织的进入和退出成本较低；(6)一个包罗万象的制度体系；(7)具有跨决策中心的行为、交互和结果的紧急模式；(8)能够对整个系统(所有决策中心)进行有效协调。麦金尼斯指出，并非所有的多中心治理问题都要求满足这八项核心要素，例如第八项因素只有在大型公共物品的提供情况下才需要[③]。

三、多中心理论的发展

继埃莉诺·奥斯特罗姆之后，部分学者进一步发展了多中心理论，并将其引入其他领域的研究中。维克多·加拉斯(Victor Galaz)等从国际层面出发，利用网络阐述了多中心性，并解释了政策网络的关系特征以及分散密度[④]。约尼·帕瓦沃拉(Jouni Paavola)强调混合和自愿形式的气候治理是多中心气候变化治理战略的重要组成部分，其特征是各个政策层面制度多样性的增加[⑤]。本杰明·索瓦科尔(Benjamin Sovacool)通过四个气候和能源治理案例展示了个体多中心组

① Carlisle K, Gruby R L. Polycentric systems of governance: A theoretical model for the commons[J]. Policy Studies Journal, 2019, 47(4): 927-952.

② Jordan A J, Huitema D, Hildén M, et al. Emergence of polycentric climate governance and its future prospects[J]. Nature Climate Change, 2015, 5(11): 977-982.

③ McGinnis M D, Baldwin, Elizabeth B, and Thiel, Andreas. When Is Polycentric Governance Sustainable? Using Institutional Theory to Identify Endogenous Drivers of Dysfunctional Dynamics, 2020.

④ Galaz V, Crona B, Österblom H, et al. Polycentric systems and interacting planetary boundaries—Emerging governance of climate change-ocean acidification-marine biodiversity[J]. Ecological Economics, 2012, 81: 21-32.

⑤ Paavola J. Climate change: the ultimate "tragedy of the commons"? [J]. Property in land and other resources, 2011: 417-434.

件如何成功缓解集体行动的困境[①]。爱德华多·阿拉拉尔指出，与传统的国家主导和市场工具相比，环境治理的多中心性可以提供更多的制度安排，多样性包括多层次、多目标、多部门和多功能单元的多样性[②]。肯尼思·阿尔伯特（Kenneth Abbott）倡导跨国机构在水平和垂直维度的联系，以促进全球气候治理[③]。安德鲁·乔丹等呼吁通过科学和政治上的努力来加强对气候变化治理的多中心模式的理解，并提升其有效性[④]。

在国内，近二十年来一批学者将多中心理论引入到多个学科领域的研究中。曲正伟指出，多中心治理在我国基础教育的治理中具有一定的合法性，并提出多中心治理有利于保持义务教育各利益主体的平衡[⑤]。刘芳雄将多中心理论引入环境治理的研究中，通过对温州企业的案例分析，提出要以多中心治理为指引，建立政府、企业、协会合作的方式解决环境问题[⑥]。刘伟红从多中心理论的视角出发，提出要构建多中心治理模式改善城市社区的公共物品供给[⑦]。

第三节　作为分析视角的多中心哲学

一、多中心理论面临的挑战

人类社会的机制安排，无论公共经济，还是市场，都是复杂的，这源于人性的复杂性、人类偏好的复杂性和客观世界的复杂性。多中心是适应复杂人类系统的秩序。并且，多中心治理与现代各种治理理论相契合，包括网络治理，协作治理，合作治理，多元治理，综合治理，全局治理，统合治理，智慧治理。

然而，多中心治理理论也面临着一些争议和挑战。一方面，其理论本身的普

---

① Sovacool B K. An international comparison of four polycentric approaches to climate and energy governance [J]. Energy Policy, 2011, 39(6): 3832-3844.

② Araral E. Ostrom, Hardin and the commons: A critical appreciation and a revisionist view [J]. Environmental Science & Policy, 2014, 36: 11-23.

③ Abbott, K. Strengthening the Transnational Regime Complex for Climate Change [J]. Transnational Environmental Law, 2014, 3 (1): 57-88.

④ Jordan A J, Huitema D, Hildén M, et al. Emergence of polycentric climate governance and its future prospects[J]. Nature Climate Change, 2015, 5(11): 977-982.

⑤ 曲正伟.多中心治理与我国义务教育中的政府责任[J].教育理论与实践,2003(17): 24-28.

⑥ 刘芳雄.多中心治理与温州环保变革之道[J].企业经济,2005(04): 139-141.

⑦ 刘伟红.多中心理论视野下的社区发展路径分析[J].广东行政学院学报,2011,23(02): 88-92.

遍适用性受到质疑。多中心治理理论以某些美国地方政府实践为基础，基于个案观察、总结提炼的建立方式使其在扩展到其他地域和领域时的科学性和合理性有所欠缺[①]。另一方面，多中心系统并非是解决所有治理问题的万能药。麦金尼斯等从制度理论和政治学的视角出发，总结了多中心治理失灵的诱因、过程以及结果，其因素主要可归纳为降低交易成本引发负外部性、政治争端引发问题扩大化、监管机构被“俘获”、群体参与的有限性、腐败，以及执政集团利益的特殊性等。麦金尼斯将多中心治理的偏离称之为多中心治理综合征，主要源于六个方面，分别是渐进主义与规模不匹配、象征政治与超党派主义、排斥和制度化不平等、寻租和普遍腐败、过度集权和专制统治、空心化和技术治国。麦金尼斯的研究对于多中心治理而言具有重要的实践价值，为识别多中心治理过程中的潜在威胁提供了分析思路[②]。值得注意的是，多中心体系内的各行动主体和要素过于灵活宽泛，可能因权力和信息过度分散而无法形成合作，陷入冲突和无中心的失序格局，导致整个系统难以存续[③]。

虽然“多中心”的结构和理念受到中国学界的重视，但多中心治理理论在中国的应用与实践也面临一定挑战。由于该理论植根于西方情境，与中国政治和公共管理实践存在不小差异，在中国情境下面临水土不服的问题。产生这一问题的本质原因在于研究对象的复杂性和情境依赖性，使得多中心治理这一学术思想中存在理论抽象度与现实解释力之间的矛盾。这一挑战也代表了西方公共管理和公共政策理论所广泛面临的叙事性和框架性强、而精确性和科学性不足的困境。尽管过去数年间中国学者进行了诸多本土化尝试，但迄今为止进展仍然有限。基于中国本土的研究起步较晚、理论基础薄弱，尚未建立本土化的治理理论体系，严谨性不足、理论性不深和应用性不强等问题仍困扰着研究者和实践者。

二、多中心与区块链

多中心是自治和共治有机结合的秩序，实现多个层次上的多元权力中心或服务中心并存，以及微观层面自治和中宏观层面共治的并存，通过竞争、协作为公民

① 尚虎平.“治理”的中国诉求及当前国内治理研究的困境[J].学术月刊，2019，51(05)：72-87.

② McGinnis，Michael D. Baldwin，Elizabeth B.，and Thiel，Andreas. 2020. When Is Polycentric Governance Sustainable? Using Institutional Theory to Identify Endogenous Drivers of Dysfunctional Dynamics.

③ 龙贺兴，刘金龙.基于多中心治理视角的京津冀自然资源治理体系研究[J].河北学刊，2018，38(01)：133-138.

提供更多的选择权和更好的公共服务。区块链在本质上是多中心秩序在技术上的延伸。

区块链是一种前沿的数据技术体系，是互联网技术发展到一定阶段的集中爆发，复合了大数据、人工智能、物联网的技术基础并进行演进。相比于传统单中心的服务平台或者计算中介，区块链的本质是去中心、多中心。区块链通过分散计算、点对点交易、多方参与来突破单中心的限制。共识机制以数字规则保障更大程度上的信息流动和共享，实现系统内部各节点的充分交流，减少对单中心的依赖度，在降低信息沟通和组织协调成本上表现出巨大优势，可以有效解决非对称信息导致的委托代理链条过长、机会主义行为等问题，实现多个主体之间的协作信任与一致行动。

区块链是一种全新的信息结构，是多中心理念的技术实践，具有广阔的应用前景。区块链将对政府管理、市场经济和社会治理产生革命性变化，并带来新的机遇和挑战。运用区块链的技术思维打破部门间、层级间、条块间的数据平台分割现状，有助于优化管理流程、提升管理效率，对推动国家治理体系和治理能力现代化具有重要的现实意义。同时，区块链的发展将带来数字公地等治理问题。因此，既要突破单中心的传统思维，又要运用技术整合实现政务、金融、民生领域的创新发展。

目前，区块链在公共管理领域也有诸多实践。例如，将区块链用于身份验证，为居民建立区块链身份后可提供出生证明、结婚证明、商务合同、公证等服务；在产权、土地登记方面，用区块链记录、追踪房产、土地交易；在社会福利方面，用区块链记录福利支出、养老金兑换，可以减少社会安全诈骗；在海关、物流方面，用区块链记录交易装货清单等。区块链在实践中日益广泛的应用，为多中心治理理论提供了一个很好的应用场域，值得持续观察和研究。

三、中国发展的多中心视角审视[①]

从中国过去百年发展道路来看，从传统社会向现代社会转型是一条基本线索。1820 年世界进入现代经济增长阶段，中国当时是世界最大的经济体，经济总量占全球总量的 1/3，人均 GDP 为世界平均水平的 90%。其后的一百多年，在西

① 王亚华.增进公共事物治理：奥斯特罗姆学术微探与应用[M].北京：清华大学出版社，2017.

方工业化突飞猛进的同时，中国经济不断衰退，到1950年中国的经济总量下降到全球总量的5%，人均GDP只有世界平均水平的1/6，从世界上首屈一指的经济大国，跌落为世界上最贫穷的国家。这100多年，也是中国传统社会逐步瓦解的过程。从1949年中国共产党执政之后，中国正式从传统的农业社会，开始向现代工业社会转型。从那时起，中国大概要用100年的时间，也就是到2050年前后，全面实现现代化，完成向现代社会的转型。这个过程又可以划分为三大阶段，其间经历三次大的转型。第一次转型是从新中国成立之初强制性发动工业化；第二次转型是改革开放以来从计划经济转向市场经济；当前，中国正在面临第三次大的转型，是从经济建设为主转向以社会建设为主，逐步迈向现代城市社会。

从多中心的视角来重新审视这三个发展阶段。第一个阶段即计划经济时代，本质上是人为构建一个单中心秩序，这个秩序包括高度集权的计划经济。在这个单中心秩序的社会中，伴随着信息封闭和传递不畅产生了低效率进而不可持续。在第二个阶段，中国改革的核心是引入市场经济，随着市场力量的兴起，经济主体已经变得多元化，汇集成为推动中国经济发展的巨大力量。改革开放以来中国社会发生的上述变迁，本质就是单中心秩序的崩溃和多中心秩序的兴起。当前所处的第三阶段，中国社会具有越来越分化、越来越流动、越来越开放、越来越分散等特征。市场化进程的推进也带来了贫富分化加大、传统道德伦理被破坏、社会保障体系尚未健全等问题。中国的社会虽然在不断成长，但是还很弱小，政府和市场的力量过于强大，所以这也是导致中国社会问题的一个根源。

随着社会的发展和进步，多中心治理已经大量存在于社会治理实践，其中一个重要的例子就是汶川地震灾后重建。汶川地震中受灾最严重的北川县城，被地震摧毁后，异地重建用了不到3年的时间，现在一个新的北川县城已经诞生。从全世界来看，灾后重建都是一个很大的难题。例如，日本神户大地震后规划用10年时间来重建；美国卡里桑娜飓风后规划用7年时间来重建。从全世界来看，汶川地震的灾后重建创造了人类历史上灾后重建的奇迹，用了不到3年的时间，基本上实现了生活恢复、生产恢复，不但恢复而且在新起点上实现了跨越式的发展。其中的主要经验在于充分发挥了政府、市场和社会多方面的力量。

汶川地震灾害重建的对口帮扶，是一省帮一重灾县，有19个省，每一个省负责一个重灾区的一个县；各个省又实行一市对口支援一镇，即每一个省下面的一个地级市，再去对口支援某一个乡镇。中央政府督促对口支援省市，连续 3 年每年按不低于当地地方财政收入的 1%，为灾区提供援建的资金。实际上，灾后重建是一个非常多元化的资金投入，形成了政府补贴、市场支持、社会帮扶的局面。再比如北川新县的重建，从参与主体来看，既有来自国务院、山东省的，还有来自当地的，以及社会各界的帮助。仅仅是规划，就汇集了全国 50 多家设计单位，有多名院士参加论证会 100 次，超过 1 000 人次的专家学者参与设计，有 200 多个项目同时起动。从资金来看，总计 153 亿元的重建资金，其中：43 亿元来自于对口援建的山东，中央、省和各级地方政府投入 32 亿元，社会捐助 4 亿元，社会、市场与企业投入了 50 亿元，地方融资 24 亿元，资金来源非常的多元。胡鞍钢教授对汶川地震灾后重建的模式做过总结，称之为"国家决策、中央和部门支持、地方主导、社会参与、市场驱动、对口支援、国际援助，多元合作与对外开放"的灾后重建模式①。

20 世纪 90 年代以来，现代治理的思想开始在国际社会流行。作为一种新的社会理念，其核心思想是通过正式和非正式的传统和制度来行使权力以实现公共福利。从传统的规制，到现代的治理，涉及一系列深刻的转型，包括扩大公民社会的参与，从只有政府一个制度实施者，转变为包括政府、非政府组织、媒体等多个制度实施者。在当前中国的情景之下，社会经济体制、市场经济体制和政府体制成为了当前我国国家治理体制变革和治理能力提升的关键。作为当前世界经济总量庞大、人口最多与疆域广大的国家，公共事物治理已不再单独局限于传统范式中的自然资源使用和分配，包括乡村振兴、数字公地治理、城市治理等已上升至国家重要战略的问题，都存在适合公共事物治理研究的内容。对于当今中国而言，公共事物治理逐渐走向多元和复杂。在一个庞大的公共事物问题面前，如何进行有效的制度供给，如何有效地增进集体行动已经成为了一个重要的学术问题。既有的研究和实证经验已经证明，单纯的政府行为或市场规律不再是"万能药"，制度的有效供给需要政府、市场和社会的协调共适，从而形成灵活与适用并存的制度多样性。因此，中国未来将走向一个政府、市场、社会多元合作发展的格局，这也从另外一个侧面印证了多中心治理理论。

---

① 胡鞍钢.特大地震灾害的应对周期[J].清华大学学报(哲学社会科学版)，2008(04)：5-14+159.

关键术语

多中心治理　多中心学派　单中心治理　公共经济学　合作生产　区块链

思考题

1. 你认为，哪些领域更加适合多中心治理，哪些领域更适合单中心治理？
2. 你所在学院运行管理中，是否存在多中心治理的实例？

第八章

理解制度多样性

在日常生活和工作中充斥着各种各样的制度。不同组织内部制定了烦琐的规章制度以保障组织运行和各个职位上的工作人员各司其职。在诸如商场、咖啡店、游乐园、电影院、公路等地方，成文或非成文的制度在限制人们行为的同时，也保障了公共场所的有序和安全。尽管制度无处不在，但人们对其的理解、定义、范围并非一致。在《理解制度多样性》(*Understanding Institutional Diversity*)一书中，埃莉诺·奥斯特罗姆提出了我们进一步理解制度体系所面临的一个重要问题——制度多样性。她从新制度主义视角理解作为博弈规则的制度，将制度视为一种规则的组合，同时包括正式和非正式规则。埃莉诺·奥斯特罗姆有关制度及制度多样性的学术思想实现了多层次研究方法的综合，包括方法论层面上个人主义与整体主义的综合、多学科方法的综合以及制度研究与经验研究方法的综合[①]。

第一节　制度与制度语法学

一、制度语法学的五个要素[②]

对制度的理解主要包括以下三种。第一，制度是一种策略。稳定的行为方式就是制度。第二，制度是一种规范。许多观察到的互动方式是建立在特定形势下，一组个体对“适宜”和“不适宜”共同认识的基础上。第三，制度是一种规则。在规范的基础上，很多观察到的互动建立在一种共同理解的基础上，对这些制度的违背将招致惩罚或导致低效率[③]。

---

① 朱广忠.埃莉诺·奥斯特罗姆 自主治理理论的重新解读[J].当代世界与社会主义，2014(06)：132-136.

② John M. Anderies，Marco A. Janssen. Sustaining the Commons[M]. Arizona State University，2016.

③ Ostrom E. Understanding institutional diversity[M]. Princeton University Press，2009.

制度作为一个复杂体系，需要对其要件进行解构，才能辨别规则、规范和共享策略之间的差异。制度语法学属于理性选择主义学派，是制度分析与发展(IAD)框架进行数据收集分析的重要工具，其目的在于通过制度陈述中的语法结构对制度进行深入剖析。作为一种剖析制度的工具，制度语法学是由苏·克劳福德(Sue Crawford)和埃莉诺·奥斯特罗姆共同提出的。他们从语法的角度进行制度分析，以制度陈述作为分析对象，借用 ADICO 构成要素明确区分策略(Strategy)、规范(Norm)、规则(Rule)。他们认为，制度陈述是"被行动者所共享的对其行为或结果进行规定、许可或建议的语言约束，它通常以说、写或其他被共同理解的形式存在于经验设定中"①。

制度语法学认为，有效的制度包括五个要素。一是属性(Attributes)，提供了一个区分制度表达适用对象的变量，既可以是个体层次，也可以是组织层次。二是限定词(Deontic)，规定了行动者可能的行为选择和义务，如允许、义务和禁止等，在制度表述中经常使用可能、必须、应该、不应该等执行短语来安排这些操作者的行动和结果。三是目标(Aim)，指制度要求的行为或者达到的一种结果状态。四是条件(Conditions)，是制度规定行为或结果发生的条件。五是否则(Or Else)，是制度对于不遵守行为的一种惩罚措施，也可将之视为结果要件，表征违背制度的后果。

不同的要素组合结构形成不同的制度层次，即规则、规范和共享策略等三种情境。其中，规则包括全部五个构成要件(即 ADICO 结构)，规范包含除缺乏违约后果外的四个要件(即 ADIC 结构)，策略缺乏后果要件且义务不明确(即 AIC 结构)。结合制度语法学的五大要素，我们就可以对下列 3 个陈述进行分析。

陈述 1：任何机动车驾驶员在路口遇到红灯时，必须停车等待绿灯亮起，否则将构成违章驾驶。

在陈述 1 中，属性(Attribute)是任何机动车驾驶员，限定词(Deontic)是必须，目标(Aim)是停车等待绿灯亮起，条件(Conditions)是在路口遇到红灯时，否则(Or Else)是构成违章驾驶。陈述 1 具备全部五个要件，因此这是一个规则。

陈述 2：任何机动车驾驶员在通过绿灯亮起的路口时，应该确认安全后减速通过。

① Crawford, S. E. S. & Ostrom, E. A grammar of institutions[J]. American Political Science Review, 1995, 89(3): 582-600.

在陈述2中，属性(Attribute)是任何机动车驾驶员，限定词(Deontic)是应该，目标(Aim)是确认安全后减速通过，条件(Conditions)是通过绿灯亮起的路口时。陈述2具备ADIC四个要件，缺乏否则要件(Or Else)，因此这是一个规范。

陈述3：道路上车辆较多时，驾驶不熟练的新手司机在最右侧车道行驶。

在陈述3中，属性(Attribute)是驾驶不熟练的新手司机，目标(Aim)是在最右侧车道行驶，条件(Conditions)是道路上车辆较多时。陈述3具备AIC三个要件，不具备限定词要件(Deontic)和否则要件(Or Else)，因此这是一个策略。

借助制度语法学可以比较明确地对规则、规范与策略进行区分。策略意味着在一定情景之下，某一种策略能够实现其目的。规范与策略相比，它包含着价值判断，强调人们应该或不应该从事某种行为，如做人应该诚实就是一种规范。规则不同于规范(ADIC)与策略(AIC)，它不仅要求人们应该从事某种行为，还意味着违反者需要接受惩罚①。

近年来也有许多学者进行不断的尝试，试图对ADICO进行改进并应用于实证研究当中。阿希姆·施吕特(Achim Schlueter)对策略、规范与规则之间的区分标准提出了质疑，同时尝试用更加细化的标准使得界定边界变得清晰②。泽维尔·巴苏尔托等试图将标准化操作用于实证研究，并用格鲁吉亚堕胎立法案这一案例对ADICO的方法进行检验③。萨巴·西迪基(Saba Siddiki)加入了新的构成要素，并以美国科罗拉多州水产养殖政策为例进行案例研究④。此外，也有学者运用尼泊尔灌溉系统，通过对其使用规则的实证研究进一步验证了ADICO语法规则的有效性⑤。制度语法学通过对政策、规则的语法进行分析，重新归纳制度陈述的类型，分析制度所具有的形式，同时尝试分析这些制度是如何产生了相互作用并影响政策实施效果。这些分析可以帮助研究者从微观视角分析政策话语在政策过程中的重要作用及影响机制。

---

① 王洛忠，都梦蝶.环境政策中的规制机制：基于“限塑令”的制度语法学分析[J].中国行政管理，2020(05)：79-85.

② Schluter A，Theesfeld I. The Grammar of Institutions：The Challenge of Distinguishing between Strategies，Norms，and Rules[J]. Rationality and Society，2010，22(4)：445-475.

③ Basurto X，Kingsley G，Mcqueen K，et al. A Systematic Approach to Institutional Analysis：Applying Crawford and Ostrom's Grammar[J]. Political Research Quarterly，2010，63(3)：523-537.

④ Siddiki S，Weible C M，Basurto X，et al. Dissecting Policy Designs：An Application of the Institutional Grammar Tool[J]. Policy Studies Journal，2011，39(1).

⑤ Bastakoti R C，Shivakoti G P. Rules and collective action：An institutional analysis of the performance of irrigation systems in Nepal[J]. Journal of Institutional Economics，2012，8(2).

二、制度结构和制度层次

从制度表述的要件而言，一项制度表达的规则色彩越浓，被执行的程度越高。因此，有没有惩罚和问责机制，以及惩罚和问责机制适用的确切情境是一项制度被视为规则的关键要件。相比之下，策略缺乏明确的权利义务规定，缺少遵守与违反制度的激励约束机制，往往没有实质上的约束力。

从制度层次而言，日常生活中观察到的许多制度实例往往没有说明明确的后果，这是否意味着这些陈述都是规范？其实不然，因为许多微观陈述是嵌入在更高组织层次的规章制度中。例如，大学里开设的每门课都会提供课程大纲，但是一门课的课程大纲并没有包含参加这门课的所有规则，因为很多一般性的规则在校级和院级层面已经制定了，没有必要在每门课的课程大纲里进行罗列说明。更进一步，学校也要服从教育部的有关规定，这些规定存在于教育部这一层面，适用于全国的每一所大学，并对具体的课程产生影响。如果我们的课程大纲把所有的规则都包括进来的话，那课程大纲将长达几十页甚至更多。

三、制度语法学的应用意义

首先，制度语法学作为一种有效的制度分析工具，提供了制度表达的统一形式。制度研究一直面临一个困境，就是如何将制度具体化、可操作化。制度语法学的价值就在于对制度做出了最基本的区分。制度语法的五个构成要件能够将各种协议类型化为三种基本的制度形式，制度语法构成要件能够将表面上看似相同或相近的协议、章程等进行结构化，方便政策制定者发现其中的规律并进行深入分析。在美国有一个热门的研究话题，就是把美国的法律文本进行严格的格式化分析，即运用制度语法学的分析方法对法律文本进行分解和编码，并揭示法律文本背后的规则特征和强度。

其次，制度语法可以作为一种诊断思路，当组织中的制度无法发挥应有作用时，可以运用制度语法进行诊断分析并找寻原因，根据制度要件判断其完备性和存在问题，在此基础上进行改进并采取有针对性的措施增强实施效力。并且，研究者可以对不同行动情景下的制度进行比较分析，以实现对人类社会复杂的制度体系进行结构化分析，甚至将之纳入计算机分析之中。

最后，制度语法的分析思路嵌套于公共事物治理的分析框架中。运用正式、通用的制度语法性语言，可以进一步归类分析框架中概念、变量之间的结构关系。除了经典的组成部分，社会生态系统框架还可以依据制度语法的思路划分为变量(Variables)、概念(Concepts)、特征关系(Attribution Relationships)、包含关系(Subsumption Relationships)、聚合关系(Aggregation Relationships)、结果矩阵(Outcome Metrics)、过程关系(Process Relationships)。该分类方式的优势在于，更加关注整个社会生态系统的动态互动关系，为新变量和概念的引入提供逻辑依据，而不是僵硬地套用框架[①]。除了SES框架外，制度语法所揭示的嵌套式制度层次是IAD框架的重要内涵之一。在IAD框架中，制度被明确区分为操作规则、集体选择规则、宪法选择规则三个层次。其中，集体选择规则决定了何人以何种方式改变操作规则，宪法选择规则会影响集体选择规则的制定与执行。也就是说，三个层次的规则是嵌套关系，更高层面的规则会影响次一级规则。嵌套式的三层次规则体系进一步揭示了制度体系的复杂性。

第二节　制度演进与制度形塑

一、制度规则的演进

与生物进化类似，制度规则像所有文化现象一样在发展，在制度发展的过程中，会产生新的制度替代方案。通过在新旧方案中进行选择，保留那些能成功适应特定环境的属性组合。制度演进具体表现为新的制度代替旧的制度，这个演化的过程存在于一个规则体系以及特定的情景，当这个体系面临着各种环境的变化，以及它自身的一些要件变化时，就产生了制度演进的需求。这是一个复杂的、渐进的变化过程。

与生物进化不同的是，人类行为主体不是盲目地进行制度变化，而是尝试使用理性和说服力来制定更好的制度规则。因此，人类的制度演进本质上仍然是一种典型的自发秩序，不可能从整体上去设计，但是我们可以去理性地参与，这就是哈耶克所谓的自发秩序。作为一类的制度，政策变化可以理解为是一种基于潜在结果期望的实验，每次试验就是添加规则或更改规则。由于外在生物物理世界的

---

① Hinkel, J., Bots, P., & Schlüter, M. Enhancing the Ostrom social-ecological system framework through formalization[J]. Ecology and Society, 2014,19(3): 51.

复杂性，以及制度规则系统的复杂性，任何制度变迁实验都有可能出错，试错的过程不可避免。

二、制度演进过程和路径

制度演进包括有意识演进过程（Self-conscious Mechanism）和无意识演进过程（Unconscious Mechanism）。前者主要有模仿、外部干预、竞争压力、冲突、学习等，后者则包括遗忘、社会文化上位效应（Sociocultural Epistasis）、语言模糊性等①。对于制度的演进和变化需要关注以下几个方面②。

第一，默认情境。默认情境是在建立任何规则之前的，即没有规则的情境。霍布斯的“自然状态”和加勒特·哈丁的“公地悲剧”或多或少都是基于没有规则的默认情境的假设。一旦尝试建立制度规则，就改变了默认情境。

第二，集体行动舞台下的制度变迁。一旦建立了集体选择舞台，就会有意识地改变制度规则。由于存在大量的潜在制度选择，集体行动者无法完全搜索全部的制度清单，并找出最优选择。相反，集体行动者会根据内外部情境找出相对良好的制度规则。

第三，规则被遗忘或忽略。当缺乏有效的监督和惩罚措施时，违反规定的行动者并不会受到惩罚。久而久之，制度会被更加频繁地破坏，以致最终被遗忘和忽略。

第四，规则模仿。新建立的系统会效仿那些被认为在更成功的系统中运行良好的制度规则。由于忽略了内外部条件的差别，模仿可能导致规则从一个系统到另一个系统之间的水土不服。

第五，规则的不执行和撤销。规则可能通过不执行和撤销早先达成的协议而改变。

第六，对制度含义的解释。并非所有行动者都对制度的含义有相同的理解，对制度的不同理解可能会引发冲突。在存在正规程序可以回应这些冲突，并达成合法解决方案的系统中，可能会因为这些冲突而增加，删除或修改规则。

第七，自然或社会属性的变化。自然物理世界下的气候灾害会对资源系统产

① Ostrom, E., Basurto, X. Crafting analytical tools to study institutional change[J]. Journal of Institutional Economics, 2011.7(3), 317-343.

② Ostrom E. Do institutions for collective action evolve? [J]. Journal of Bioeconomics, 2014, 16(1): 3-30.

生破坏，或经济社会状况的改变亦会对当地居民的行为产生影响，迫使行动者采取措施应对外部冲击。

第八，外部或更高级别的制度变化。上级政府政策的变迁会造成制度的改变。此外，也有可能是外部专家设计并实施了新的制度。

三、制度实现优化演进的条件

人类总是试图使用理性和说服来设计更好的制度，在公共池塘资源的治理过程中，人们通过协商、投票、一致同意等方式设计适合当地的规则体系。然而，制度并非一成不变，需要依据外界环境变化、当地资源条件作出相应调整。一个制度体系如何实现优化的变迁呢？制度实现优化演进有 8 个条件[①]。

一是大多数受影响的参与者在提出规则更改和做出规则更改决策方面都有发言权。

二是系统中的大多数参与者都具有足够大的利害关系，因此他们愿意投资于搜索、讨论和学习以获取更好的选择。

三是利益最相关的参与者的利益取向与提高系统的生产力大致相同。

四是系统内部的流程在构造不同系统间互动的规则中产生大量变化，导致在农业生产力、维持物质资本和收入分配上产生了绩效差异。

五是参与者可以从他们所处的社会和经济环境中学习他人的成功经验和失败教训，如参与者定期召开的讨论会议、当地官员或非政府组织举办的培训会议、当地协会每年联合召开的会议等。

六是参与者制定了一定的规则和程序，以便回顾过去的经验、记录环境变化以及评估可能改进的制度。

七是这些系统处于良好的政治环境中，这种政治环境既鼓励地方自治，又提供监督腐败、解决冲突的机制。

八是当地生物物理环境干扰的发生频率很高，因此参与者可以学习如何应对，而不仅仅是偶尔发生而使参与者措手不及。

---

① Ostrom E. Do institutions for collective action evolve? [J]. Journal of Bioeconomics, 2014, 16(1): 3-30.

第三节 超越万能药与保护制度多样性

一、制度多样性

这个世界上存在着大量的人为灾难，特别是在政策制定和政策执行当中，其中很重要的一个原因就是由于制度的单一性所带来的问题。在过去的几十年中，世界银行等国际机构为发展中国家的农业发展提供了大量贷款和援助，但在公平性、经济收益和农业生产率方面表现不佳。造成这种情况的一个重要原因是专家的傲慢，他们依赖最佳工程计划的简单模型和理想化的“最优”规则集。从制度演进的路径和条件可以看出，制度需要与特定的环境相适应。所以，非洲国家在接受世界银行等国际援助后这么多年以来并没有实现真正的进步和繁荣。归根结底，是因为世界银行开出的药方和当地水土不服，所以制度单一性会带来巨大的危害。中国计划经济时代的弊端本质上也是制度单一性导致的。我们试图用一种规则、一种生产凡是让整个社会都适应是不切实际的。制度本质上应该是像生物一样的多样性，就像世界上不存在两片相同的树叶、不存在两个完全相同的人，也不存在着两套完全相同的制度体系。

制度单一性的思维已经让人类付出巨大代价，应当向制度多样性的思维转变。为了使制度得以有效地发展，制度演进存在以下的过程：一是产生多样性；二是根据特定环境中的绩效选择制度；三是保留在效率，公平性，问责制和可持续性等标准方面表现更好的规则。

制度多样性是埃莉诺·奥斯特罗姆晚期的重要学术思想。理解制度多样性，首先要理解当代生活状况的多样性。在现实生活中，我们每天都会进行大量的日常行为活动，例如开车、购买水果、打球等。我们对这些行为习以为常。但实际上，这些行为在不同的环境下，隐含着不同的制度安排。例如：在北京早高峰开车或周末在京郊兜风；在大型超市买水果或在街边集市买水果；和同事进行球类比赛或和家人打球[①]。人类社会中存在着多种多样的制度，这些制度安排存在的逻辑是否能与当地的环境相匹配？制度匹配的情境变量要考虑：自然条件、社会经济条件、制度条件、相关背景。由于不同社会在这四个方面不会完全相同，因此

① Ostrom, E. Understanding institutional diversity [M]. Princeton University Press, 2005.

相匹配的制度也体现出多样性。

人与人之间的多重互动也塑造了制度的多样性。反过来，制度的多样性加剧了人类互动的复杂性。不断重复的人类行为使很多的规章制度已经成为潜在意识并得到自觉遵守。而随着技术的发展，人类互动不断突破时空限制，随之而来的是制度朝着多元和复合的方向进一步发展。无处不在的制度在规范人类活动行为的同时，降低了不确定性以及交易成本，使复杂的人类行为有迹可循。

埃莉诺·奥斯特罗姆认为，制度是非常复杂的，制度看不见，有很复杂的构建关系，制度又是多种多样的。她将制度的多样性比喻为生物多样性。她发展的IAD框架和SES框架，实际上都是识别制度多样性的语言和工具。她还认为，我们应当保护制度多样性，就像保护生物多样性一样。现实的社会很复杂，而我们的头脑就想得很简化，我们头脑中是简化的世界，而按照头脑中简化的世界去改造复杂的现实世界，很可能是危险的。过去的理论，很少有理论帮助我们认识制度多样性，而她的理论为我们提供了一种可能，能够去认识这种多样性。特别是她发展分析人类制度选择及行为的通用语言的努力，打破了学科边界，开辟了可行的道路。

二、警惕“万能药陷阱”与超越万能药

国家所有制、私人所有权、社区控制等干预措施都曾被认为是解决某一类社会问题的万能药。对简单解决方案的迷信和盲从也带来了很严重的后果。在过去，公共管理者和相关学者曾尝试为社会治理寻找简单的解决方案，但在复杂的社会生态系中寻找“万能药”式的政策是具有误导性的。为此，也有一些学者提出了反思。戴维·科尔滕(David C. Korten)认为，为解决社会问题而寻找蓝图式的解决方案是危险的，决策者应不断学习过程而不是寻找终极解决方案[①]。卡尔·沃尔特斯(Carl Walters)提出，对当代的复杂系统的分析中应强调自适应管理[②③]。社会系统中的问题往往是系统问题，其中行为的各个方面是复杂且难以预测的，

① Korten D C. Community organization and rural development: A learning process approach[J]. Public Administration Review, 1980: 480-511.

② Walters C J. Adaptive management of renewable resources[M]. Macmillan Publishers Ltd., 1986.

③ Walters C J. Challenges in adaptive management of riparian and coastal ecosystems[J]. Conservation Ecology, 1997, 1(2).

这些问题往往是非线性的，且具有演进的特征[①]。埃莉诺·奥斯特罗姆超越万能药的思想启发我们，特定制度的成败取决于这些制度与当地的条件是否匹配，需要增进对复杂和多样性制度的理解和保护。正如医学中，不同的疗法组合可能影响处方的效果，政策干预组合也可能在复杂的社会生态系统中有不同的效果。不同的问题有不同的切入视角，以及不同的关键影响因素。因此，明确具体的问题，是设计、研究、分析和提出政策建议的前提。

为什么要"超越万能药"呢？本质原因在于现实世界是一个非常复杂的系统。埃莉诺·奥斯特罗姆学术思想的深层次内涵，就是提醒我们要直面复杂的世界。具体来讲，第一，要接受一个复杂的世界，就是承认现实世界是复杂的，我们得接受它，而不是试图去简化它。第二，我们要理解复杂世界，要试图去理解它，不能因为我们不理解就说它是错的，存在必然有合理性。第三，如何来诊断复杂世界，社会科学提供了各种各样的分析工具，为诊断复杂世界提供了各种途径。第四，在诊断的基础上来治理复杂世界，科学的诊断提供了对复杂世界机制的理解，在理解复杂世界的基础上就有可能正确改造现实世界。

近现代西方发展的哲学基础是科学主义。它假定现实世界是有规律，是可以认识的，然后用专业化的手段，用各种各样的分析工具去认识和改造。以中国为代表的东方智慧经常提到"具体问题具体分析""一把钥匙开一把锁""到什么山上唱什么歌"，这些强调因地制宜、因时而异的做法，本质上是基于经验主义的。埃莉诺·奥斯特罗姆的制度多样性理论，启发我们既要综合科学主义和经验主义，也要根据特定情景采取具体的治理方式。具体来讲，为解决超越万能药的问题，埃莉诺·奥斯特罗姆最终开发了诊断复杂社会的社会生态系统(SES)框架。这个分析框架，不仅认识到诊断社会问题的复杂性和难度，可以识别影响不同治理体系下参与者的激励和行动的变量组合；还有助于厘清复杂的社会生态系统结构，以便了解特定的解决方案如何有助于改善问题。同时，埃莉诺·奥斯特罗姆强调，随着时间的推移，解决方案可能会以不同的形式起作用，参与者需要学习和适应这些变化[②]。

---

① Berkes F, Folke C. Linking Social and Ecological Systems [M]. Cambridge Univ. Press, 1998.

② Ostrom E. A diagnostic approach for going beyond panaceas [J]. Proceedings of the National Academy of Sciences, 2007, 104(39): 15181-15187.

三、超越万能药的现实意义

实际上人类社会主要从事两类活动，一类是认识世界的活动，另一类是改造世界的活动。认识世界的基础，对于自然界就是自然科学，对于社会就是社会科学。改造世界对于自然科学就是自然技术，其实就是工程技术。对于社会科学实际上就是社会技术，利用法律、政策、管理各种各样的方式改造社会，这叫社会技术，类似于工程技术，是改造社会的技术。从目前的情况来看，自然科学为自然技术，就是工程技术提供了非常有力的支撑，所以我们科学技术发展非常迅猛。而社会科学的发展是相对滞后的，支撑的社会技术也非常薄弱。现实世界的复杂性和动态性决定了社会科学和社会技术的发展面临更大的困难和挑战。因此，需要把理论和经验进行有机结合，特别是要结合本地或本部门的情况，来从事实际的管理工作，包括制定和执行各种各样的社会政策。在制定政策的过程中一定要慎重，要反复地研究和权衡，还需要在政策实施后根据情况不断修正和调整。

在中国的公共管理领域，可能也包括更广泛的社会科学界，存在着一个深刻的思想危机，与当年文森特·奥斯特罗姆在《美国的公共行政危机》一书中提到的情形类似，这个危机突出表现为思想的贫困、理论的贫困和政策的贫困。公共政策是一类针对具体公共问题、主要由政府制定的制度。解放思想、实事求是、与时俱进、不断创新，既是中国发展道路的精髓，也将成为公共管理学科发展的基本价值取向。

关键术语

制度语法学　制度演进　制度多样性　制度结构　超越万能药

思考题

1. 在课堂上可能使用到的规则，用制度语法学来衡量，哪些可以归为规则，哪些是策略或规范？

2. 你经历过哪些制度的变化和演进？这些制度演进的结果如何？

第九章

公共事物治理的实地研究方法

社会科学的研究方法多种多样，并在不断地快速发展中。公共事物治理的研究方法与社会科学研究并没有本质区别。但需注意的是，不同的方法有着各自的优缺点，适用于不同的研究情境，在实践中拘泥于单一方法的方法论取向并不可取。因此，公共事物治理学科的方法论体现出鲜明的共同合作的特色，即多元方法的有机合作，灵活运用各种方法服务于特定研究问题和研究对象。

第一节　公共事物治理研究的方法论特色

社会科学研究有很多种方法，比如个案分析、多案例研究、大样本数据分析、荟萃分析、模型研究、实验室技术等。可以说，社会科学的历史就是一部方法论不断发展变化的历史。社会科学研究方法的早期主流是定性研究。从 20 世纪初期到中叶，定量研究取代了定性研究的主流地位。到 20 世纪后期，基于模型的研究也大量出现。不同研究方法之间优劣的比较与讨论，推动了 20 世纪末以来研究方法的发展，包括定量技术的改进、多元方法的结合、后实证主义方法的推广等[①]。

一、社会科学研究中的方法论挑战[②]

在社会科学研究方法不断发展的同时，学者们也一直在关注不同研究方法的对比和优劣。其中研究者们特别关注的问题包括：何种研究可以被认为是对社会现象的良好解释？如何评价相互竞争的理论解释？哪些标准可以衡量实证研

① Poteete A R, Janssen M A, Ostrom E. Working together: collective action, the commons, and multiple methods in practice[M]. Princeton University Press, 2010.

② Poteete A R, Janssen M A, Ostrom E. Working together: collective action, the commons, and multiple methods in practice[M]. Princeton University Press, 2010.

究的质量？与社会政策领域相关的科学研究应当如何开展？对于这些问题，一部分学者形成了一定的共识：对社会现象的解释应当具有一般性，并且应做到精准、明确；实证证据应当与理论密切相关，并明确理论与实证的关系与作用机制；符合理论预期的实证证据可以增强研究结果的可信度等等。

尽管许多学者的工作存在明显的交叉和共同基础，但学者之间关于方法论的分歧依然非常突出。同时，社会科学研究中还充斥着方法运用不当的例子，例如一些学者不管是否适合特定的研究项目，都不加区别地应用某一特定方法，这也在一定程度上加剧了方法论的分歧。甚至，即使能够实现研究目标、理论、数据和方法之间的协调，也并不能保证研究实践的质量。因为每种方法都可能存在自身的局限性：定性研究夸大了特定案例的独特性或普遍性，未能充分利用文献中的相关概念和理论，往往也不能很好地处理多维度的概念；定量研究会受到数据质量的制约，而且并不总能进行恰当的诊断检查或技术修复；模型研究通常没有解决假设和现实之间的差距。总而言之，不存在完美的研究方法，每一种方法都存在应用上的问题。

不加甄别地应用某一种方法的行为固然不可取，但也不应该因为不适应特定的条件或研究目的就完全拒绝。对社会科学的学者来说，重要的是要认识到所有方法所产生的结果都可能带有一定程度的不确定性。由于所有方法都存在一定的局限性，学者们应该更加留意这些局限性，并对研究的过程和方法保持透明。更进一步地说，没有哪一种方法可以满足研究者的所有标准和要求，因此为了克服单一方法的局限性，需要将多种方法进行集成并综合应用，通过多种方法结合互补而开展的研究将优于依赖单一方法的研究。

二、共同合作的方法论特色

公共事物治理研究中使用的方法和社会科学研究中普遍使用的方法没有本质区别，社会科学研究中的各种研究方法在公共事物治理研究中也都在被频繁使用。但同时，公共事物治理研究范式也有自身的方法论特色。埃莉诺·奥斯特罗姆等认为，不同的研究方法之间并没有高下之分，而且这些方法是可以集成的，社会科学的学者需要根据特定的研究问题而引入特定的研究方法。因此，公共事物治理研究的方法论特色就是不拘泥于单一方法，而是灵活地运用各种研究方法为研究对象和研究目的服务，甚至同时使用多种方法，实现多元方法的共同合作。

以埃莉诺·奥斯特罗姆的研究为例，在她50多年的研究中，采用过各类研究方法。在埃莉诺·奥斯特罗姆学术生涯早期，20世纪50年代埃莉诺·奥斯特罗姆完成关于加州地下水研究的博士论文，采用的就是非常典型的个案研究。20世纪60年代开始，奥斯特罗姆夫妇研究警察服务时，采用了典型的定量研究方法，包括很多统计和计量的技术。在埃莉诺·奥斯特罗姆的《公共事物的治理之道》一书中，使用了多案例比较的方法。20世纪90年代后，埃莉诺·奥斯特罗姆的研究方法开始转向实验方法，较早利用实验技术开展公共事物治理研究，对社会科学实验技术的发展作出了开创性的贡献。此外，基于模型的研究在埃莉诺·奥斯特罗姆的研究中也有所应用，尤其是以博弈论为基础的相关模型。可以看到，归纳和演绎两种社会科学研究的基本思维，在埃莉诺·奥斯特罗姆和公共事物治理研究中都有广泛的应用。

埃莉诺·奥斯特罗姆用她本人关于公共池塘资源的研究，展示了这种方法集成的可能性。她在所提出的分析框架下，运用上述提到的各种研究方法，支撑了她的自主治理理论的发展。埃莉诺·奥斯特罗姆多元方法论思想，体现了她全局观念和宏观视角。这种全局观念和宏观视角从提出IAD框架和SES框架等作为一般性共同语言和分析框架的努力，再到跨学科的研究背景，一直延伸到多元方法论的思想，目的是对研究问题进行全局性的诊断。

三、多元方法的挑战和合作研究[①]

多元方法形式多种多样。研究人员可能会使用不同的方法来解决不同的研究问题，或者不同的方法可以应用于同一个研究项目的不同阶段。越来越多的学者尝试在每个研究阶段使用两种或两种以上的方法。同时也要看到，多元方法共同合作的道路也面临很多困难和挑战，多元方法的共同使用并不一定就是最好的研究方法，还有一些学者质疑多元研究方法的实际互补程度。此外，多元方法应用的可行性也面临一些限制和困难。

现实中，并不是所有方法都可行，也不一定都适应于研究课题。即使方法可行且适合于具体的研究课题，也需要准确掌握不同的方法才能真正体现多元方法的价值。然而，掌握任何一种方法都需要研究者付出巨大的时间和精力成本。伴

① Poteete A R, Janssen M A, Ostrom E. Working together: collective action, the commons, and multiple methods in practice[M]. Princeton University Press, 2010.

随着方法论的发展，研究方法也都变得越来越复杂，因而掌握多元方法也变得越来越困难。而且目前的学者职业发展制度与环境，也更多地激励研究者尤其是处在职业早期阶段的研究者，从事能快速产出结果的研究而不是长期研究项目，并且强化了学者的研究方向越来越专业细化的趋势。

应对多元方法困难的一个重要途径是开展学者间的合作研究。合作研究可以兼顾专业性和多元性，通过互补提高方法应用的可靠性。2010 年，埃莉诺·奥斯特罗姆等人出版了一本关于方法论的著作，名字叫作《共同合作：集体行为、公共资源与实践中的多元方法》(*Working Together: Collective Action, the Commons, and Multiple Methods in Practice*)。埃莉诺·奥斯特罗姆本人对这个名字非常满意，因为这个名字充分体现了布卢明顿学派的方法论特色和学术思想。“Working Together”的含义是指研究中应该综合采取各种研究方法，通过多元方法的共同合作帮助研究者解决研究问题。而共同合作的另一层理念则是希望研究者可以开展合作研究，通过研究者之间的合作，共同攻克研究中的难题。尽管研究者面临的职业激励在一定程度上限制了合作研究的开展，但在公共事物治理研究领域，目前学者间的合作研究正在蓬勃发展。

以下介绍的案例研究方法包括单案例研究和多案例研究、大样本定量分析、荟萃分析等方法，都在公共事物领域有较为广泛的应用。这也体现出埃莉诺·奥斯特罗姆等研究者并没有一定的研究定式，而是根据特定的研究目的，综合运用多种方法的思想。

第二节　案例分析

案例研究是指一种集中关注单个案例，以深入了解更广泛案例的因果关系的研究方法。对个案的详细分析可以建立概念和理论、识别一般关系的局限性、反驳确定性假说、通过案例内部的比较控制混杂效应、厘清因果过程，特别适合于解释复杂过程[①]。案例研究最重要的学术价值就是可以建构理论，尤其在一个研究领域的发展初期，通过案例研究可以更好地理解因果机制，建构理论基础。案例研究是理论建构的出发点，诸如定量分析等其他研究方法都需要在其理论基础上

---

① Poteete A R, Janssen M A, Ostrom E. Working together: collective action, the commons, and multiple methods in practice[M]. Princeton University Press, 2010.

开展研究。在公共事物治理研究中，案例研究长期以来都是最主流的研究方法之一。

一、案例研究的特点

案例研究是一个对界限相对清晰的现象或事件类别的深入研究。案例研究通常涉及许多层次的分析，具有不同的分析单元，但每一层次的分析都与一个核心问题有关，这个核心问题定义了主要的分析单元。对于公共事物领域的集体行动，核心分析单元可以定义为集体行动的潜在参与者或集体行动的目标对象。典型案例对象包括自然资源系统(如森林、牧场、流域)；政策单位(如村庄、地区)；与自然资源相关的社会群体(如行动者群体)。对于某些案例研究，集体行动的对象是指特定类型的任务，例如参加会议、保护共享资源、维护公共基础设施等[①]。

案例研究中的数据收集通常需要访谈、焦点小组、参与者观察和档案研究。案例研究也经常涉及调查研究或其他数据收集技术。例如，与自然资源管理有关的研究可能会通过航拍照片或卫星图像，以获取关于资源状况的信息。公共事物领域的案例研究经常会借助于类似的多样化分析技术，包括结构化比较、过程和结果追踪、话语和身份解释。大多数关于公共资源集体行动问题的相关案例研究都依赖于深入的实地研究，从而发现其中非正式和未被记录的制度安排。

有很多因素会影响案例研究方法的实际应用，其中最重要的是数据可得性、数据一致性、实地研究的难度，以及对特定知识和技能的需求。由于案例研究的价值取决于对案例的深入了解程度，研究人员必须掌握必要的数据收集方法，例如档案研究、参与者访谈和观察，以获得丰富的案例观察素材。

收集案例数据的成本取决于是否已有一手相关数据、相关数据的可得性，以及收集原始数据的难度。尽管互联网技术大大降低了收集数据的难度，但仍然有很多研究问题不能获取现成数据。涉及非正式制度、次国家主体、非精英群体的相关数据尤其难以获取。因为这些数据往往不被重视，相关部门也很少会完整调查和发布这些数据，而且非精英群体往往对信息调查和共享非常谨慎。在这种情况下，实地研究或档案研究就很有必要。而实地研究的成本取决于当地语言培训和特定地点的交通通信问题、社会和政治环境的开放度等实际问题。研究问题的

---

① Poteete A R, Janssen M A, Ostrom E. Working together: collective action, the commons, and multiple methods in practice[M]. Princeton University Press, 2010.

性质也会影响实地调查的强度，研究者如果要收集非正式或特定环境下的变量，就需要对当地的情况有更深入的了解。

二、案例研究的优缺点

案例研究的优点主要包括以下几个方面①。

1. 对案例进行细致的分析

案例研究适用于开展探索性研究和评价性研究。案例研究对数据性质和潜在因果假设的要求较低，建议以开放调查的方法对观察对象及其关系性质进行研究。通过对案例进行细致的调查和分析，可以找到概念上重要的区别，理解复杂关系并追踪事件的后续发展。这种细致分析有助于概念和理论的发展，并提高了研究的内部效度和数据质量。

2. 有助于理论检验

案例研究本质上是把复杂的关系放在放大镜下，并解开其中紧密交织的关系。通过这种方式，可以更清晰地呈现出不同概念与现象之间的区别，对不同维度有更好的理解，并建立更多的条件性假设。

3. 反思过度简化

对案例的深入研究通常可以揭示反常现象、多重关系，并对过度简单化的关系提出质疑。对异常结果的分析可以促进关键概念和分析框架的完善，以及不同假设的发展。不一致的观察结果也提出了因果异质性的可能性，即不同的原因可能导致相同的结果。对案例的细致研究有助于对相关性背后的因果过程的追踪。

另一方面，案例研究也存在一些不足：

1. 有限的外部效度

由于一小部分案例不能完全代表更广泛的总体情况，因此案例研究的结论往往缺乏外部效度。此外，案例研究的结论很难复用。缺乏外部效度使得案例研究

① Working together.

方法在科学研究中受到批评。

2. 选择性偏差

如果观察到的案例不能准确地代表因变量或自变量的变化，则样本是有偏差的。选择性偏差会导致过高或过低的估计结果。在集体行动问题研究中，由于两种潜在的选择偏差会导致研究偏误：第一，许多学者更愿意分析成功的案例而不是失败的案例；第二，失败往往来自于消极的不作为，而不是积极的作为，因此更难找到和评估失败的案例。

3. 不确定性

案例研究的结果可能具有不确定性，即同一个结果可能符合多个理论预期，并不能真正令人信服的检验某个理论。在个体的策略性互动和环境影响下，可能会出现偶然关系或一果多因关系，从而降低现实社会的规律性。

三、公共事物治理的案例研究

小样本案例研究，尤其是单案例研究，是公共事物治理研究的重要传统方法。公共事物的案例研究传统，始于埃莉诺·奥斯特罗姆在 20 世纪 50 年代完成的博士论文。她的博士论文研究加州地下水的超采和治理问题。当时在半干旱的南加州，当地可再生水资源供应有限，不同季节的降水不可预测，地表水流量不稳定。南加州持续的农业发展和城市化在很大程度上依赖于雨水、从其他河流引进以及地下水的使用。对于大多数土地所有者和供水者来说，使用地下水是最容易和最便宜的选择，因此地下水的使用在整个南加州迅速增加。最终，在每个开发地区的地下水流域，每年的地下水使用量超过了可再生产量，由此产生了公共池塘资源的过度占用问题。埃莉诺·奥斯特罗姆当年通过自驾在南加州进行了大量的实地调查和采访，完成了对加州地下水案例研究的博士论文。

案例研究不仅是公共事物治理研究的传统方法，长期以来一直也都是相关研究文献中的主流研究方法。《共同合作》一书整理了 1990 年到 2004 年之间的公共事物研究文献。通过对这期间 172 篇文献的梳理和统计，可以看到样本数量在 30 个以下的小样本研究始终是主流。从表 9-1 可以看到，在 20 世纪 90 年代小样本研究在全部研究中占到 83.9%，其中单案例研究就占到了总量的 58.9%。进入

21 世纪后，小样本研究占比有所下降，但仍占到 76.7%(单案例研究占比38.8%)，仍是公共事物研究的主流。总体来看，小样本研究在全部公共事物文献中占到 79.1%(单案例研究占比 45.3%)，是应用最广泛的研究方法。

表 9-1　小样本与大样本研究的数量与频率分布

样本规模	1990—1999 年	2000—2004 年	合计：1990—2004 年
小样本研究/个 (少于 30 个样本)/%	47 83.9	89 76.7	136 79.1
大样本研究/个 (多于 30 个样本)/%	9 16.1	27 23.3	36 20.9
合计/个	56	116	172

资料来源：Poteete A R, Janssen M A, Ostrom E. 2010.

案例研究对公共事物治理研究尤其是集体行动问题研究作出了重要贡献，并推动了相关理论的构建。其中最重要的贡献包含三个方面：产权与占用权保障；影响集体行动的群体特征；影响集体行动的资源特征①。

产权与占用权保障：在哈丁的理论中，产权是解决公地悲剧的必备要素。但是过去的案例研究从三个方面挑战了这一观点。第一，通过大量案例研究证明了即使不存在明确的私人产权或国家公有产权，也可能出现公共资源的持续使用。第二，很多案例强调了占用权而非产权的重要性以及当地资源使用者监督和执行集体决策的能力。第三，案例研究的证据表明，即使定义清晰并得到强制执行的产权也不能保证公共资源的可持续性。这些案例研究识别出了产权以外的影响公共事物治理的各种政治、社会和经济因素，为理论发展作出了贡献。

群体特征：传统理论认为群体规模和异质性是影响集体行动的关键因素。但是，不同的案例研究表明，群体规模并不会直接影响集体行动，其作用取决于集体行动的目标和复杂的社会互动，而且这些目标和互动本身又是多个变量之间复杂互动的结果。关于群体异质性的结论与群体规模类似：在不同的情景下，群体异质性会以不同方式影响集体行动。

资源特征：自然资源的特征会影响生态复杂性和集体行动能力。案例研究提高了对生态复杂性的认识，并指出了传统理论中对资源特征的假设过度简化的

① Poteete A R, Janssen M A, Ostrom E. Working together: collective action, the commons, and multiple methods in practice[M]. Princeton University Press, 2010.

不足。

案例研究为公共事物治理研究的理论发展和检验作出了巨大贡献。另一方面，案例研究结果的多样性也提出了新的研究问题，即为何在不同的案例中，集体行动的发起和结果会存在差异。对少数案例的细致研究可以厘清复杂关系，并有较高的内部效度，但这些案例研究的外部效度则比较有限。

对少数案例的集中关注提高了对概念效度的可靠程度，使过程跟踪和多层次分析成为可能。但同样也要看到案例分析的不足，而其他方法的优势可以弥补案例分析方法的不足，从而提高研究的外部效度①。通过不同方法的结合可以更好地为研究目的服务，接下来的章节将介绍具有更好的外部效度的实证方法。

第三节　大样本研究

一个研究领域的发展，常常伴随着研究方法从案例研究向大样本研究的转变。公共事物治理中案例研究的积累也增加了进行大样本研究的必要性。尽管在公共事物领域进行大样本研究有独特的价值，而且采用这种方法开展的研究比重也在不断提高，但总体上大样本研究由于受到一些限制，在过去并没有得到足够的发展。

一、公共事物治理的大样本研究应用②

在《共同合作》一书中收录的1990年至2004年间发表文章中，只有较少一部分运用了大样本的比较研究。不仅使用大样本分析的文章占比相对较小，而且大多数的大样本研究都仅仅从有限地理区域收集个人或家庭层面数据。这表明研究者在很多时候其实是在地理范围和观测样本数量之间进行取舍。

总体上看，书中收录的研究共有36篇文章是大样本研究，只占全部172篇研究的五分之一。随着时间的推移，大样本研究的比重略有增加，但在统计上并不显著。不过如表9-2所示，虽然只有较小比例的一部分文献应用了大样本研究方法，但这些文献中的样本数量通常远大于30这一划分界限，36篇大样本研究文

---

① 具体应用情况请见表9-1和表9-2。

② Poteete A R, Janssen M A, Ostrom E. Working together: collective action, the commons, and multiple methods in practice[M]. Princeton University Press, 2010.

献中有22篇样本数量超过100。而且样本数量超过100的文献在15年期间的增长速度显著高于大样本研究的文献总和。

表9-2 不同观察值研究的数量与频率分布

样本个数	1990—1999年	2000—2004年	合计：1990—2004年
1	33 58.9%	45 38.8%	78 45.3%
2	4 7.1%	12 10.3%	16 9.3%
3～5	4 7.1%	13 11.2%	17 9.9%
6～10	3 5.4%	8 6.9%	11 6.4%
11～29	3 5.4%	11 9.5%	14 8.1%
30～99	4 7.1%	10 8.6%	14 8.1%
100个以上	5 8.9%	17 14.7%	22 12.8%
合计/个	56	116	172

资料来源：Poteete A R, Janssen M A, Ostrom E. 2010.

另外，大样本研究中，样本涉及的地理范围通常比较有限。总体上，研究的地理范围和样本数量呈强烈的负相关关系：如表9-3所示，在全部172篇文献中，超过四分之三的研究都以次国家级样本为研究对象，而这一比例在大样本研究中则更高。36篇大样本研究只有1篇对国家级别的样本进行研究，次国家级样本比重达到97.2%。一般来说，只有当样本数量的增加扩展了样本的总体范围时，大样本研究才有助于提高研究的外部效度。观测数量和地理范围之间的负相关意味着外部效度的提高可能很有限。

表9-3 1990—2004年期间根据地理范围划分的研究类型

研究类型	地理范围			合计
	次国家研究	国家研究	跨国研究	
小样本研究数量/个	98	29	9	136
列百分比/%	73.7	96.7	100	79.1
行百分比/%	72.1	21.3	6.6	—

续表

研究类型	地理范围			合计
	次国家研究	国家研究	跨国研究	
大样本研究数量/个	35	1	0	36
列百分比/%	26.3	3.3	0	20.9
行百分比/%	97.2	2.8	0	—
合计/个	133	30	9	172
百分比/%	77.3	17.4	5.2	100.0

资料来源：Poteete A R，Janssen M A，Ostrom E. 2010.

1990—2004年间是公共事物治理研究领域对集体行动关注迅速增加的时期，其间发表的论文数量从1990—1994年期间发表的8篇、1995—1999年期间发表的48篇，增加到2000—2004年期间发表的116篇。根据一些学者的观点，这期间研究和理论的发展应该带来更多的大样本研究应用，但实际中的研究应用并不完全符合这种预期，这说明这种研究方法的实践应用可能比很多学者预期的更加困难。

二、大样本研究应用的限制因素

总的来看，以下两个因素制约了大样本研究在公共事物治理中的广泛应用①。

1. 数据收集成本

数据收集的成本取决于所收集数据的性质及其可得性。一些政府保留了参与自然资源管理的注册团体名单，例如墨西哥的灌溉系统的历史记录详细记载了某些地方和时期、自然资源利用的规则和资源利用及产出的实际模式，以及关于对集体行动的潜在影响的信息，例如人口变化。然而在很多情况下，书面记录缺失、数据更新不及时、仅反映正式规则而不能体现实际做法等问题屡见不鲜。即使存在可靠的数据记录，通常也只涉及国家内部即次国家级的信息。而且，研究集体行动的数据收集通常需要长时间的实地工作以获得受访者的信任，并掌握能够理解当地非正式制所需的知识，但是学习这种知识和当地语言技能的人力和时间成本也非常高。

① Poteete A R，Janssen M A，Ostrom E. Working together：collective action，the commons，and multiple methods in practice[M]. Princeton University Press，2010.

考虑到数据收集中的困难限制了大样本研究的应用。研究者很难建立足够大的数据库来开展包含大量变量的研究。因此数据收集的成本往往要求研究者在变量数量和类型与样本数量之间作出取舍。

2. 研究设计和抽样

研究总体对象基本信息的可得性受限和信息收集成本也增加了研究设计和抽样的难度。大样本研究需要通过有代表性的样本实现较好的外部效度，但是如果不能准确掌握研究总体的基本信息，外部效度就很难得到保证。例如当研究总体是高度异质性时，需要比同质性总体更多的样本才能有足够的代表性。如果不能充分了解研究总体，就不能确定样本的代表性。因此，缺乏对集体行动相关的总体的基本描述增加了研究者分析和抽样的难度，也进一步提高了数据收集成本。

三、合作研究

考虑到定量研究面临的实际困难，大样本研究尤其是大型跨国的研究超出了单个研究者的能力范围。为了应对这一研究挑战，公共事物领域的研究者们选择了两种不同的策略，其中一种策略是将在下一节介绍的荟萃分析方法，而另一种策略则是展开学者间的合作研究，合作研究不仅可以实现多元研究方法的兼顾，也是开展大样本研究的有效途径。

实地收集数据是获取具有高质量可比较数据的可靠方法，但由于时间和资金的限制，研究者往往需要在变量数量和类型、数据质量和样本数量之间进行取舍权衡，高质量的数据往往只能包括一两个国家或地区的样本。但通过学者间的合作，研究者就可以调动更多的资源、实现样本数量和数据质量的兼顾[①]。

在公共事物治理研究领域，目前学者间的合作研究正在蓬勃发展。根据《共同合作》一书的统计，从20世纪90年代到21世纪初，公共事物集体行动研究领域合作研究发表的论文占比快速上升，从20世纪90年代的5.4%上升到21世纪初的20.7%。而且学者间跨国、跨界合作的比例也越来越高。而且随着研究者数量的增加，大样本研究的占比也显著提高：单一作者完成的研究只有12%属于大

① Poteete A R, Janssen M A, Ostrom E. Working together: collective action, the commons, and multiple methods in practice[M]. Princeton University Press, 2010.

样本研究，而多人合作的研究则有27.8%为大样本研究。不过在实际应用中，合作研究并不一定能显著提高研究样本的覆盖范围：在很多情况下，合作只是在对同一个国家有共同兴趣的学者之间展开，而不是在不同国家研究相同问题。

合作研究的另一个趋势是大型合作研究项目的兴起。大型合作研究项目包括组织之间的合作（通常是大学或研究中心之间的合作）、大型研究网络、由政府或国际组织资助的项目等，其中后两者的研究文献数量增长迅速。目前在公共事物领域，国际林业资源与制度（International Forestry Resources and Institutions，简称IFRI）研究网络项目是规模最大、合作程度最高的大型研究项目之一，是公共事物治理合作研究的典型代表①。

IFRI项目是公共事物研究的高峰，由埃莉诺·奥斯特罗姆于1992年发起。当年时任联合国粮农组织（Food and Agriculture Organization，简称FAO）森林、树木与人口项目总监玛丽莲·霍斯金斯（Marilyn Hoskins）联系到了印第安纳大学制度分析与公共政策研究所，希望可以将研究所的一些早期研究项目进行修改，从而兼容对森林资源的研究，这促成了IFRI项目的成立。IFRI项目成立之后在埃莉诺·奥斯特罗姆和印第安纳大学协调领导下运行了14年。2006年，IFRI项目的行政中心迁至密歇根大学自然资源与环境学院，目前由阿伦·阿格拉瓦尔（Arun Agrawal）负责协调。

IFRI研究网络专注于研究治理方式如何影响森林及以森林资源为生计来源的群体，以帮助决策者和森林资源使用者有根据地设计和改进森林资源管理政策。IFRI项目不同于早期印第安纳大学开发的研究项目，它主要依托于新的实地调查而不是利用已有的二手研究。

IFRI研究网络由14个联合研究中心（CRC）组成，这些研究中心分布在全球各地，包括非洲、亚洲、拉丁美洲和北美洲的12个国家。项目组研究人员以同样的方法研究世界各国的森林治理，以确保各研究中心间的数据可以进行跨时间和跨空间的比较，收集的数据包括森林环境的生物物理指标、森林使用者的人口与经济指标，以及影响森林资源利用的制度安排等。研究人员每隔3～5年会对现有的森林点重新进行研究，通过多国家的反复研究形成规模庞大的数据库。截至2020年底，该项目的数据库已包含18个国家超过500片森林的信息。

---

① Poteete A R，Janssen M A，Ostrom E. Working together：collective action，the commons，and multiple methods in practice[M]. Princeton University Press，2010.

IFRI项目通过学者间的大规模合作提高了研究的样本和数据的质量、规模和可比较性。此外，虽然在项目运行后的很长时间里，研究仍是以单一国家数据为主，但随着时间的推移，IFRI项目开展的跨国研究不断增加，其大规模协作的优势逐渐凸显。

第四节　荟萃分析

一、荟萃分析的特点

除了合作研究之外，研究者选择的另一种策略就是利用现有研究成果展开荟萃分析[①]。荟萃分析(Meta-Analysis)也被称为"元分析"或"分析的分析"，是对现有的研究和数据进行整理、编码和分析。与传统综述性研究不同，荟萃分析运用系统性策略整合从现有研究中得到的数据，并减少了偏误的影响。荟萃分析可以系统地整合大量的不同研究，并且能解释不同文献之间互相矛盾的结论。自20世纪80年代以来，荟萃分析在医学、心理学和教育领域迅速传播。在这些领域中，荟萃分析通常用于从实验或准实验研究中产生的数据计算特定处理变量的平均效果。荟萃分析通常对原始研究中的研究设计没有要求，但也有学者对这种不要求原始研究设计的做法提出了警告。

在公共事物研究领域，学者将荟萃分析定义为对现有研究的结构化分析，包括对来自现有研究的数据和特征进行系统编码。临床科学中的荟萃分析常用于计算定量研究的平均效应，但公共事物尤其公共资源相关的荟萃分析则需要综合不同案例研究的结果，这种分析并不是用来计算平均效应，而是评估理论和模型。

荟萃分析的优势在于具有较高的分析效率，同时数据收集成本较低。由于公共事物研究在传统上高度依赖案例研究，大量既有研究可以为荟萃分析提供丰富素材。荟萃分析可以从现有研究中更好地分析相互矛盾的结论，并且比案例研究有更好的外部效度。另一方面，公共事物领域的荟萃分析也面临两个挑战：第一，从不同背景、研究问题和理论角度的多样化文献来源中，并不容易找到确定一致的衡量方法。第二，可用的案例研究可能并不能构成一个有代表性的样本。例

① Poteete A R, Janssen M A, Ostrom E. Working together: collective action, the commons, and multiple methods in practice[M]. Princeton University Press, 2010.

如如果荟萃分析的文献来源是已经发表的研究，而忽略了未发表的研究，这种样本可能会是有偏差的。不过，即使荟萃分析的样本不具有代表性，也可以从现有研究的相关性中得到规律性认识，并指导未来新开展的实地研究。总体来看，荟萃分析的成本较低，并能有效提高新研究的分析价值[①]。

二、经典荟萃分析项目

荟萃分析在公共事物研究得到了很多发展和应用，其中比较有代表性的包括公共池塘资源（Common-Pool Resource，简称 CPR）研究项目、尼泊尔灌溉制度与系统（Nepal Institutions and Irrigation Systems，简称 NIIS）研究项目和社会生态系统荟萃分析数据库（Social-Ecological Systems Meta-Analysis Database，简称 SESMAD）。

公共池塘资源（CPR）项目是公共事物的集体行动问题研究早期最重要的研究项目[②]。20 世纪 80 年代，在一些学者的推动下，美国国家研究委员会（National Research Council，简称 NRC）创立了公共财产资源管理小组，并在 1985 年召开了公共财产资源管理大会。基于这届大会中提交的大量公共资源案例，埃莉诺·奥斯特罗姆从中寻找共同变量并与参会者分享。以此为基础，其他的学者开始整理已发表和未发表的案例研究的索引，这份索引条目数量很快就超过了 1 000 条。

在此基础上，埃莉诺·奥斯特罗姆领导的制度分析与公共政策研究所决定建立一个荟萃数据库，以系统分析相关领域的大量案例，这就是 CPR 项目数据库。在项目初期，研究小组用了两年的时间进行文献阅读和讨论，研究小组完成了公共池塘资源案例的分类编码设计。他们通过反复考察现有理论和案例研究，开发了项目编码分类手册，并且在开始编码流程后反复对编码分类进行修订，这提高了最终编码的可靠性。

CPR 项目的关注重点是渔业、灌溉系统及林业案例，但也可以应用于其他类型的公共池塘资源。项目的编码工作建立在 IAD 框架的基础之上。IAD 框架指导了案例信息的编码变量的识别和定义。IAD 框架重点关注与集体行动情景相

① Poteete A R, Janssen M A, Ostrom E. Working together: collective action, the commons, and multiple methods in practice[M]. Princeton University Press, 2010.

② Poteete A R, Janssen M A, Ostrom E. Working together: collective action, the commons, and multiple methods in practice[M]. Princeton University Press, 2010.

关的行动者、制度规则、行动者与制度关系、行为和结果。CPR 项目数据库包括关于各种潜在因变量的数据，包括公共池塘资源集体管理制度的建立或存续、对资源的有效管理以及管理安排的稳健性。如果存在限制占用者数量、限制使用权和占用权、明确占用者的责任和义务的规则，就表明存在资源管理的集体行动。集体行动日期数据提供了制度存续的指标。CPR 数据库可以根据可持续性、与资源质量的相关性、遵守规则的情况以及暴力作为解决冲突手段的局限性，来评估管理的有效性，也可以根据公平、效率、稳定性和稳健性来评价管理制度安排。

基于 CPR 数据库，对四个问题进行了深入研究：(1)不同的产权有什么区别？(2)一个群体的哪些特征影响组织的成功？(3)集体挑战的类型如何影响群体有效应对的能力？(4)什么类型的制度随着时间的推移是稳健的？其中最重要的成果是最后一个研究问题：CPR 项目关于制度稳健性的研究，促使埃莉诺·奥斯特罗姆逐渐总结和提炼出了著名的八项原则，这也是埃莉诺·奥斯特罗姆最重要的学术成果之一。

尼泊尔灌溉制度与系统(NIIS)数据库项目[①] 1988 年，埃莉诺·奥斯特罗姆等一些研究所研究人员受邀到尼泊尔研究当地分权政策的影响。此后虽然研究所将主要的时间和精力放在了 CPR 数据库的编码和分析中，但也发展建立了 NIIS 数据库。这个数据库侧重于研究尼泊尔的灌溉系统，除了收集数据以外，研究小组还进行了多次实地研究，以核查和补充数据，并建立了更多的观察站。截至 2008 年底，NIIS 数据库已包含尼泊尔 29 个县(尼泊尔共 75 个县)的 236 个独立灌溉系统，并从其中 19 个灌溉系统中取得了 3 个时期的数据，共形成了 274 个样本点。

NIIS 数据库的建立借助于 CPR 数据库所做的一些工作，例如编码规则等，但也根据具体情况对变量进行了一些修改。NIIS 项目设计了可以衡量制度设计和资源管理之间关系的指标。例如，水渠的长度和数量反映了灌溉者在开发和维护灌溉系统方面的绩效。水在灌溉系统渠首渠尾间流动的信息，以及灌溉系统性能与作物收成之间关系的信息，形成了共享基础设施与共享水资源有效管理之间的关系。

在当时，主流的发展理论基于公地悲剧和集体行动困境的假设，认为提供和

---

① Poteete A R, Janssen M A, Ostrom E. Working together: collective action, the commons, and multiple methods in practice[M]. Princeton University Press, 2010.

维持地方公共资源相关的集体行动所面临的障碍非常大，只有国家政府有能力克服这些困难①。然而，通过对尼泊尔的灌溉系统的研究发现，农户管理的灌溉系统虽然原始，但平均性能水平往往高于国家管理的灌溉系统②。不过，由于数据记录非常不完整，导致NIIS项目的研究样本代表性存疑，因此NIIS研究的外部效度只能依靠与其他研究进行比较来评价。

社会生态荟萃分析数据库(SESMAD)项目③ SESMAD项目的目标是对社会生态系统的多样性进行高度可比分析的案例分析，尤其关注在中小型公共事物治理中的关键理论和变量对于解释大型生态系统长期治理的有效性。

1999年，来自不同国家的一些学者组成了专注于社会生态系统韧性研究的非营利性组织，名为韧性联盟(Resilience Alliance)，该组织致力于探索社会生态系统的动态。2010年春季，在韧性联盟组织的一次会议上，组织成员启动了SESMAD项目并组建了核心团队。该项目团队由14位来自不同背景的年轻科学家组成，每位研究人员都经过培训并将经过统一化编码的数据录入到公共数据库之中。

项目核心团队专注于使用荟萃分析方法来分析大规模环境问题及其系统，例如大堡礁海洋公园和臭氧层治理。同时，SESMAD也能够用于任何类型的社会生态系统进行数据收集和组织。SESMAD应用的分析框架是SES框架，并根据大型生态系统的特性，在应用中对SES框架进行了一定的调整：SESMAD用治理系统(Governance System)来代表公共池塘资源有关的制度安排，对应SES框架中的治理系统；行动者群体(Actor Group)包括个体、组织、国家等不同层次的行动者，对应SES框架中的行动者(用户)；将SES框架中的资源系统和资源单位合并，统称为环境类公共事物(Environmental Commons)，包括公共池塘资源的使用、产出等。

SESMAD项目团队和研究者们已经取得了丰富的研究成果，并正在不断推进相关研究，补充数据库中的案例信息。通过对大堡礁海洋公园、臭氧消耗等五

① Ostrom E, Lam W F, Lee M. The performance of self-governing irrigation systems in Nepal[J]. Human Systems Management, 1994, 13(3): 197-207.

② Shivakoti G, Ostrom E, Neeraj J, et al. Institutional opportunities and constraints in the performance of farmer-managed irrigation systems in Nepal[J]. Asia-Pacific Journal of Rural Development, 2000, 10(2): 67-92.

③ Cox M. Understanding large social-ecological systems: introducing the SESMAD project[J]. International Journal of the Commons, 2014, 8(2): 265.

个大型生态系统的研究和比较，SESMAD 检验了埃莉诺·奥斯特罗姆的八项原则，发现大规模环境尺度下，有一些原则依然对复杂系统的治理能起到重要作用，但也有其他一些原则需要进一步修正以适应大型复杂系统的特征[①]。

本章介绍了公共事物研究中常见的实地研究方法，这些方法各有其优势和不足，都在公共事物治理研究中发挥着重要作用。另外，相比自然科学能在可控条件下进行重复实验，过去社会科学研究的困难之一就在于难以重复检验。社会科学研究过去更多依靠观测和记录的数据，但随着现代社会科学研究方法的推进，很多传统上的方法限制都被打破，例如实验研究目前已经成为社会科学研究中非常重要的一种方法。公共事物研究是社会科学中较早开展实验研究的领域之一，实验方法在几十年间获得了大量的应用和长足的发展，并且是公共事物研究领域的前沿课题之一。此外，模型研究自 20 世纪 80 年代以来也得到了越来越多的应用。下一章将具体介绍公共事物治理研究中的模型和实验方法应用。

关键术语

共同合作　案例研究　荟萃分析　大样本研究　公共池塘资源(CPR)项目
尼泊尔灌溉制度与系统(NIIS)数据库　国际林业资源与制度(IFRI)项目
社会生态荟萃分析数据库(SESMAD)项目

思考题

1. 设想一项你所感兴趣的公共事物治理问题研究，在这项研究中，本章中提到的不同研究方法可以如何应用？

2. 你平时会更多关注哪一种研究方法？这种研究方法在具体应用中有哪些优点和不足？

---

① Forrest D Fleischman, Natalie C. Ban, Louisa S. Evans, Graham Epstein, Gustavo Garcia-Lopez, Sergio Villamayor-Tomas. Governing large-scale social-ecological systems: Lessons from five cases[J]. International Journal of the Commons, 2014.

第十章

公共事物治理的模型和实验研究方法

除了实地研究方法以外，模型和实验等研究方法也在公共事物治理研究中发挥了重要作用。特别是以公共池塘资源实验为代表的实验研究方法的广泛应用是公共事物研究中的一大特色。模型研究和实验研究能够很好地弥补实地研究中的不足，并与实地研究相结合以提高研究质量。在不断的研究应用中，公共事物研究的相关学者也对实验方法进行了改进和完善，推动了实验方法本身的发展。

第一节　行为人模型研究

本章主要讨论模型研究和实验研究两种非实地研究方法在公共事物研究中的应用。不同于实地研究等采用归纳思想的研究方法，模型研究是一种典型的演绎方法。在20世纪，受到自然科学研究的启发，一些社会科学学者将演绎的思想引入了社会科学研究。演绎需要根据理论假设，对与结果相关的普遍性、确定性的条件表述进行逻辑推导。演绎方法可以通过模型进行推导，也可以通过逻辑分析得到。但是，演绎的思想表达了一种认识客观世界的机械观点，而忽视了人的能动性，因而受到了很多批评①。

模型研究是演绎思想中的重要方法。在公共事物研究中，模型研究应用最广泛的是行为人模型研究②。行为人模型本质上是一种信息处理算法，专门应用于研究关于个体行为人感知能力及其相互影响拓扑结构(网络)的各种假设，这种行

---

① Poteete A R, Janssen M A, Ostrom E. Working together: collective action, the commons, and multiple methods in practice[M]. Princeton University Press, 2010.

② Poteete A R, Janssen M A, Ostrom E. Working together: collective action, the commons, and multiple methods in practice[M]. Princeton University Press, 2010.

为人之间在微观层面上相互影响，并影响宏观层面上的行为模式，例如公共事物困境中的合作。

在行为人模型中，行为人被假定具备自主决策的能力和计算模式。行为人的假定还包括具有目标导向性，即以满足效用最大化为目标、对环境变化会产生自动反应，并能与其他行为人进行互动。目标导向行为人的典型例子是完全理性行为人，这种行为人模型假定会使用所有可得信息进行决策，以进行最大化自身预期利益。正如实验研究中所发现的，完全理性行为人模型符合高度竞争市场中的人类行为特征，但对不同集体行为决策环境下的行为描述则并不贴合现实。替代完全理性行为人模型的是有限理性模型。有限理性模型假设是指，人们会追求效用，但不一定会追求实现效用最大化。由于信息收集成本和信息处理的认知局限，人们的反应通常是根据所掌握的部分信息，采取试探法或捷径法进行决策。

公共事物困境中的一项经典行为人模型研究是利用纳什经典的囚徒困境模型推演合作如何产生。在经典的囚徒困境博弈均衡模型中，行为人的策略会一直选择背叛。但在研究者设计的多回合重复囚徒困境中，通过设定上百回合的重复博弈，并利用迭代算法计算不同策略的结果，得出的最优解不再是背叛，而是类似"以牙还牙"的策略：不首先背叛、奖励合作、惩罚背叛、不念旧仇。除了推演重复博弈中的合作策略演化，行为人模型还应用于推演研究社群的空间位置关系和间接互惠行为如何影响集体行动、高成本惩罚的发生以及社会规范的演化等问题[①]。

行为人模型的优点是重点关注行为人之间的互动。这些行为人通常是有限理性的，并且有不同的特征。利用行为人模型的演绎推理所得出的结论，可以通过实地或实验研究所检验。行为人模型的一个缺点是，目前用严谨方法检验行为人模型的做法尚不完善，并且在各个学校中，面向学生开授的行为人模型课程也并不普及。自20世纪80年代以来，行为人模型越来越多地应用于集体行动研究中。这些研究不仅可以解释实地研究和实验研究的结果，并可以帮助学者们开展研究，尤其是可以指导实验研究的设计。

① Poteete A R, Janssen M A, Ostrom E. Working together: collective action, the commons, and multiple methods in practice[M]. Princeton University Press, 2010.

第二节　实验研究方法概述

理解人类决策的行为实验(Behavior Experiment)已成为社会科学最主要的知识积累与理论创新方式之一。与案例研究、计量分析等观察研究相比,实验能以干预的方式事先将实验对象分为对照组与实验组,通过对比两组间的差异——平均干预效应,直观地识别研究关注因素的影响。在随机分组前提下,实验能避免混淆变量对因果推断的干扰,具有很高的内部效度,同时其易于复制的特点也有助于学者检验实验结论的稳健性。实验研究在公共事物研究中得到了广泛应用,并且对实验方法的发展也是埃莉诺·奥斯特罗姆重要的学术贡献之一,因此本章将重点介绍实验研究方法。

一、实验方法的类型及发展

实验方法根据设计和干预的不同,可大致分为实验室实验、调查实验、实地实验、自然实验、准实验等五种类型[①]。由表 10-1 可以看到,实验方法与非实验方法最本质的区别在于干预是否外生。基于公共事物尤其是公共池塘资源的基本特性,公共事物治理研究中的实验方法主要包括实验室实验和实地实验两类。

表 10-1　实验方法的类型

研究方法	是否存在对照	干预是否外生	分组是否随机	是否控制干预	是否控制环境
实验室实验	是	是	是	是	是
调查实验	是	是	是	是	否
实地实验	是	是	是	是	否
自然实验	是	是	是	否	否
准实验	是	是	否	否	否
传统调查研究	是	否	否	否	否
传统个案研究	否	否	否	否	否

资料来源:Blom-Hansen J, Morton R&Serritzlew(2015).

① Blom-Hansen J, Morton R, Serritzlew S. Experiments in public management research[J]. International Public Management Journal, 2015, 18(2): 151-170.

在典型的实验中，被试者在由实验者创造的受控环境中做出决定。被试者自愿参加实验，接受关于其实验中的行为和结果的指导，这些结果取决于所有被试者的决策。实验会向被试者提供一些激励，包括根据他们的决策给予一定的金钱收益或其他回报[①]。

实验的主要目标是在受控条件下检验假设或研究特定变量的影响效应。在组织实验研究项目时，研究人员首先需要设计一个基准实验来代表一个简化的决策环境。然后每次变更基准实验中的一项属性，并对每次变更进行重复实验。研究人员可以在一定程度上控制实验环境，这在自然环境中是无法实现的。设计良好的实验具有较好的内部效度，因为实验人员可以控制实验中存在的条件，并能确定这些条件与理论之间的关系。在不同的环境中利用不同被试者开展重复实验也有助于加深对实验结果的理解，重复实验可以确认实验结果是否是由实验设计造成的，而不是因为某种未被考虑的意外因素[②]。

尽管不可能设计出完美的实验，但学者们一直在对实验方法进行不断改进和发展。弗农·史密斯(Vernon Smith)是实验研究方法领域开创性的学者，他认为社会科学学者要非常谨慎认真地对待实验设计，并确保被试者可以理解实验的环境和结构[③]。现在研究者群体之间已经承诺共享实验说明与数据，并鼓励进行重复实验，以确保实验过程没有混杂进“意外”因素[④]。此外史密斯还认为，应当使用实际报酬吸引被试者自愿参加实验，而非以课程要求的方式让被试者参加实验。被试者得到的报酬应当可以代表被试者决策和结果的价值，在设定二者具体的关联参数时，应当考虑以下几点[⑤]：

(1) **不饱和性**：被试者收益效用必须是单调递增的。这可以确保面对相同的一组备选方案，被试者将总是选择回报更高的决策。

(2) **显著性**：为了使报酬与激励相关，报酬水平必须与被试者的决策直接

---

① Poteete A R, Janssen M A, Ostrom E. Working together: collective action, the commons, and multiple methods in practice[M]. Princeton University Press, 2010.

② Poteete A R, Janssen M A, Ostrom E. Working together: collective action, the commons, and multiple methods in practice[M]. Princeton University Press, 2010.

③ Smith V L. Microeconomic systems as an experimental science[J]. The American Economic Review, 1982, 72(5): 923-955.

④ Ostrom E. Understanding Institutional Diversity[M]. Princeton University Press, 2005.

⑤ Smith V L. Microeconomic systems as an experimental science[J]. The American Economic Review, 1982, 72(5): 923-955.

相关。

(3) **支配性**：经济环境中一个重要因素是个体的效用函数，效用函数除了直接收益报酬之外还包含其他要素。为了引导被试者，收益报酬必须在效用函数中占支配地位。

(4) **保密性**：应当保证被试者的收益关系判断的保密性。

实验研究和实地研究各有优势，实验研究可以更好地控制环境条件，而实地研究则能获取更丰富的数据[①]。另外，实验研究一般具有良好的内部效度，但外部效度可能不如精心设计的实地研究。在研究集体行动问题的多种方法中，实验方法和实地研究都是检验和发展理论的重要基础[②]。因此在实际研究应用中，需要将两类方法结合起来，并与理论发展紧密关联。

二、公共事物治理中的实验方法

在公共事物治理研究领域，实验方法已经拥有很长的应用和发展历史：早在20世纪70年代，社会学家就开始设计实验研究公共物品供给问题，标志着公共事物实验研究的开始[③]。埃莉诺·奥斯特罗姆也是将实验方法引入公共事物问题研究的先行学者。20世纪80年代后期，埃莉诺·奥斯特罗姆和研究所的其他学者一起开始发展实验技术，研究公共事物困境，并对行为人模型进行修正。这些实验工作与同时进行的实地研究相对照，推动了经验科学的发展和对人类合作行为的理解。2009年，埃莉诺·奥斯特罗姆被授予诺贝尔经济学奖时，诺奖评审委员会表彰了埃莉诺·奥斯特罗姆的重要贡献，其中就包括她对社会科学研究方法的贡献，尤其是对实验方法的发展。

根据实验模拟情景和复杂性的不同，公共事物实验可大致分为公共物品实验和公共池塘资源实验两类[④]。

公共物品实验主要研究供给问题，也是最简单的公共事物治理实验。这类实验考察个人对公共账户的自愿支付行为，实验设定的支付函数常被简化为线性函数，群体供给越多，总收益越多。理想情况下，每个人都投入全部筹码，此时社会

① 埃莉诺·奥斯特罗姆，等. 规则、博弈与公共池塘资源[M]. 王巧玲，任睿，译. 西安：陕西人民出版社，2011.

② Poteete A R, Janssen M A, Ostrom E. Working together: collective action, the commons, and multiple methods in practice[M]. Princeton University Press, 2010.

③ 柴盈，Marco A. Janssen. 公共资源实验研究：微观行为为视角[M]. 北京：科学出版社，2017.

④ 柴盈，Marco A. Janssen. 公共资源实验研究：微观行为为视角[M]. 北京：科学出版社，2017.

总福利和个体回报都会达到最大。

公共池塘资源实验又可以具体分为仅研究资源占用行为和同时研究供给与占用行为的两类实验。前者重点考察个人对公共池塘资源的限制和利用行为。这类实验表明个人提取行为会有一个最优界限,如果被试者在最优界限上提取资源,就可以实现社会总福利和个人回报最大化;如果超过这个界限,则收益会递减。后者同时包含供给行为和提取行为,会设计多种困境与干预,是最复杂的实验设计。在这种实验中需要首先提供对设备的维护,然后才能提取资源,典型的应用领域为灌溉系统实验。

目前公共物品实验除了在公共事物研究领域以外,也已经在实验经济学等其他学科领域有了广泛的应用,而公共池塘资源实验的应用则主要集中在公共事物治理研究领域。因此可以说公共池塘资源实验是公共事物研究的特色实验方法,同时也是目前公共事物实验研究中应用最广泛的一类实验。

第三节　公共池塘资源实验

一、公共池塘资源实验的发展

公共池塘资源实验开发于20世纪90年代,是整个社会困境实验中最为复杂的一类实验,经过30年的发展,其已成为体系独立、特色鲜明的研究公共池塘资源的主流前沿方法。

在公共事物实验研究的早期,主要研究对象是公共物品问题。由于公共物品与公共池塘资源有一定共同点,同时由于前者的实验更早得到发展和应用,因此许多公共池塘资源实验都受到公共物品实验的影响。不过,公共物品与公共池塘资源的属性有所不同(后者具备竞用性),公共物品实验显然不能准确模拟公共池塘资源的特性,特别是竞用性或占用负外部性。因此公共池塘资源实验在公共物品实验的基础上也进行了拓展。

受限于对社会生态系统的理解以及开展实验的成本,公共池塘资源实验只能是一种抽象而无法包含太多要素的方法。但设计实验的基本原则是要尽可能地反映资源特性以及相关的社会困境,公共池塘资源实验模型的发展便体现了这一原则。行为人模型是实验设计的重要方面。埃莉诺·奥斯特罗姆等学者认为,人类合作行为及公共池塘资源开发利用的结果由个体偏好、微观情景、宏观背景三类变量共同决定，实验模型就是研究者通过设定资源物理状态、相关制度安排、资源使用者特征、社会经济环境背景等，对现实世界中公共池塘资源使用活动的以上三类变量及其结构进行的抽象与模拟，其旨在观察实验对象在一定模型设定下的行为结果。

在公共池塘资源实验中，运用了各式各样、繁简不一的模型，其中美国印第安纳大学布卢明顿学派作为公共池塘资源实验研究的发端，其在20世纪90年代开发的“布卢明顿模型”也对后续实验产生了巨大影响，可以说是公共池塘资源实验研究中最重要的模型。除了“布卢明顿模型”之外，公共池塘资源实验中有影响力的模型设计还包括跨期模型、需求模型、顺序模型等。

二、公共池塘资源实验的研究焦点

从研究意义上看，不论采取何种形式的实验，公共池塘资源实验研究的目的在于研究资源使用过程中的社会困境。实验设计只是实现这一目的的工具，真正能对理论和实践有所贡献的还是对具体研究问题的分析结论，而实验的研究焦点则反映了研究者过去对集体行动困境的理论和实践的认识。总结过去的公共池塘资源实验，主要的研究焦点包括以下几点。

1. 制度

以恰当的制度开展资源治理始终是学界的研究重心，有近一半的实验设置了有关制度的干预。

监督与惩罚是长期以来备受实验研究关注的制度。研究者可以在不同实验分组中设置不同的监督强度（发现概率）、惩罚强度，或利用不同的惩罚方式来研究其对行为的影响。与监督、惩罚相对应的是奖励制度，实验组中对象占用的量如果低于建议量，就会收到一定奖励，这反映了现实中的生态补偿制度。

经济手段是资源管理的传统方式之一，公共池塘资源实验对相关制度也有大量研究。在关于产权制度的研究中，产权制度常与监督、惩罚机制结合在一起运用。在此基础上，实验可以进一步研究资源的市场交易机制。除了产权制度外，公共池塘资源还研究了诸如税收、补贴、保险等经济激励手段对行为的影响。

制度间的比较是公共池塘资源实验的另一大焦点，研究者可以将对象分为不同组，对各组施加不同的制度类型，以比较各项制度的有效性。另外，内生制度与外生制度的有效性对于资源的自主治理有重大意义，在实验中可以通过赋予被试者自主选择制度的权限，从而对比外生制度与内生制度的影响。

2. 资源特性

对公共池塘资源特性的研究，一方面是通过改进、发展模型来完成的；另一方面则是以干预的方式，模拟各类资源特性的不同状态、不同取值对实验对象行为的影响。此外，一些实验将不同模型结合起来，干预就是模型本身。例如为研究动态性，研究者在对照组中采用静态模型，在实验组中采用跨期模型；为研究不对称性，对照组采用同时决策，实验组采用顺序模型；在空间模型中，两种公共池塘资源相互间的联系方式则在不同组中采用不同的设定。

资源特性的不确定性也是研究的重点，研究者常常通过将这些资源特性设置为随机变量来体现其不确定性。近年来，研究外部环境变化对资源治理的影响是公共池塘资源实验的前沿，这些实验中对实验参数进行动态设定，模拟了气候变化、市场冲击等对资源使用的影响。

3. 交流

不止公共池塘资源实验，在整个社会困境实验中，交流都是被分析得最多的变量。在典型的交流实验中，研究者通过对交流次数、交流范围和交流成本的不同设定，来比较交流的影响。

虽然关于交流的干预设置比较简单，但其在早期对于打破人类无法通过自身努力摆脱社会困境的悲观共识有重大意义。近年来，公共池塘资源实验还在持续关注交流的作用，但主要研究方式已经从干预设置转变为其他研究方法。

4. 群体特征

群体特征和制度、资源特性一起，是影响人类行为的三大类变量，公共池塘资源实验主要分析与群体内部结构相关的问题。

群体内部的异质性是学界反复讨论且长期存在争议的议题之一。实验干预设置的本质是让某一变量在实验组和对照组中取不同的值，实验中异质群体一般通过两种方式形成：一是通过对不同实验对象赋予不同的参数，让他们在诸如初始禀赋、收益率、开采效率、开采成本等实验模型的变量上有区别，在实验内创造差异；二是利用对象自身固有的差异，如实验对象间是否认识、是否来自同一社区、是否都来自农村还是有的来自城市、收入相当还是有显著差异、在每轮实验中实验对象是固定的还是变化的，即直接利用实验外的差异。

其他与群体特征相关的研究议题还有：(1)群体规模；(2)群体关系，例如互助或冲突关系等；(3)群体结构，实验对象间不同的组织结构、社会网络；(4)子群体，实验对象以个体或不同规模的子群体为单位进行决策并独享或共享收益。

5. 信息

大量关于资源使用的研究指出，个体决策必然受到掌握的相关信息的影响，在公共池塘资源实验中，研究者通过让不同组的实验对象掌握不同程度的信息来分析信息的作用。如将实验对象分为三组，对照组不掌握任何信息，第二组在每轮实验后只反馈总体信息，甚至是评价信息，第三组则在每轮后公布每个对象的占用量和收益。同时也有实验将信息机制内生化，让实验对象自己选择信息披露的程度。

除与决策、收益相关的信息外，一些实验还让不同组的对象掌握不同程度的资源信息，如地下水水位、资源总量、收益函数等，研究技术进步背景下的公共池塘资源使用问题。

6. 纯行为实验

除上述焦点议题外，一些实验还通过设置干预研究了支付方式、技术差异、决策时间压力、“亲社会”属性、市场化程度等变量对公共池塘资源占用行为的影响。此外，还有相当一部分没有设置任何干预，整个过程仅仅是所有对象在同一设定下完成实验。

在更广泛的意义上，公共池塘资源实验乃至社会困境实验都是行为实验的一种，在一定模型设定下实验对象的行为本身就有重大意义，通过观测其行为结果及变化，研究者能讨论许多重要议题，例如早期简单的公共物品和公共池塘资源实验就推翻了理性经济人的假设，表明人类有明显的合作倾向。随着模型的不断更新发展，这类纯行为实验能带来更多的启发与认识。实验还可与其他方法相结合，共同回答研究问题，因此不一定要设置干预。

公共池塘资源实验已成为国际上公共事物治理领域最为主流、前沿的研究方法之一，但相比于国际上已经广泛开展并取得了大量理论成果，国内只有极少数学者开展了公共池塘资源实验研究，国内外学界在该领域严重缺乏对话交流，说明国内学界在该领域还有很长的路要走。

第四节　传统公共事物实验方法

传统上公共事物实验以实验室实验为主，但为了弥补实验室实验的不足，实地田野实验也在快速兴起。

一、公共事物实验的一般设计①

在经典的公共物品实验设计中，被试者从研究人员那里获得初始禀赋，然后可以决定用于公共投资和自用的额度。所有被试者的投资被积累起来，转换为公共物品产出。有多种线性或非线性表达式可以表示将投资转换为公共物品的规模，其中线性式最为常用。产出确定之后，每个被试者都可以获得同等份额的收益。标准的公共物品实验运用的是“自愿捐献机制”。根据实验的参数设定，实验中个体利益会与集体利益相悖。具体来说，从个体层面上看，收益最大化的策略是完全不投资公共账户，但是从集体角度来看，应该投资全部禀赋到公共账户，这样的总收益更高。线性公共物品实验也包含了“搭便车”问题：个体可能产生搭便车动机，借助他人的捐献从中获取收益。根据理性人假设，如果所有被试者都有最大化自己报酬的动机，根据预测不会有人对公共物品进行供给。但是在现实的实验中被试者并没有像理性人预期的那样不进行任何投资，同时也没有投资全部筹码，而是介于两者之间。

公共池塘资源实验中，实验设计的支付函数一般设定为二次表达式，随着群体对筹码的提取和收集数量的增加，群体收益会呈现出先增加后下降的趋势。因此被试者对象常常面临资源分配和公共设施供给的双重困境，他们必须在群体利益和个人短期利益之间做出选择。提取公共池塘资源与提取公共物品的收益特点不同，起初提取公共池塘资源的收益较高，但如果被试者在公共池塘资源市场上提取的规模太大，就会过度消耗资源，总收益反而会降低。因此，一个公共池塘

① 柴盈，Marco A. Janssen. 公共资源实验研究：微观行为视角[M]. 北京：科学出版社，2017.

资源用户面临的主要问题是资源的过度使用和损耗。这意味着在既定经济激励条件下，人们独立行动时可能会占用更多的资源单位，这必然导致“公地悲剧”。但是，如果人们之间能够对资源利用进行协商，则可以减少资源单位的消耗。

二、传统实验室实验

实验室实验是指在一个封闭的、高度控制的、人为安排的环境中运行的实验。实验者可以决定实验的时间、地点、被试者、实验环境和标准程序，由于不受特殊的环境因素限制，也不存在后勤保障问题，因此实验可以设计得非常复杂。公共事物的实验室实验主要关注基础性的、理论性的科学问题，试图寻找一般性的结论，并应用到不同社会生态背景的领域里①。

相比实地实验，实验室实验具有一些独特的优势，同时也存在一些不足之处②。实验室实验的第一个优势在于实验成本较低。许多发达国家早已在大学里开展公共资源困境方面的实验，实验被试对象通常都是大学在校学生。最开始选择学生作为被试者是因为大学生被试者样本更容易获得且容易控制，同时实验成本也比较低。总的来说，进行实验室实验的成本，包括实验布置、招募被试者、运行实验以及记录结果等，要远低于实地实验的成本。

除了实施成本较低以外，实验室实验还有以下三个方面的优点：容易复制，由于可以适用标准程序，实验可以被其他研究者在实验室中完全复制；精确控制外部条件和自变量，容易确定因果关系；内部效度较高，由于审慎地明确了自变量，缩小了其他因素的干扰，实验结论能够正确地反映实验本身。

而实验室实验的缺点主要是外部效度较低。一方面，被试者通常在社会生活中缺乏公共事物困境的经历，与真实的公共资源关联群体有较大差异；另一方面，人为制造的实验环境将被试者从自然环境中隔离出来，决策行为可能不会反映真实的生活。除了外部效度问题以外，实验室实验的另一个问题是，实验设计小幅度的变化对结果的影响可能很显著，甚至实验说明中的措辞或实验名称都有可能对结果产生影响。此外，实验还需要被不断地复制，以检验结果的稳健性。

早期的经典实验室实验的方法和结论得到了学界的一致认可，开创了公共事物实验研究方法的先河。这些实验设计出能够体现出合作问题的基本行动情景，

① 柴盈，Marco A. Janssen. 公共资源实验研究：微观行为视角[M]. 北京：科学出版社，2017.

② 柴盈，Marco A. Janssen. 公共资源实验研究：微观行为视角[M]. 北京：科学出版社，2017.

为后续的研究提供了平台和工具。同时，这些研究也揭示出，与传统经济理论假设相反，人们能够通过合作解决公共事物治理困境。

三、传统实地实验

实地实验是指在被试者日常生活的环境中运行的实验。一般来说，实验室实验成本低、周期短，同时研究者能较好控制实验的各方面设置，其内部效度较高，但由于学生群体受教育程度高、不熟悉资源开采活动，其特殊性可能导致总体上“有偏”。而在情景化条件下以资源使用者为对象的实地实验可以在一定程度上弥补以上缺陷，同时还能在研究中包含许多研究者无法设置的背景要素。

公共事物研究中的实地实验被试者通常具备公共事物困境的经验。实地实验的类型大致可分为人为的实地实验（采用不标准的被试者样本的抽象实验）、框架的实地实验（类似于人为的实地实验，但是有社区、任务或者信息集合等被试者可以利用的实地背景）、自然的实地实验（被试者并不知道自己正处于实验中）。从实验开展的国家上来看，实地实验大多集中于发展中国家[①]。

相比于实验室实验，实地实验也存在自身的优势和挑战[②]。实地实验的主要优点是实验结论具有较高的外部效度。衡量实地实验的外部效度的关键问题是：被试者所做的决定是否与他们在日常生活中的行为相一致。一些研究已经表明人们在实地实验中的决定符合他们日常的资源利用行为。由于被试者处于真实的环境中，他们的行为更可能反映现实，因此实地实验中观察到的现象和特定的推论也更加可靠。另外，实地实验的研究也会面对一系列挑战，例如，无法像实验室实验那样高度控制真实环境，而且要在复杂环境中控制特定要素来产生人们行为的数据。实地实验的另一个缺点是由于缺乏对外生变量的控制，其他实验者难以精准地复制实验，即使复制其结果也可能会产生偏差。

实地实验有一些需要特别注意的事项，例如避免对当地居民社区造成任何负面影响、要与当地领导建立良好关系、采用与计划相似的被试者先进行预实验等。运行实地实验会存在一些困难，最难的是使实验设计与被试者紧密相关，因为只有这样才能使被试者在实验中的行为符合在真实集体行动中的表现。

早期的公共事物实地实验是将实验室实验的干预条件复制到田野，检验实验

---

① 柴盈，Marco A. Janssen. 公共资源实验研究：微观行为视角[M]. 北京：科学出版社，2017.

② 柴盈，Marco A. Janssen. 公共资源实验研究：微观行为视角[M]. 北京：科学出版社，2017.

室实验研究结论的适用性。代表性的研究如胡安-卡德纳斯(Juan-Camilo Cardenas)的研究团队,他们在田野复制了一系列公共资源实验[①②③]。这其中一些实验设计几乎与埃莉诺·奥斯特罗姆等人运行的实验室实验完全相同,而另外一些实验则对原有的实验室实验进行了拓展,设计了新的干预条件并分析更为深入的问题。例如,在哥伦比亚的一项实地实验中,卡德纳斯团队在当地的村庄,以当地农民为被试者开展了实验。这些被试者是当地公共资源的实际用户,他们高度依赖本地资源。针对这些被试者,卡德纳斯团队研究的一个基本问题是,村民的资源利用行为是否会与美国在校本科生的表现高度一致?实验结果表明,这个问题的答案是肯定的。实地实验得出了与实验室实验高度类似的结果[④]。

后来这些实地实验又扩展到不同国家和领域如灌溉系统、渔业等,成为了公共事物治理实地实验的基础和典范。

第五节　实验研究的发展与评价

关于公共池塘资源和公共物品的实验表明,传统集体行为理论的很多预测都不成立:合作行为的发生频率高于预测、沟通增进了合作,而被试者愿意为惩罚搭便车行为而付出成本。这些实验还发现,在投资决策和惩罚决策中存在动机上的差异[⑤]。另一方面,早期的经典公共事物实验设计简便,但同时也存在一些缺点,如静态模拟情景缺少变化、限制了人们的思考空间、与现实差距较大等[⑥]。

一、新一代实验方法的特点

针对传统实验方法的不足,近十年来公共事物实验有了新的发展,即将不确

① Cardenas J C. How do groups solve local commons dilemmas? Lessons from experimental economics in the field[J]. Environment, Development and Sustainability, 2000, 2(3): 305-322.

② Cardenas J C. Real wealth and experimental cooperation: experiments in the field lab[J]. Journal of development Economics, 2003, 70(2): 263-289.

③ Cardenas J C, Ahn T K, Ostrom E. Communication and co-operation in a common-pool resource dilemma: A field experiment[M]//Advances in understanding strategic behaviour. Palgrave Macmillan, London, 2004: 258-286.

④ Poteete A R, Janssen M A, Ostrom E. Working together: collective action, the commons, and multiple methods in practice[M]. Princeton University Press, 2010.

⑤ Poteete A R, Janssen M A, Ostrom E. Working together: collective action, the commons, and multiple methods in practice[M]. Princeton University Press, 2010.

⑥ 柴盈,Marco A. Janssen. 公共资源实验研究:微观行为视角[M]. 北京:科学出版社,2017.

定性、动态变化、非对称性、空间分布以及非线性关系等资源复杂的生态特征纳入实验设计中，比较典型的有森林、灌溉、渔业系列田野实验，以及借助计算机程序开展的可视化与实时实验。除了借助计算机程序实现实验的可视化与实时化外，研究者还设计了模拟公共池塘资源使用的游戏，如棋盘游戏、卡牌游戏、真实任务等，这些游戏有很强的参与感与互动性，在实验室实验与实地实验中均能运用。

相比于经典的公共事物实验，新一代的公共事物实验的特点主要体现在三个方面[①]：第一是纳入具体的生态变化。制度变化和生态变化之间的关系非常重要，对于一种资源问题非常有效的制度安排如果应用于另一种资源问题，可能结果会完全不同。第二是提高了对更复杂困境下正式规则创新的关注，增加了在实验过程中可供选择的决策类型。传统包括惩罚和交流的实验只考虑了供给水平，并不包括关于占用权分配、占用资源的时间地点和技术，以及监督的安排。当实验包括更复杂的生态变化时，有必要引入更复杂的制度规则结构。第三是大规模实验的开展。越来越多的社会活动留下了可以通过复杂数据挖掘技术收集的数据资料，这使得收集庞大的跨时社会动态数据成为可能。近年来，社会科学家已经开始认识到利用虚拟技术进行自然实验的研究机会。此外，互联网也为在受控环境下进行大规模社会科学实验提供了机会。

二、实验室实验的新发展

在目前的实验室实验中，已经引入了新一代的实验设计，被试者可以进行实时决策和沟通。其中比较有代表性的是马可·詹森团队 2008 年进行的觅食实验[②]。詹森等人设计的这种实验环境中，被试者能够进行更丰富的决策。一群被试者进行实时互动，从处于不同空间位置并且会持续更新的资源中收获筹码。

在这个实验设计中，许多被试者被集中到一个由数百个小单元组成、空间划分明确的环境中。被试者将头像的位置移到筹码上方，以此表示他们收获了一份筹码。他们通过按方向键(上、下、左、右)移动头像。资源更新率取决于密度。也就是说，当一个空格周围的筹码数量增加时，下一个时点在该空格出现筹码的概

---

① Poteete A R, Janssen M A, Ostrom E. Working together: collective action, the commons, and multiple methods in practice[M]. Princeton University Press, 2010.

② Janssen M A, Goldstone R L, Filippo M, et al. Effect of rule choice in dynamic interactive spatial commons [J]. International Journal of the Commons, 2008, 2(2): 288-312.

率将上升,概率与相邻格的数量线性相关。资源更新速度适中,即可以使被试者能够观察到,同时又不会更新过快,从而使被试者面临个人短期利益与集体长期利益的权衡。一旦所有筹码都被提取,在实验回合中就不会再创造出新筹码。也就是说,如果被试者迅速收集到他们所能收集的所有筹码,那么他们将很快耗尽资源。在整个实验中,被试者每轮实验要做出几百个决策,这大大超过了传统的实验设计。由于实验环境的复杂性,可以研究被试者如何在复杂的环境中创新规则①。

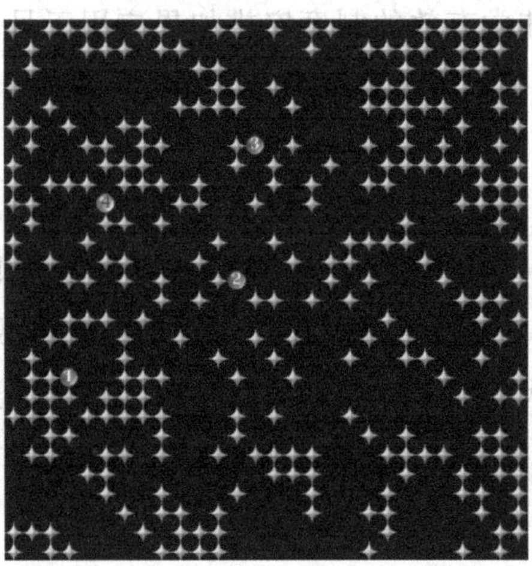

图 10-1 詹森等人设计实施的动态觅食实验

资料来源:Poteete A R,Janssen M A,Ostrom E. 2010.

这种动态环境可以通过改变资源流动性、再生空间差异和资源可见性调整为模拟渔业、畜牧业和林业资源动态变化的多种程式化生态环境。除了觅食实验外,詹森团队还设计了更加复杂的灌溉系统动态模拟实验,以研究行为人在动态复杂灌溉系统中的集体行动。除了詹森团队以外,还有其他一些研究者也开展了在复杂动态环境中的公共事物实验,分别研究了奖励机制、分配规则、身份异质性等问题②。

① Poteete A R, Janssen M A, Ostrom E. Working together: collective action, the commons, and multiple methods in practice[M]. Princeton University Press, 2010.

② 柴盈,Marco A. Janssen. 公共资源实验研究:微观行为视角[M]. 北京:科学出版社,2017.

三、实地实验与在线实验的发展

和实验室实验一样，实地实验的发展趋势也是将更多相关的生态变化和规则变化纳入公共池塘资源困境的研究[①]。新一代实地实验在平台设计方面仍然是以传统的纸笔和展板等非计算机终端方式展示实验内容。但是在具体表征方面，同样模拟了现实环境的时间和空间动态性和生态复杂性。

近年来，马可·詹森与卡德纳斯两个团队合作，在哥伦比亚和泰国的农村地区运行了森林资源实验、灌溉系统实验和捕鱼实验[②③]。这三类实验在分析问题方面具有相似性，都检验了使用资源的规则对用户个人行为和集体行为的影响。资源使用规则共包括三类，分别为随机使用规则、轮流使用规则和产权规则（或配额规则）。这些规则对不同公共池塘资源的影响效果存在差异。这三项实验设计开启了公共池塘资源时空动态性和生态复杂性实地实验研究的序幕，获得诸多研究者的青睐，得到大量的复制、修改和延伸，甚至成为当前研究的热点[④]。

近年来，随着互联网技术的发展，通过互联网完成的在线实验也逐渐兴起[⑤]。在线网络已经发展成为获得调查和实验数据的平台，其中比较有代表性的就是亚马逊土耳其机器人（Amazon's Mechanical Turk，以下简称 MTurk）平台。通过 MTurk 开展的在线实验，涉及的领域包括劳动力市场、人类行为和公共物品等。被试者需要在网上报名，然后在规定时间内进入指定网站参加实验，实验期间，他们与其他被试者实时互动。通过 MTurk 平台开展的实验所得出结果与传统实验类似。

在线实验的主要优点是，仅需要较低的成本就可以快速招募到大量具有多元化社会背景的被试者群体，较容易获得一般性的研究结论。但是，在线实验也伴随着一些问题，如较难核准被试者的身份和行为的有效性，也无法监督被试者的

---

① Poteete A R, Janssen M A, Ostrom E. Working together: collective action, the commons, and multiple methods in practice[M]. Princeton University Press, 2010.

② Janssen M A, Bousquet F, Cardenas J C, et al. Field experiments on irrigation dilemmas[J]. Agricultural Systems, 2012, 109: 65-75.

③ Cardenas J C, Janssen M, Bousquet F. Dynamics of rules and resources: three new field experiments on water, forests and fisheries [M]//Handbook on experimental economics and the environment. Edward Elgar Publishing, 2013.

④ 柴盈，Marco A. Janssen. 公共资源实验研究：微观行为视角[M]. 北京：科学出版社，2017.

⑤ 柴盈，Marco A. Janssen. 公共资源实验研究：微观行为视角[M]. 北京：科学出版社，2017.

注意力。有研究对此提出了建议，将一些特定问题植入调查问卷中，这种方法可以用来评估被试者的注意力，也可以用来衡量结果的有效性。

四、实验研究方法的评价

公共事物实验尤其是公共池塘资源实验，已成为研究集体行动困境的主流方法。经过长期的探索和发展，实验研究在模型设计方面，越来越反映公共资源特性以及相关的社会困境；在干预设置方面，制度、资源特性、交流、群体特征、信息是研究的焦点；在实验开展方面，实验室实验与田野实验，组间对比与组内对比都有广泛运用，同时其他方法也被大量运用到分析实验结果中。总体来看，实验方法主要优点包括①：

第一，变量控制。实验方法可以通过控制无关变量，避免数据内生性问题，精确地衡量结果，以及建立因果关系，从而检验科学假设与理论预测。就研究公共事物困境而言，制度变量尤为重要，实验为检验制度的作用提供了可行的途径，因为实验人员可以设计制度并研究制度对人们行为的影响。

第二，易于复制。实验方法有标准的操作程序和说明，实验人员可以决定设定外生变量、内生变量和实验环境，控制其他信息条件和随机过程，检验具体变量的影响。变量的选择和观察是标准化的过程，很容易被其他实验者复制。同时，实验的可复制性为追随者提供修改和延伸的空间，也提高了研究的可靠性。相比而言，实验室实验比实地实验更容易复制，在相同的研究过程中复制结果的相似度更高。此外，通常情况下，开展实验的成本低于田野调查，因此，实验方法还具有比较成本优势。

第三，具有较高的效度。实验室实验和实地实验分别具有较高的内部效度和外部效度。实验室实验方法能够控制其他变量的干扰，因而具有较好的内部效度。实地实验方法与田野调查方法类似，能够再现真实的社会生态等环境条件，考察变量在真实背景中对结果的影响，因而具有较好的外部效度。实验室实验和实地实验的结合能够增强对研究结论的科学性和应用性的信心。

第四，更适合制度研究。实验人员可以观察被试者在不同制度安排下的选择行为，进而精确地检验人们在这些制度环境中的行为是否与理论预测相一致。

---

① 柴盈，Marco A. Janssen. 公共资源实验研究：微观行为为视角[M]. 北京：科学出版社，2017.

第五，人们行为的最优与最差结果容易计算。实验中获取的数据可以很容易量化处理人们的行为结果，进而将其与最优与最差标准进行对比，判断人们行为的相对水准，并检验变量的影响效果。

同时，公共事物实验也存在固有缺陷，主要反映为实验结论的外部效度问题。首先，模型虽然在不断发展，但实验终究只是抽象，其与现实世界的差距必然带来误差；其次，无论实验室实验还是实地实验，都是在一个小群体中开展，即便实地实验能修正使用学生群体可能存在的偏误，其结论依然不能一般化。最后，作为一种行为实验，公共事物源实验主要在微观个体层面进行分析，至少在现阶段还不能将相关结论扩展到大规模层面。解决上述问题还需通过将实验与其他研究方法相结合，取长补短，共同分析研究问题。

近年来，公共事物实验也呈现出新的发展趋势：第一，强调跨学科合作，特别是社会科学与自然科学的融合，在模型中既反映人类行为和制度的复杂性，也反映资源的复杂性；第二，拓展研究范围，在社会生态系统等分析框架的指导下，研究更多类型的变量对资源利用行为的影响；第三，将实验作为一种政策工具，借助实验影响实际，让资源使用者通过参与实验了解可持续发展的重要性以及过度开发资源的危害，进而促使他们在实际生产生活中改变资源利用行为；第四，开发更高级的实验工具（计算机程序、线上实验网站、线下模拟游戏等），为开展复杂实验提供硬件支撑。

五、多元方法的结合

以上对实验研究的讨论也表明了将其与其他研究方法相结合的重要性。由于对象招募无法做到完全随机，实验对象在决策时也会考虑许多实验外因素，为控制混淆变量，同时更好地理解决策行为，研究者一般会在实验后通过问卷搜集实验对象的人口统计学信息、经济社会政治状况信息以及实验变量，如决策依据、对他人的预测等，并在此基础上以每个对象的每轮决策为观测样本，选取合适的实验和问卷数据，开展定量分析。

定性研究方法也可用于解释实验结果。在允许交流的设定中，研究者通过对交流内容开展文本分析，能够总结出实验对象在实验过程建立了哪些非正式制度、形成了什么样的社会网络、各自扮演何种社会角色。而在实验结束后，研究者可以再次将实验对象召集起来，对其中典型个体展开深度访谈，或针对整个群体开展焦点访谈或参与式互动，从中挖掘深度信息。

公共事物实验还可建立在其他实验的基础上，如信任实验、偏好实验等，运用其他实验测得的数据来解释公共事物实验的结果。反过来公共事物实验也可成为系列实验的中间一环。

总体来看，在公共事物治理的多种研究方法中，案例研究提供了关于特定群体克服集体行动困境的现实考察，其中的经验可以在受控实验中进行测试，而大样本研究可以提供对变量影响的估计，实验则提供了定量数据以检验集体行动中的行为人模型①。可见，只有多元方法的结合，才能为公共事物治理研究提供可靠的洞见。

关键术语

公共池塘资源实验　公共物品实验　行为人模型“布卢明顿”模型

实验室实验　实地实验　在线实验

思考题

1. 你是否接触过任何社会科学领域的实验研究，这些实验与本书介绍的实验方法有何异同？

2. 公共事物实验在社会科学实验研究中的独特性是什么？主要价值有哪些？

① Poteete A R, Janssen M A, Ostrom E. Working together: collective action, the commons, and multiple methods in practice[M]. Princeton University Press, 2010.

第十一章

国际公共事物治理研究的经典案例

自 20 世纪 90 年代以来，公共事物领域的学者已经进行了大量研究。本章将介绍国际公共事物治理领域的五个经典案例，以展现当前国际公共事物治理研究的常见方法和理论进展。这些研究案例有的是单案例研究，例如对智利近海渔场系统的研究。还有多案例的比较研究，例如在国际森林资源和制度(IFRI)项目中，研究者对 12 个国家的森林系统进行了比较研究；在社会生态系统荟萃分析数据库(SESMAD)项目中，研究团队汇集了来自 5 个不同国家和地区的大规模公共事物治理案例。在这些研究中，研究者从不同层面和角度集中探讨了影响一个社会生态系统治理的因素，以及这些因素之间是如何交互影响的。这些研究代表了公共事物治理研究在不同发展阶段的重要研究成果，为学科发展作出了重要贡献。

第一节 南加州地下水系统的研究①

南加州的地下水治理研究可以追溯到埃莉诺·奥斯特罗姆的博士论文。后来，她的学生布罗姆奎斯特进一步对南加州地下水治理进行了研究。地下水是一种典型的公共池塘资源。从排他性看，排除其他用水户的成本非常高且难度极大(除非水池很小，个人可以控制进入)；另外，消费是竞用性的。当从一个流域中抽取的水超过了补充的水量时，用水户之间就产生了占用的外部性。流域内的地下水位下降，会增加所有用水户的取水成本。如果流域水位下降过多，甚至会导致水源枯竭，用水户就不得不以更高的代价开发新的水源。除了上述外部性问题，

---

① Blomquist W. Changing rules, changing games: evidence from groundwater systems in southern California [A]. In Ostrom, E., Gardner, R. and Walker J. eds., Rules, Games, and Common-Pool Resources. University of Michigan Press, 1994: 283-300.

用水户至少还要面临两种供给问题。第一关问题是集体利益问题：需要增加水量以保持流域水位稳定。在正常情况下，水源补给会提高流域水位，随着水位的上升，抽水成本的降低会使所有人都受益。第二类供给问题则是要涉及抵制严重的集体行动负外部性：根据储存的地下水数量和土壤材料的成分，过度开采地下水可能导致土地下沉；在沿海流域，如果地下水位下降到海平面以下，可能引起海水倒灌，影响地下水的水质。在这两类供给问题面前，一些常见的集体行动困境可能会阻碍行动者解决这些问题的尝试。

在半干旱的南加州，当地可再生水资源供应有限，降水量难以预测，而地表水流量也不稳定。因此南加州的农业发展和城市化在很大程度上依赖于雨水的储蓄、从其他流域引进水源以及地下水。对于大多数土地所有者和供水者来说，使用地下水是最便利并且成本最低的选择，因此南加州地下水的使用量一度快速增长。这导致地下水的使用量超过了可再生产量，由此产生了公共池塘资源问题。在这种背景下，当地用水户和他们选出的代表试图通过改变制度安排来缓解这些公共池塘资源的问题并避免灾难性后果的发生。在南加州地下水系统的三个案例，包括雷蒙德流域（Raymond Basin）、奥林奇县（Orange County）、莫哈韦河（Mojave River），可以阐明集体行动和建立制度的努力及其结果。这里的分析侧重于行动层次、操作规则配置及其对策略、行为和结果的影响。

一、行动层次

集体行动发生在三个层面：操作层面、集体选择层面和宪制层面。每一层的行动都受到相应规则的影响，即操作规则、集体选择规则和宪制规则。就地下水系统而言，操作层面的行动的典型事例是用水户从井中抽水；集体选择层面的行动例子包括采用或修改水井间隔制度；宪制层面的行动则包括组建制定井距规则的实体机构并授权其行动。在以雷蒙德流域、奥林奇县和莫哈韦河流域为代表的公共池塘资源治理中，用水户的集体行动涉及多个层面。宪制层面的行动包括建立地下水治理机构，并授权其行动；集体选择层面的行动包括制定和修改地下水管理政策和方案（包括取水、供水、监测和执行的操作规则）；操作层面的行动包括用水户、监督者以及流域治理机构的地下水占用行为和管理实践。

1. 宪制层次行动

雷蒙德流域：规定由法院保留管辖权，确定流域中抽水权的原始分配，建立水务服务局并由抽水权所有者支付其运营费用，建立水资源交换银行系统，确定水分配信用的系统，根据特定水井的水位确定流域抽水权的变化；创建雷蒙德流域管理委员会(RBMB)作为流域用水户的代表机构，并授权 RBMB 担任水务主管，建议调整抽水模式；创建山麓市政水区(FMWD)，为尚未并入市政水管区或未与州水利项目签订合同的流域社区引水。

奥林奇县：根据州立法机构的法案，成立奥林奇县水区(OCWD)，董事会由该区选民选出，有权代表居民获得并保护水资源和水权，并增加流域内的蓄水能力，但不参与流域内抽水权的确定；州立法机关通过奥林奇县水区法修正案，授权区议会征收抽水税，包括差别抽水税，以增加购买补充用水的资金。

莫哈韦河：根据州立法机构的法案建立莫哈韦水务局，由代表该机构内各部门以及现有市政当局的董事会管理，授权水务局代表居民获取并保护水资源，并制定关于水权的决策；州立法机构通过《莫哈韦水务局法》修正案，重组并缩减了机构董事会的规模。

2. 集体选择层次行动

雷蒙德流域重新测定区域内安全取水量，并对抽水权进行相应调整；选择山麓市政水管区为雷蒙德流域管委会提供人员支持；雷蒙德流域管委会基于现有抽水模式和自愿调整原则进行决策；对水务管理局在支出与活动方面进行授权；对水资源用户的信用与抽水量的变化进行决策；管理水资源交换银行；对流域研究和合作协议进行授权。

奥林奇县：由奥林奇县水管区委员会采用流域管理政策，包括制定补充水采购量和流域抽水量的目标；建造并管理阻止海水倒灌的海岸阻隔工程；授权水管区支出预算；制定关于水井的相关规定；确定每年抽水税的税率；对流域研究和合作协议进行授权。

莫哈韦河：批准莫哈韦水务局支出委员会；设定财产税税率以支付机构支出；对流域研究和合作协议进行授权；授权诉讼以确定抽水权；授权购买补充用水；授权管道项目；发起针对上游开发和改道的法律诉讼。

3. 操作层面行动

雷蒙德流域：用水户抽水、计量水井、报告产量、支付流域管理费用；引水者从联邦水开发部、FMWD和其他部门引水，直接输送给用水户；水务局的工作人员监督水井、收集资料、制作关于流域条件和运行的报告；水管区人员支援流域管委会清算账目、协助流域管理委员会；流域管委会批阅报告、监督流域条件、出席会议、向法院报告。

奥林奇县：用水户抽水、计量水井、报告产量、支付流域管理费用和抽水税；引水者从县内的其他供水区和其他地区引水，直接输送给用水户；水管区人员执行流域管理计划、监测水井、收集抽水数据、编制和分发关于流域运行的报告、协助水管区董事会、理清财务账目；水管区董事会批阅报告、监督流域条件、出席会议。

莫哈韦河：用水户抽水；水务局工作人员监督并报告流域状况、协助水务局董事会成员、厘清财务账目。水务局董事出席会议、批阅报告。

二、操作层面的规则体系

三个流域中操作层面规则有几个明显特征。第一，也是最明显的一点，在不同的案例中，使用的操作层面规则有明显的不同；三个流域中的抽水者和监督者所处的制度安排不同。第二，莫哈韦河案例与另外两个明显不同，缺乏规范抽水者活动的规则。第三，雷蒙德和奥林奇县案例的操作层面规则揭示了流域管理的不同方法。在奥林奇县，抽水者的取水权没有明确规定，也没有明确的取水量的限制，雷蒙德流域恰恰相反。在雷蒙德流域，新的用水户禁止使用该流域，除非他们从现有用水户处获得授权。在奥林奇县，则不能禁止今后的新用水户取水的权利。奥林奇县征收了抽水税，以支持一项流域补给计划；在雷蒙德流域则没有全流域的补给计划。此外，在雷蒙德流域，每个用水户的年度抽水量都会在公开的报告中公布。

在任何层面中，不同的规则都是配置在一起并共同作用，这意味着一个规则的效果取决于其他规则。例如雷蒙德流域制定了限制每户年度取水量的规则，如果用水户被限制在特定的抽取量，并被要求安装和维护井上的仪表，同时由监督者检查用水户的井和仪表；监督者还会向所有其他用水户报告每个用水户的抽取量，并且对超过其分配的抽取量或未能安装或维护精确仪表的用水户进行处罚，有了这样的规则配置，可以预期用水户会自我约束遵守用水限定。

三、操作层面的规则和博弈结构

很多观点认为，在公共池塘资源环境中，人们面临的激励和选择与囚徒困境非常相似。不论其他人怎么做，每个占用者的最优策略都是不受限制地开发和占用资源，或者拒绝为资源的保护和维护作出贡献。

在南加州案例中，莫哈韦河案例的操作规则配置的特点是限制资源占用的规则非常少，并且关于监督的制度安排也并不健全。鉴于像莫哈韦河地区这样一个快速发展的沙漠地区，可以预计，在其他条件不变的情况下，用水户将基于缺乏强制规则的现状，占用越来越多的水资源。这样在集体层面会达成一个低效率的平衡。实际上，在采取有效的集体行动之前，莫哈韦河地区和南加州的其他地下水系统就是这种情况。

在雷蒙德和奥林奇县的案例中，根据操作层面的规则可以发现，如果用水户进行了一些不合作的行为，如过度抽水、未能报告产量以及未能根据其抽水量支付费用，他们将受到制裁。这些制裁包括罚款和剥夺使用权。此外，用水户需要计量和报告它们的抽水量，监督者可以检查仪表和水井。在这种情况下，可以预期，在给定的时间周期内，一个典型的用水户会发现，如果与其他人合作，那么他试图搭便车的回报就会低于合作的回报。

因此，人们需要提供并维持关键的制度安排，为资源占用者提供足够的关于人们行动以及遵守规则的情况信息。雷蒙德流域案例的实证证据表明，当所有参与者都掌握信息时，就会产生合作的动机。同时实证证据也显示，制度安排通过提高参与者对彼此规则遵循行为的信心，可以促进参与者自愿遵守规则。

四、规则、行动和结果：来自案例的证据

在雷蒙德和奥林奇县的案例中，随着时间的推移，由用水户和其他人开发的相对透明的制度安排产生了类似有序规则的抽水博弈的结果，用水户通过了合作的策略。虽然制度安排在雷蒙德流域都已经实施了几十年，但从未对不遵守制度安排的行为实施过制裁。当出现违规行为时，通报这些违规行为足以使对方在下一个时间段内遵守规定，而无须实施制裁。表 11-1 简要总结了截至 1990 年的三

种案例中的流域状况。

表 11-1　三种案例中流域状况的比较

条　　件	雷蒙德	奥林奇	莫哈韦
对输入水的利用相对流域水利用已经增加了吗？	是	是	不是
紧急供应与高峰供应对流域水形成依赖了吗？	是	是	不是
流域是否处于持续性过度开采状态？	不是	不是	是
流域水位是升高、稳定还是下降？	稳定	稳定	下降
水资源的消费者是否对水供应的成本负责？	负责	负责	不负责
领域中总的水利用量是增加、稳定还是下降？	稳定	稳定	增加
流域中人均水利用量高于还是低于州平均水平？	低	低	高
流域中人均水利用量是增加、稳定还是下降？	下降	下降	稳定

表 11-1 显示了莫哈韦与雷蒙德和奥林奇县在这些结果标准上的明显对比。在雷蒙德和奥林奇县的案例中，地下水系统在更大程度上用于储存和用水高峰时使用，已经不再有过度开采的现象，地下水位也保持稳定。此外，在奥林奇县，一个大规模的人工流域补给项目已经运行了近 30 年，而针对海水入侵的沿海屏障已经成功运行了 20 年。在这两个流域，用水户总取水量和人均取水量都低于州平均水平，并且还在进一步下降。

五、南加州地下水系统的研究发现

在这些地下水系统中，水资源用户采取或发起宪制层面的行动，来创建和修改集体选择制度，并授权这些制度中的行动者制定和执行地下水管理政策和方案。在雷蒙德和奥林奇县这两个案例中，建立或修正了有效的集体选择制度，以指导用水户、资源提供及维护者、监督及执行者的操作层面规则。这说明了行动情景中的行动者可以通过在多个层面采取行动来有意识地主导规则的改变。

在这两个案例中，由制度变迁过程产生的操作层面的规则体系的变化，影响了用水户的策略和行为的变化，并带来了公共事物的改善。埃莉诺·奥斯特罗姆对加州西部和中部流域的描述同样适用于雷蒙德和奥林奇县的案例："经过几十年的制度变迁，由此产生的制度基础设施……代表了一项重大投资，它极大地改变了参与者的激励和行为以及结果。”[①]但在莫哈韦的案例中，操作层面的规则配置没有实质变化，这似乎导致用水户的策略和行为维持原状，并且公共事物状况也持续恶化。规则通过影响行动者的动机和选择，进而影响他们所采取的策略和行为来塑造行动情景。同时，规则的变化可以导致行动者采取不同的策略和行为，从而产生不同的结果。

来自南加州的实证证据不能视为公共池塘资源有效治理的万能药。即使在相对成功的雷蒙德和奥林奇县案件中，宪制和集体选择行动也产生了非常不同的操作规则配置。但是，来自南加州的案例确实印证了规则和行动之间的密切关系。

第二节 尼泊尔灌溉系统的比较研究[②]

对尼泊尔灌溉系统的研究是埃莉诺·奥斯特罗姆研究团队很早就开展的研究活动，也由此产生了尼泊尔灌溉系统制度(NIIS)数据库。在当时，主流的发展理论主要基于这样一种公地悲剧和集体行动困境的假设，认为提供和维持公共资源的集体行动所涉及的障碍和诱惑非常巨大，只有政府才有能力克服这些困难。然而，通过对尼泊尔灌溉系统的研究发现，农民管理的灌溉系统的平均性能水平往往高于国家管理的灌溉系统[③]。

一个灌溉系统就是一个公共池塘资源。首先，灌溉系统中水的提取是低排他的，一旦水在运河中流动，对于农田与运河相邻的农民来说，建造一个开口让水流入农民的土地通常很容易。如果任何一个农民可以很方便地从一个灌溉系统中取水，就很难产生为此付出成本的激励。如果农民不为灌溉系统的供给作出贡献，那么系统的状况是否恶化将取决于当地精英或者政府机构的激励措施。灌溉系统中水的取用具有竞用性。农民从灌渠中抽取水，这部分水其他农民无法获得，同时总水量也会减少。无论官员或农民试图为灌溉系统建立什么样的分配规

① Ostrom E. Governing the commons: the evolution of institutions for collective action[M]. Cambridge University Press, 1990.

② Joshi N N, Ostrom E, Shivakoti G P, Lam W F. Institutional Opportunities and Constraints in the Performance of Farmer-Managed Irrigation Systems in Nepal[J]. Asia-Pacific Journal of Rural Development, 2000, 10(2): 67-92.

③ Ostrom E, Lam W F, Lee M. The Performance of Self-Governing Irrigation Systems in Nepal[J]. Human Systems Management, 1994, 3: 197-207.

则，来管理谁来取水、何时取水以及在什么条件下取水，总是存在违反规则的诱惑，例如过度取水、不按时间规定取水等。

与其他类型的集体保护区相比，集体行动的问题在灌溉系统中可能更加困难，因为农民面临着由灌溉系统首端和末端的物理差异造成的严重不对称。由于位于灌溉系统上游的农民用水更加便利，他们对于修复灌渠的激励也较少。

一、尼泊尔的灌溉系统绩效

灌溉系统中集体行动的收益难以衡量，且在时间和空间上分布分散。同时，灌溉系统被认为是规模经济的，且需要专业的技术知识。传统的观点认为，只有中央政府才被认为有足够的力量实现灌溉系统的集体利益。另外，国家介入带来的问题是：虽然中央机构参与工程设计，但农民要负责这些系统的日常维护，设计工程师很少咨询农民的意见，不太考虑新系统建设之前就存在的水权分配。

虽然许多发展政策是基于这样一种假设，即只有国家才能克服灌溉系统中的集体行动困境，但是基于关于尼泊尔灌溉系统绩效的比较研究所得出的发现并不支持这一观点。灌溉系统管理是尼泊尔农业发展史上的一个重要方面。几个世纪以来，农民一直在使用本土技术管理灌溉系统。据估计，尼泊尔有 20 000 多个灌溉系统由农民自己管理。农民管理的灌溉系统(FMIS)继续为尼泊尔农业系统的发展作出重大贡献。在该国全部灌溉土地中，FMIS 占到 75%。这个案例中描述的灌溉系统共包括 231 个，即 183 个 FMIS 和 48 个 AMIS(官方机构管理的灌溉系统)。这 231 个灌溉系统分布在不同的地理位置。每个灌溉系统都由一个用水户协会(WUA)，负责分配水，解决冲突，维护运河和渠首工程。用水户协会在制度安排方面各不相同，有些是相对正式的，但其他一些则是简单的口头规则。这些操作规则是当地制定的，既没有法律支持，也没有立法参考。

虽然 FMIS 和 AMIS 在尼泊尔共同发展，但这些治理制度有不同的管理风格。AMIS 的治理结构非常官僚化，更加依赖专业管理和复杂的工程设计；另外，FMIS 的治理结构是基于自我组织、社区资源调动和自我治理，更加强调人为努力的重要性。

二、检查治理结构、制度规则和灌溉绩效

治理结构不仅是特定情况下使用的规则总和，也是特定环境下制度安排的配

置，反映了对灌溉治理和管理规则的有序关系的特定共识。因此，在特定的治理结构中，有必要考察影响灌溉绩效的制度安排和执行机制的类型。

这些体制安排分为两类：正式制度和实际规则。正式制度通常等同于成文的法律或法规。外部观察者很容易找到关于正式规则的信息。实际规则（工作规则）是那些实际使用、监控、执行的规则。正式制度变量包括：书面规则的存在、官方监督的存在和惩罚的规定。实际规则包括：社会制裁、官方制裁、实际惩罚、遵守规则和相互信任。

大多数 FMIS 和 AMIS 都以书面形式维护这些规则。同时，FMIS 和 AMIS 都设置了正式监督员的职位。与 FMIS 相比，AMIS 招聘的正式监督员的比例要大得多。这是因为在许多 FMIS，用水户自己非正式地履行监督员的职责，而不是任命正式的监督员。在 AMIS，约 87% 的正式任命的监督员是非用水户，而在 FMIS，这类监督员只占约 30%。还有一项制度安排是对违反规则的用水户者处以现金或商品形式的惩罚，这一项安排在两种治理结构中并没有明显的不同，因为这些结构中的大多数都有对违规者进行惩罚的规定。

FMIS 和 AMIS 在遭遇社会制裁的可能性方面没有显著差异。社会制裁是指违反规则的人可能名誉受损，受到其他人的批评，甚至被排除在其他社会活动之外。对破坏规则者的另一种制裁是官方制裁。在特定的灌溉系统中，官方制裁是由官方招募的监督员实施的。制裁的程度可能因违规的严重程度而异，也可能因灌溉系统而异。总体来看，FMIS 中实施官方制裁的可能性要比在 AMIS 中大得多。

与之类似，大约四分之三的 FMIS 利用实际规则对未参与劳动的行为进行惩罚。实施类似惩罚的 AMIS 比例约为 38%。规则的实施将有助于灌溉性能的进一步提高。就遵守规则而言，FMIS 农民高度遵守规则的比例要高得多，而 AMIS 的这类农民比例相对较小。

在尼泊尔这样的国家，灌溉管理的另一个重要方面是用水户之间的相互信任。FMIS 中总人口的约三分之二体现出了高度的相互信任，而只有不到一半的 AMIS 成员相互之间信任度较高。

1. 治理结构和灌溉绩效

灌溉系统的绩效通过灌溉系统的物理条件、水的输送和农业生产力三个方面来衡量。这三个维度是相互依存的,既不能简单相加,也不能被其他维度替代。例如,如果一个灌溉系统的运河得到良好的维护,但在输送水方面不能令人满意,就不能认为这个系统运行良好。同样,如果在有效供水的情况下,不能产生提高农业生产率的激励,那这个灌溉系统运行也是存在问题的。

灌溉系统的物理条件:灌溉系统的物理条件是指该系统是否为有效地输送水提供了一个总体上合理的技术基础。这个维度由两个方面组成。第一个方面是灌溉基础设施的技术功能。系统的技术功能是系统将水从渠首输送到出水口的能力,即在输送水的过程中,能否最大限度减少水的损失,这取决于基础设施是否得到良好的维护。物理条件的第二个方面是维护灌溉系统的经济效益,重点是维护的成本效益计算。如果灌溉系统运行和维护的成本低于运行和维护的收益,那么就是经济高效的。

水的输送:水的输送与水的获取、分配和配置有关。不仅包括提供充足水量,还包括公平和可靠性等要素。此外,应根据农民的需求来衡量适足性,同时考虑到水需求的季节性变化。

农业生产力:这一维度指的是特定灌溉系统所服务的农田的生产率。农业生产率是根据种植密度来评估的。

总的来说,FMIS在这三个方面的表现超过AMIS。与AMIS相比,FMIS总体状况良好的比例要高得多。进一步来说,FMIS中技术良好和经济高效的比例也高于AMIS;在水的输送方面,大约53%的FMIS可以向末端的农民输送足够的水量,但只有大约11%的AMIS在末端供应了足够的水;就农业生产力和灌溉性能而言,FMIS的表现也优于AMIS:相对更高比例的FMIS在尾端和头端都有较高的种植密度。

2. 正式制度与灌溉绩效

正式制度和灌溉绩效:分析结果表明,并非所有正式制度都能显著影响灌溉系统的绩效。但是,惩罚规定和监督员的存在等关键制度与灌溉性能显著相关。

惩罚规定:两种治理结构中的大多数都拥有对与资源的占用和维护有关的违约者实施"惩罚"(金钱或物品)的规定。考虑到一些用水户的不良行为,对违反规定者进行惩罚是一种有效的威慑。

监督员的类型:在总共146个设有监督员的灌溉系统中,将近一半的监督员是用水户，其余一半是非用水户。仅仅有监督员不能保证灌溉系统会有更好的绩效，这些监督员的可信度和归属感等因素对灌溉性能也有很大影响。那些从当地用水户中指定监督员的灌溉系统比那些任命非用水户监督员的系统表现更好。这是因为监督员本身也是用水户，也可能面临灌溉系统绩效的影响。从这个角度来看，从用水户中招聘监督员是更合适的选择，而不是雇用更有可能只是为了获得一些经济收入的非用水户。

3. 实际规则和灌溉绩效

社会制裁：在 FMIS 和 AMIS 中，只有一小部分可能实施社会制裁。然而，灌溉系统总体物理条件与社会制裁的关系分析结果证实，对违规者实施社会制裁的可能性与灌溉系统的物理条件存在相关性。在违规者很可能受到社会制裁的情况下，灌溉系统的技术和经济效率都更高。

官方制裁：官方制裁的可能性和水分配的公平性之间存在重要关系。这意味着对过度取水者进行官方惩罚的威胁可以解决水分配的公平正义问题。官方制裁作为对一个组织成员行为的惩罚，通常会促使成员遵守规则。从这个角度来看，实施官方制裁是控制用水户不良行为的有效实际规则之一，从而提高灌溉系统性能。

实际惩罚：尼泊尔灌溉系统的运行和维护需要大量的人力。如果惩罚规则没有得到很好的执行，用水户在灌溉系统的运行和维护中就会产生避免劳动的动机，因此没有参加劳动的人是否会受到惩罚就是一个关键问题。实际中实施征收罚款可有效规避搭便车和逃避劳动的行为，在惩罚比较严厉的地方，更高比例的灌溉系统绩效更好。

遵守规则：虽然执行规则相关组织和制度安排的任务，但遵守规则是每个用水户的个人事务。灌溉者遵守使用规则的程度通常也会反映在灌溉系统的性能上。用水户中遵守规则的比例越高，灌溉系统在整体物理条件、技术和经济效率方面的绩效就越高。

相互信任：渠道两端农民之间的互信是另一个重要方面，这是一种社会资本形式。灌溉管理中的集体行动是多个相互依存的个体之间的相互作用。为使集体行动取得成功，需要较高程度的信任，以便在水渠首尾两端用水户双方之间达成共识。这一点在发生水危机的灌溉系统中尤其重要。与农民之间互信水平较低的灌溉系统相比，在用水户信任水平较高的情况下，灌溉系统在整体物理条件、技术和经济效率方面的绩效都更高。此外，在用水户之间互信水平较高的地方，处境不利的农民所占比例也更小。

三、尼泊尔灌溉系统的研究结论

良好的灌溉系统物理条件是有效输送水量的必要条件，而单位水量的有效输送又有助于提高农业生产力水平。但这并不是灌溉系统提高生产力的充分条件。治理的类型及其制度安排也很重要。总体而言，在灌溉性能和制度安排的适应方面，FMIS 的表现都好于 AMIS。尽管规模较小，没有复杂的实体基础设施，但大多数 FMIS 持续了数百年，说明这一制度安排可以促进灌溉系统的可持续发展。

社会和制度支持是灌溉系统有形基础设施管理的重要方面。在缺乏有效制度安排的情况下，提高灌溉系统绩效努力很可能会落空，从而导致用水户协会和灌溉系统的功能失调。当系统功能失调时，负向的激励可能会刺激灌溉者进一步破坏系统。这样的情况很可能会在用水户之间创造"冲突"而不是"合作"的情景。此外，实际规则与创造各种激励措施有关，而这些激励措施反过来又会影响灌溉系统的绩效。因此，制度需要设计、执行、充分理解，以及遵守。同时需要注意的是，并不是所有情况都适用相同的规则，规则需要与行动者的社会文化、经济属性以及灌溉系统的物理属性相兼容。

第三节 "国际森林资源和制度"(IFRI)项目[①]

IFRI 旨在进一步研究森林资源管理中的集体行动，IFRI 研究涵盖了广泛的森林和制度，目前项目组的数据库拥有一个独一无二的，包含 1992 年至今 18 个国家 500 多个地点的生物多样性、生存方式、制度和森林碳等信息的数据库。IFRI 研究方案汇集了一个合作研究中心网络，对影响森林和使用森林的人的因素进行长期的比较研究。

数据收集包括对森林条件、气候和土壤条件、人口信息和经济指标的生物物理测量，以及影响森林资源利用的机构的详细资料。IFRI 的研究人员每三年到

① Gibson C C, Williams J, Ostrom E. Local Enforcement and Better Forests[J]. World Development, 2005b, 33(2): 273-284.

五年就会回到他们的研究地点。跨学科方法允许评估人口、经济、制度和生物物理变量之间的假设关系。随着时间序列数据的缓慢积累,研究者可以分析需要数年才能缓慢展开的社会和体制变迁进程。对IFRI的跨学科方法感兴趣的学者已经在非洲、亚洲、拉丁美洲和北美建立了合作研究中心。通过建立一个具有可比较和重复性研究的国际数据库,IFRI学者可以进行大样本研究和时间序列分析。IFRI的跨学科方法使研究者可以对实际森林条件和与特定制度安排相关的使用模式进行比较。因此通过IFRI可以对群体规模、异质性和森林管理集体行动之间的关系进行研究①。

一、规则监督和执行的首要地位

影响公共池塘资源治理效果的因素可以分为四大类:资源特征、群体特征、制度安排和外部环境。这些因素都会影响个人激励,进而影响他们最初是否参与制度的制定,以及在既定规则下的行动策略。

然而在研究中,研究者经常忽略规则在实际中如何执行的问题。过去大量通过立法建立的森林公园遭到了非法砍伐。而违规砍伐者即使被抓到,也有强烈的动机向监督人员提供远低于威胁制裁的贿赂,而薪资不高的监督员很难拒绝这样的诱惑。

当一部分森林使用者作为实际规则的积极监督者时,能否克服由此所涉及的集体行动问题?这是森林治理中的一个关键问题。监督规则的遵守相当于为公共利益作出贡献,自愿从事这种监督活动的人是在投入个人资源来提高公共利益。从奥尔森开始,以及非合作博弈论的相关研究都明确预测人们都不会做出任何这样的努力,也不应该期望任何人进行这些行为,除非他们可以获得报酬并受到上级的监督。然而,实验室实验的最新研究表明,与资源使用者无法克服公共利益问题的假设相反,许多被试者的行为并不像传统的集体行动理论所预测的那样。

多位学者的研究表明,实验室实验环境那些没有信守承诺为解决集体行动问题作出贡献的人,的确会受到制裁,即使制裁本身也要付出成本。这些发现出乎很多人的意料,在这些研究中,被试者必须自愿放弃资源来制裁其他人,对此传统

① Poteete A R, Ostrom E . Heterogeneity, Group Size and Collective Action: The Role of Institutions in Forest Management[J]. Development & Change, 2004, 35(3): 435-461.

的非合作博弈论的明确预测是，被试者不会因为不合作而相互制裁。被试者既愿意接受代价高昂的惩罚，也愿意将自己的收益用于奖励他人。当存在惩罚的可能时，被试者的联合回报大幅增加，当惩罚和奖励都存在时，情况更加明显。

可以预期，由资源使用者执行规则可以在森林管理中产生良好的结果。无论用户群体的社会资本水平如何，仍然需要对其成员进行监督，并对不遵守规则的行为进行制裁。如果没有这样的强制力，协议可能很快就会失去效力。如果规则可以稳定地得到执行，则可以期望产生更好的森林治理结果；如果规则只能零星得到执行或不被执行，则预期森林治理的结果会比较差。无论一个群体的正式组织水平如何，或者一个群体对森林资源的依赖程度如何，规则执行的规律性都非常重要。

二、国际森林资源和制度项目的研究

IFRI 的每个研究中心会选择一个国家内的一组森林，这些森林受到各种正式和非正式制度安排的管理。在实地考察时，一个由社会和生物科学家组成的团队在一个特定的地点花费两到四周的时间。白天，小组与当地不同的森林用户和各级官员进行广泛的小组讨论，并对林地进行抽样，以获得关于现场乔木、灌木和地被植物的详细森林测量数据。晚上，小组讨论并编码他们从不同的人那里收到的关于群体经济和社会结构等信息：规则、规则制定和执行；冲突和冲突解决；以及关于森林和森林用户定居点的历史信息。然后将这些信息输入结构化数据库。

在 IFRI 的研究中，分析单位是用户群体，用户群体是从事采伐、使用或维护森林的一群人，他们对森林中的产品享有相同的权利和义务。IFRI 的用户群体既可以是几个非法从森林中采摘蘑菇的人，也可以是砍伐木材的林业部门的员工。研究中的每处森林面积至少为 0.5 公顷，其中包含供至少三个家庭砍伐的木本植物，并受相同的法律结构管理。因此，国家法定的森林保护区和一公顷的木本植被地块都可以被认为是森林。

对于每处森林，IFRI 都确定了一个或多个用户群体。在关于规则执行与森林治理的研究中，研究团队选取了 12 个国家中 178 个用户群体和 220 处森林。用户群体的活动水平、组织和年龄有很大的不同。一些用户群体彼此根本不见面，也不共享任何级别的活动；有的用户群体没有就他们使用的森林进行任何集体活动；而另外一些用户群体已经充分组织起来，开始举行会议、选举了官员，并至少开展了一些联合活动。这些群体的存在年限从 3 年到 100 年不等。

对于这些案例的考察选择了四个解释变量：(1)规则的执行和遵守；(2)团体的社会资本；(3)团体对森林资源的依赖；(4)团体是否为正式组织。规则的执行和遵守通过监督和制裁的频率来衡量。在这项研究中使用了三个不同的因变量来衡量森林状况。由于不同生态区的森林差异很大(树木密度、物种数量、生物量等)，研究团队采用了用户群体和当地专业林业员的评估。由用户群体评价森林密度、生物量等；专业林业员被要求根据其特定的地形和生态区对森林的生存价值进行评估。此外，还由林农对森林的商业价值进行评价。IFRI 团队对以上变量进行编码，例如监督和制裁频率编码为从不、偶尔、季节性或全年。

三、国际森林资源和制度项目的重要发现

结果表明，无论社会资本水平和对森林的依赖程度如何，规则的执行和遵守都与森林治理状况密切相关。在组织正式性方面，规则执行对于没有正式组织的群体来说非常重要，即森林治理结果与规则执行水平存在很强的相关性；而森林治理结果和正式组织之间则没有显著的关系。

这些结果表明，规则的执行比其他三个变量更重要。因此，无论社会资本、正式组织或森林依赖程度如何，定期监督和制裁都与更好的森林条件密切相关。但是也存在一些规则执行程度较低但森林条件较好的例子，这主要有三个原因。首先，由于数据是从相对较短的实地考察中获得的，会有一些自变量和因变量的测量误差。其次是由于研究团队的一次性测量造成的限制。在研究人员进入该领域的时候，一个用户群体可能已经建立了定期监督，但森林的初始条件是非常贫瘠的。同样，用户群体的监督可能执行得越来越差，这将导致随着时间的推移森林状况也越来越糟糕，但在测量时，森林状况仍然良好。最后，一个群体可能正在执行他们的规则，但还没有制定出在这种社会生态环境中实现良好森林状况所需的一套规则。

在现实的治理中，规则必须得到执行，森林的治理才能取得成功。一旦个别行动者开始不遵守规则，其他人往往会很快追随他们的脚步。因此规则的执行和遵守是有效资源管理的必要条件。对于使用相同研究方案从 12 个国家收集的数据集，通过简单的统计检验可以发现，无论用户群体是否存在正式组织，是否依赖森林提供一系列资源，或者是否拥有社会资本，本地用户群体的规则执行情况都

与森林状况显著相关，而且这种情况无论在任何所有制的森林都存在。

第四节　对智利近海渔场的研究[①]

一、智利大型海藻渔业组织能力衰败和恢复

智利普埃蒂西罗(Puertecillo)是一个在传统管理体系的基础上实施了官方制定的区域使用权渔业(Territorial Use Rights Fisheries，TURF)政策的案例。研究者利用SES框架比较了同一个渔业群落在三个不同时间点的变化：(1)第一个阶段，生态系统完全通过当地渔民的传统管理体系进行管理；(2)第二个阶段，该系统完全由官方的国家级TURF政策来管理；(3)第三个阶段，该制度是通过整合了先前治理方法的新制度进行治理。通过这个案例表明SES框架可以用来研究特定的政策干预的意外效果。

普埃蒂西罗是位于智利第六区的农村地区。这里大约有几十户人家，总人口约几百人。普埃蒂西罗渔民的收入在很大程度上取决于当地海藻的收获，当地的渔民代代以收获海藻为生。海藻在夏季(11月至次年3月)收获和出售，其收入用于购买冬季的基本食品。历史上，普埃蒂西罗的渔民享有很大程度的自主权来确定自己的经营准入和捕捞规则，他们建立了一个运行了100多年的传统管理体系。这个体系一直运行到2003年，国家规定的TURF政策开始施行，取代了传统的管理体系。在TURF政策管理期间，当地的管理实践运转不佳，整个社会生态系统的可持续性受到了大约四年的威胁。

二、不同的治理阶段

1. 时间段1：非正式的传统治理制度

在普埃蒂西罗的传统治理制度体系下，每个成员会被分配一个指定地点进行捕捞活动，具体捕捞地点通过抽签决定。这种传统的管理方法基于100多年历史的社会规范和行为准则合法化的习惯。此外，通过传统的管理方法，渔民获得并

① Basurto X，Gelcich S，Ostrom E. The social-ecological system framework as a knowledge classificatory system for benthic small-scale fisheries[J]. Global Environmental Change，2013，23(6)：1366-1380.

分享相关资源(包含资源系统和资源单位)的有效知识,同时渔民之间建立了信任和互惠的准则。通过一套不同的规则,渔民社区允许那些没有能力捕捞藻类的妇女收集被海浪冲上岸的东西。

每个渔民的捕捞地点通过每年一次的抽签制度决定。一旦批准了一个地点,渔民有权决定如何在一年内管理该地点。但是,在 4 月 1 日至 9 月 30 日期间不允许捕捞海藻。这是一项自主形成的措施,但却非常符合藻类的生物学知识:科学表明封闭季节以外的时期是藻类生长较快的时期。在普埃蒂西罗的传统制度下,渔民拥有很大的自主权,可以制定和试验他们自己的实际操作规则,这些规则包括捕捞权限的分配、捕捞季节的开放或关闭、捕捞尺寸大小限制、进出区域和其他当地规则。但是,由于这些制度缺乏法律认可,很难规避从其他城镇来的偷捕者。

2. 时间段 2:制定了官方的 TURF 政策

在普埃蒂西罗,国家级 TURF 政策于 2003 年开始实施。根据 TURF 政策,智利渔业部副部长被授权可以将资源使用权分配给特定地理沿海地区的渔民组织。为了获得 TURF 政策,渔民组织必须遵守一系列法规,其中包括建立基线标准和五年管理计划,为此必须雇用专业生物学顾问以获得技术援助。尽管该政策在智利那些没有传统管理实践的地区非常成功,但普埃蒂西罗在批准并实施正式的 TURF 政策一年后,开始出现过度捕捞和相关渔民社群的动荡。实际上,在 TURF 政策执行之后,渔民就不再依赖共同的信任和互惠规范或彼此相互分享知识。一小部分社区成员失去了维持社区运作规则的动机,并过度捕捞直到被发现。

TURF 政策破坏了影响行动者(A)和治理系统(GS)的地方制度。例如,TURF 政策确实为普埃蒂西罗的渔民提供了海岸的一部分法律认可,但对于规则与当地条件的一致性、规则如何执行,以及捕捞等集体选择安排产生了明显的负面影响。这极大地影响了该系统的公平性和社会凝聚力,特别是影响了渔民之间的信任和互惠。

此外,出售资源的机制已从与中间商的个人谈判变为集体谈判。这改变了渔民组织中的权力关系,因为一些成员有权做出重要的议价决定,从而在少数渔民、顾问和中间商之间建立了新的纵向社会关系。这些垂直关系对于进入新市场并获得法律支持具有积极意义。但是,它们主要用于服务个人利益,使渔民组织容易受到关键和强大领导人的影响,并减弱了信任、纽带关系以及内部的知识共享。TURF 规则所产生的责任使渔民无法保持适应能力并有效地利用其知识来管理资源。因此,该系统仍然进行监督,但标准已从本地的持续适应性监督转变为依赖正式的生物学指标。

3. 时间段 3: 传统和 TURF 合并的治理制度

仅仅在国家 TURF 政策体制下治理海藻几年之后,社会生态系统正在陷入生物和社会危机,这导致了治理制度的又一次修正。开发新的管理途径花了将近十年的时间,这一新的治理制度可以使普埃蒂西罗渔民、地方渔业机构结合传统做法和 TURF 政策以适应当地治理挑战。

在普埃蒂西罗,社会资本提供了一种潜在的社会凝聚力,这种潜在的社会资本是通过与渔业无关的其他社区层面的互动和活动来维持。这种与渔业没有直接关系的机制有助于维持社区内的社会资本,并抵消渔民组织内部分裂的影响。所有这些关系都嵌入在普埃蒂西罗小而活跃的社区的日常互动中。此外,当地渔业部门和渔民组织之间存在关键联系者,这对于引导从 TURF 政策过渡到新的法规至关重要。这些代理人包括受人尊敬的渔民组织领袖和当地渔业服务官员。

新的治理体制包括对区域使用权的认可以及根据抽签分配重新建立个人拥有的区域。所有这些规则都有助于重建信任和互惠以及共享本地知识。通过资源监督系统的规则,本地知识可以与正式监督体系集成在一起。

通过 SES 进行的历时性研究,有助于研究者识别可能会阻碍或促进成功采取集体行动以实现普埃蒂西罗资源利用可持续性的具体变量。信任和互惠(A6.1),领导力(A5),共享本地知识(A7)以及水平和垂直治理网络结构(GS8.1 和 GS8.2)的组合似乎都有助于建立更好的公共池塘资源管理集体行动。

三、智利近海渔场的研究结果与讨论

智利案例的研究显示了观察社会生态变量组合和过程以了解相互作用的重要性。通过 SES 框架允许确定影响渔民在不同时期自组织能力的不同条件。例如,使用该框架可以很容易地总结出国家级设计的 TURF 治理制度的意想不到的后果,从而导致普埃蒂西罗的自我组织能力在第二个时期衰败。而在第三个时期，普埃蒂西罗通过制度学习过程以及其他因素恢复了自组织能力。

表 11-2　智利普埃蒂西罗三个不同治理时期的关键社会生态系统变量比较

变量(代码)	工作定义	普埃蒂西罗		
		第一时期	第二时期	第三时期
是否成功的自我组织		是	否	是
行动者(A)				
行动者数量(A1)	影响渔业捕捞决策过程的行动者数量	稳固	稳固	稳固
地方领导(A5)	拥有组织集体行动的技能并被同伴追随的行动者	存在	存在	存在
信任和互惠(A6.1)	信任是衡量一个社区成员对其他成员履行协议的信心程度；互惠是对社区成员先前合作或有缺陷的行为的对称反应	高水平	低水平	中等水平
本地知识分享(A7)	利益相关者理解 SES 特征和动态的程度	高水平	低水平	高水平
经济依赖性(A8.1)	这种资源是货币收入的来源，对渔民维持生计的能力起着重要作用	高	高	高
文化依赖性(A8.2)	资源构成了文化价值、实践和服务的来源，并在渔民维持生计的能力中发挥着重要作用	高	高	高
治理系统(GS)				
垂直治理网络结构(GS8.2)	将参与者与其他组织或国家跨层级联系起来	低	高	高
水平治理网络结构(GS8.1)	将行动者相互联系起来，为了共同的目的共同行动	高	低	高
正式承认产权/使用权(GS6.1)	特定类型的规则，用于确定哪些行动者被授权执行与特定商品或服务相关的操作	不存在	存在	存在
传统使用权：个人拥有的捕捞点(GS6.1.4.2)	授予个体渔民永久或有限产权的人工建造或商定区域	存在	不存在	存在
操作规则(GS6.2)	由被授权(或允许)采取这些行动的个人执行实际决策	存在	存在	存在
生物监督(GS9.2)	当地行动者，或被他们合法化的外来者，观察资源系统和单位的状况	通常存在	通常存在	通常存在
分级制裁(GS10.1)	违反操作规则的行为人将受到与其严重性和违规次数一致的制裁	通常存在	通常存在	通常存在

在处理复杂系统时，可能无法确定特定变量在结果中的作用。但是可以确定

哪些变量组合可能与结果相关联。因此，跟踪这种变量的组合配置及其相关结果可能是迈向开发研究复杂系统治理的系统方法的重要一步。能够识别同一现象如何被多种因果关系表征，可以扩大政策选择的范围，因而具有重要的政策价值。

最后需要注意的是，人们通常会误解，SES框架中的所有变量都是某一特定分析所需要的。但是任何人都不可能辨析SES框架中列出的所有变量，在具体的研究中可以在关注某些变量的同时保持其他变量不变。

第五节　社会生态系统荟萃分析数据库(SESMAD)项目[①]

埃莉诺·奥斯特罗姆提出了八项原则，这些原则是促进成功的公共池塘资源自主治理的关键条件。本节综述了围绕八项原则的最新研究，即通过对五个大规模社会生态系统案例的比较研究，检验了埃莉诺·奥斯特罗姆的八项原则在大型系统中的适用性。五个案例分别是：《蒙特利尔议定书》中臭氧消耗物质的全球监管；管理大西洋蓝鳍金枪鱼；减轻莱茵河地区的跨界水污染；印度尼西亚的国家森林管理；澳大利亚大堡礁区域海洋保护区网络。这些案例也是SESMAD的早期开发案例[②]。SESMAD选择这些案例作为早期开发的基础有三个原因：(1)多样性，即这些案例代表了不同背景下不同资源(开采和污染)的全球、区域和跨界治理的例子；(2)案例文献的可用性；(3)研究者对案件的熟悉程度。

一、社会生态系统分析案例简介

澳大利亚大堡礁海洋公园(Great Barrier Reef Marine Park，GBRMP)通常被认为是世界上最好的海洋保护区。GBRMP面积约345 000平方公里，是世界上最大的海洋保护区之一。作为世界七大自然奇观之一，它是一个具有巨大环境、文化、社会和经济价值的全球重要海洋生态系统。1975年，澳大利亚通过一项法案，该法案规定GBRMP管理机构直接向澳大利亚总理办公室报告。该保护区管理由两个关键的行动者群体共同承担——管理珊瑚礁的群体和渔业管理者。该

① Forrest D Fleischman，Natalie C. Ban，Louisa S. Evans，Graham Epstein，Gustavo Garcia-Lopez，Sergio Villamayor-Tomas. Governing large-scale social-ecological systems&58；Lessons from five cases[J]. International Journal of the Commons，2014.

② Cox M. Understanding large social-ecological systems：introducing the SESMAD project[J]. International Journal of the Commons，2014，8(2)：265.

案例中被编码的有两种主要的资源：鱼类和珊瑚礁。

《国际大西洋金枪鱼保护公约》(*International Convention for the Conservation of Atlantic Tunas*,ICCAT)对大西洋蓝鳍金枪鱼(Atlantic Bluefin Tuna,ABFT)以及其他物种在大型海洋共有区的使用进行管理。大西洋蓝鳍金枪鱼是一种大型鱼类,生活在北大西洋和地中海的大部分地区,在利润丰厚的生鱼片市场上特别有价值。现代捕鱼技术(围网捕鱼和长网捕鱼)高效,加上第二次世界大战后捕鱼量的增加,导致大西洋蓝鳍金枪鱼存量下降,并促使国际社会需要制定一个能够管理资源使用的治理系统。

印度尼西亚拥有世界第三大热带森林,拥有全球重要的碳储量和生物多样性。印度尼西亚从20世纪60年代开始经历了快速的森林砍伐,森林覆盖率从接近85%下降到今天的低于50%。在这个案例中分析了两个不同的时期：从1965年到1998年,苏哈托统治时期;1998年后,开始实行民主治理和政治权力下放,森林砍伐率先降后升。

《蒙特利尔议定书》——一项通过逐步淘汰消耗臭氧层物质来保护臭氧层的国际条约——通常被认为是国际合作应对全球问题的成功范例。在20世纪70年代,科学家发现了氯氟烃的有害影响,导致了严重的臭氧消耗和广为人知的臭氧空洞。该议定书是联合国历史上得到最多国家批准的条约。臭氧消耗物质(受管制的外部因素)和大气臭氧层(公益物)都是受《议定书》管辖的"资源"。

莱茵河流域是欧洲西北部最长的河流,流域面积170 000平方公里,人口约6 000万,分布在八个不同的国家。工业和农业活动的密度是世界上最高的,其流域污染也是一个严重的问题。1960年,这条河的污染达到了顶峰。最终,一项污染控制条约于1963年签署,这导致了国际保护莱茵河委员会(International Commission for the Protection of the Rhine,ICPR)的成立。

二、对八项原则的检验

这项比较研究聚焦在埃莉诺·奥斯特罗姆的八项原则,尤其是由迈克尔·考克斯(Michael Cox)等人改进之后的版本,原则包括：明确界定的边界;规则与当地条件契合;集体选择安排;监督;分级制裁;冲突解决机制;最低限度地承认组织权;嵌套式层级组织。

在大规模公地系统中很难有完全意义上的成功案例,成功往往是局部的或混合的。这些案例中有三个广为人知的成功案例：大堡礁的管理，莱茵河的污染控制，以及通过《蒙特利尔议定书》对消耗臭氧层物质的国际管制。然而，这些案例并不是完全成功的：大堡礁海洋公园在渔业管理和珊瑚礁的恢复方面获得了显著改善，但面临来自陆地污染和气候变化的巨大威胁；莱茵河的治理制度成功地缓解了点源污染，但在解决非点源污染和清理河流沉积物方面不太成功；《蒙特利尔议定书》减少了臭氧消耗物质的排放，但这些化学品的存留时间意味着最终治理结果仍有待观察。

下面两个案例总体上不太成功，但也不是彻底的失败。印度尼西亚是全球毁林率最高的国家之一，并且仍然是非法伐木的中心，但在1998年新的治理制度出台后，毁林率一度下降。但是随后毁林率有所上升，并且可能已恢复到改革前的水平。同样，ICCAT因未能恢复金枪鱼数量而受到广泛批评，但在该公约之前，该区域鱼类种群数量已经在经历急剧的减少，该公约虽然没能提高鱼群数量，但也将鱼类种群保持在比较稳定的水平。

这些案例考察了每一个设计原则，并评估了该原则中描述的条件与资源治理结果的关系。

1A.用户边界：界定使用者和非使用者的边界。

所有案例都适度支持清晰的用户边界的重要性。在莱茵河、大堡礁海洋公园和《蒙特利尔议定书》案例中，明确界定的制度或行政边界有助于利益相关者的明确识别权利和责任的分配，这可能有助于可持续管理。印度尼西亚的森林最初缺乏明确的边界，但是治理的改变导致了更明确的界限，这可能带来了资源治理结果的适度改善。最后，虽然ICCAT的成员明确规定了与其他成员进行贸易的权利，但这些公约并没有规定非成员国的退出权，而且在成员国中有时也执行不力。大多数案例的结论是，该原则主要通过其与明确的资源边界(1B原则)的相互作用而发挥作用，并依赖于其他变量，特别是监督和执行(原则4和原则5)。

1B. 资源边界：界定公共池塘资源的边界。

这一原则在案例中得到了一定程度的验证。除了大西洋蓝鳍金枪鱼案例，所有研究的资源系统都有明确的生物物理界限。莱茵河、大堡礁和《蒙特利尔议定书》的案例也有明确的治理边界。在莱茵河和大堡礁案例中，这种边界清晰的界定有助于发展有效的监测和治理；对于《蒙特利尔议定书》来说，这种影响就不那么明显了，因为它的边界是全球性的，包括整个大气层。虽然在印度尼西亚森林案例中生物物理边界是明确的，但治理系统的空间边界就不那么明确了。相比之下，大西洋蓝鳍金枪鱼种群的生物物理界限仍然不清晰，ICCAT 未能界定与种群实际分布相对应的界限。

2A. 规则与当地条件契合：规则与当地社会生态系统的一致性。

这一原则在五个案例的四个案例中得到支持，但在渔业案例（金枪鱼和大堡礁）中似乎最明显。鱼通常是活动的，是移动轨迹混乱的动态种群，并且分布在一个很大的区域。因此，治理系统和这个动态资源单位之间的"匹配"尤其具有挑战性。在大堡礁海洋公园扩大禁渔区，以改善对重要鱼类种群和生态环境的保护，这是改善治理制度与当地条件契合的一个典型例子。与此形成鲜明对比的是，大西洋蓝鳍金枪鱼种群的管理与目前对其各自种群动态不一致，并可能导致过度捕捞。在莱茵河和《蒙特利尔议定书》的案例中，广泛的协调使治理行动与环境问题的规模相匹配，这有助于更有效的环境和社会监测，同时也有助于减少污染。最后，这一原则对于印度尼西亚森林案例的重要性不能确定。权力下放旨在使规则的决策与采伐规模相一致，然而，尽管毁林率在这一时期开始时有所改善，但随后有所上升。

2B. 占用规则与供给规则契合：使用者所获收益与承担成本的一致性。

五个案例中有三个案例支持这一原则。然而，在这些案例中，契合的逻辑是不同的。在国际环境中，如莱茵河和《蒙特利尔议定书》案例，契合性促进了规则的形成和执行。在这两种情况下，通过在莱茵河上游到下游用户之间，以及在《蒙特利尔议定书》涉及的发达国家和发展中国家之间重新分配成本和利益的协议，打破了利益分配的困局。相比之下，在印度尼西亚，缺乏契合性导致了森林砍伐的增加：由于税收的原因，木材税给中央政府带来了不成比例的好处，这给地方政府一种激励，鼓励他们转向农业或油棕种植园。契合性原则在大堡礁和 ICCAT 案例中的作用不能确定。在大堡礁，商业和娱乐业渔民的一些不满可能与管理计划的成本和利益分配相关。然而，这些不满并没有阻止该计划的批准，也没有阻碍其实施。在 ICCAT 的案例中，在科学高度不确定的背景下，协调利益的努力并没有增加鱼类数量。

3. 集体选择安排：受资源制度影响的大多数人都有权参与制定和修改规则。

在这些案例中，对集体选择原则的支持有好有坏。印度尼西亚森林和《蒙特利尔议定书》案例支持这一原则。在印度尼西亚，强大的中央集权阻止了用户参与治理。1998年苏哈托政府垮台后的改革增加了公众对决策的参与,这些变化可能会带来更好的结果,尽管这并不能完全确定。《蒙特利尔议定书》建立了一个成员国和大型企业都参与的决策框架,这种合作关系促进了条约的成功。相比之下,在莱茵河和大堡礁案例中,大多数受影响的利益相关方没有直接或间接参与集体选择,但治理却是成功的。在ICCAT,成员国代表其行业在国际一级谈判资源限制、配额份额,资源使用者本身参与的机会有限,但这是否直接导致制度失败尚不确定。

4A. 监督:监督使用者和资源条件。

对资源和用户的监督都得到了案例的支持,但程度不同。资源条件的监督与结果密切相关:三个进行了强有力的生态监督的案例,即大堡礁、《蒙特利尔议定书》和莱茵河,都体现了良好的结果。相比之下,ICCAT和印度尼西亚的森林案例的生态监督系统较弱,而结果也较差。另外,对用户行为的监督与结果的关联程度较弱。

4B. 监督:监督者对用户负责或本身就是用户成员。

这一原则没有得到五个大规模案例中任何一个的明确支持。在所有案例中,监督主要是政府机构的一项职能,政府机构充其量只是对资源使用者负责。在更广泛的民主治理框架内,这些治理机构都是间接向选民负责。但几个案例表明,这种政府监督成功地促进了资源的可持续利用。似乎其他类型的行动者可能能够填补资源用户在小规模公共池塘资源中发挥的作用。

5. 分级制裁:对违规行为的处罚是渐进的,即如果某用户多次违规处罚会变得更严厉。

这五个案例中,证明制裁重要性的证据正反两方面都有。对于ICCAT和印度尼西亚的森林案例来说,制裁机制薄弱或缺乏与结果不佳有关。同样,在莱茵河案中,制裁适用于点源污染者,而不适用非点源污染者。在大堡礁海洋公园,存在不同的处罚,对于严重的违法行为,处罚力度还可能相当大。但是,不遵守者在多大程度上会被发现和起诉是不确定的,即使制裁对结果的影响也不能确定。《蒙特利尔议定书》包含一个贸易制裁机制,尽管从未使用过,但各个国家遵守《蒙特利尔议定书》的程度很高。

6. 冲突解决机制:能以快捷、低成本、本地化的方式解决用户之间或者用户与官方之间的冲突。

在这些案件中没有找到支持这一原则的明确证据。然而，在某些情况下，行动者采用的政治背景和谈判战略意味着存在事实上的冲突避免或解决机制。例如，在大堡礁海洋公园，制裁是通过运作良好的司法系统来裁定的。欧盟及其成员国可能会为莱茵河治理提供类似的冲突解决途径。在印度尼西亚，虽然前苏哈托政权广泛镇压冲突，但该国现在正在发展的民主体制提供了一些解决冲突的措施，这可能会带来更好的结果。最后，在所有三个国际案例中，国际谈判达成了协议。在莱茵河和《蒙特利尔议定书》案例中，这些谈判有助于解决以前的僵局，并从根本上导致当前治理制度的出现。而ICCAT内部关于分配捕捞配额的年度谈判则可能与治理结果相关。

7. 对组织权利的最低限度的认可：本地用户制定自己规则的权利得到政府的承认。

在这些案例中，只有一个案例中资源占用者或污染者明确承认他们的组织权利，而在另外四个案例中，这些权利都被削弱了。莱茵河案例中的污染者有权组织起来，并利用市场的手段，在制定减排规则和目标方面拥有一定程度的自主权。大堡礁海洋公园的渔民也组织起来，尽管他们并没有制定自己的规则，但治理是成功的。在《蒙特利尔议定书》案例中，污染者并未获得自主权。在印度尼西亚，大多数个人和政治团体组织的正式权力直到苏哈托倒台后才得到承认，尽管自治得到加强，但这些权利仍然很弱，对森林管理的影响模糊不清。最后，在ICCAT，渔民没有设计制度的权力，但他们组织起来游说各自的代表。总的来说，遵守这个原则并不能很好地映射到资源治理的结果上，这可能表明它在大规模的情况下不太重要。

8. 嵌套式层级组织：当公共池塘资源与更大的社会生态系统密切关联时，治理行为是以多层嵌套的方式组织的。

这一原则的影响在五个案例中是不明确的。印度尼西亚森林管理的权力下放最初与森林砍伐率下降有关，这表明从集中管理转向更嵌套的系统可能有利于可持续管理，但尚不清楚为什么这种改善没有持续下去。在莱茵河案例中，嵌套的国家和国际（即欧盟）监管框架似乎也有助于取得成功。另外，像莱茵河案例一样将国家监管框架嵌入国际条约的ICCAT在很大程度上是失败的。考虑到大堡礁的规模，大堡礁海洋公园的治理反映了一个比较集中和高度精简的多中心系统，但已经取得了一些重要成果。然而，尽管有多个组织层次，更广泛流域的治理却不太成功。在《蒙特利尔议定书》的案例中，嵌套型组织的存在并不被视为成功的重要因素。在印度尼西亚、莱茵河和《蒙特利尔议定书》的案例中，民间社会团体似乎提供了一种可能有助于改善治理制度的横向互动。

三、比较不同类型的案例

最不成功的案例（ICCAT 和印度尼西亚森林）都缺乏三个设计原则：明确界定的边界（1A）、监测（4A）和嵌套型组织（8）。成功的三个案例则有三个设计原则：明确界定的界限（1A）、监测（4A）和契合当地条件（2A）。三个案例中也都有明确界定的生物物理界限（1B），尽管由于《蒙特利尔议定书》的全球性特征，这一原则对结果的影响不能确定。与公共池塘资源理论相反，在三个成功案例中，有两个案例明显缺乏集体选择安排。对此有人认为，在莱茵河和大堡礁的案例中，其他政治主体可能已经取代了"用户"参与决策。

案例对比的结果重申了环境治理没有万能药。例如，监督者对占用者的责任（4B）和组织权（7）在莱茵河案件中存在并产生了影响，但在大堡礁和《蒙特利尔议定书》案件中没有对结果产生影响。所有三个国际治理案例（ICCAT、《蒙特利尔议定书》和莱茵河）都缺乏国家间的制裁机制。然而，其中两个取得了显著改善的结果。因此，这一设计原则可能需要适应国际环境。在渔业案例中，与非渔业案例相比，明确的生物物理界限和规则与当地状况的契合度显得尤为重要。这些原则强烈影响了 ICCAT 和大堡礁案例的不同轨迹，但在其他三个案例中的作用则相对较小。鱼类在海洋中的流动性，可能会使生物物理边界的界定和匹配治理制度方面特别具有挑战性，这与森林、河流和地球系统静态或有限的生物物理边界非常不同。

四、比较案例研究的主要结论

综合这五个案例发现，两个原则可能在大规模社会生态治理的成败中始终发挥作用：明确界定的边界和对资源条件的监督。其他原则在一些重要的案例中发挥了作用：所有成功的案例中，规则都与当地条件契合，而缺乏嵌套组织安排则可能导致治理失败，但这些原则并没有在其余案例中产生一致的结果。其他变量，如制裁机制，没有特别明确的影响。总的来说，这些案例的比较分析为一些设计原则提供了支持，但也强调了它们在小规模和大规模系统应用中的差异。通过对案例的比较还表明，监督者对用户负责、资源用户参与集体选择制度安排，以及对用户自我组织权利的承认，这三个原则需要重新定义才能应用于更大规模的系统。这三个原则都关注资源用户的自我组织能力，在大规模系统中，自下而上的自组织非常困难，因此这些原则也需要进行调整。

关键术语

案例研究　地下水治理　灌溉系统治理　森林治理　社会生态系统分析　社会资本　异质性　大型公共事物

思考题

1. 选取本章中印象深刻的一个案例，阐述其所采用的研究方法以及所采用研究方法的特点。

2. 你在生活中有没有见到过类似的案例？是否也能用类似的方法进行简单分析？

第十二章

国内公共事物治理研究的典型案例

在公共事物的理论体系被引入中国之后，也迅速得到了国内学者的关注，并围绕相关经典理论展开了丰富的实证研究。目前虽然国内的相关研究总体上与国际先进水平仍有一定差距，但正在快速地发展和追赶中。本章介绍的中国灌溉系统、林业管理和乡村治理等领域研究的典型案例，体现了公共事物的经典问题与中国国情的有机结合，为中国情景下的公共事物治理提供了新的洞见。

第一节 中国灌溉集体行动与制度绩效

在中国，灌溉系统是支撑农业可持续发展、粮食安全和经济发展的重要公共事物。灌溉面积占中国耕地面积约 50%，生产了占全国总量 75%的粮食和 90%以上的经济作物。然而，许多灌溉设施已年久失修，加之水资源分布不均，水资源利用效率低下，加剧了灌溉用水的短缺。历史上，灌溉系统的日常运转是政府和农民共同维持的，建设和维护灌溉设施需要组织当地农民的广泛参与。如果与灌溉相关的集体行动不能顺利开展，灌溉基础设施将难以得到有效的维护。

因此，探讨影响中国灌溉集体行动的影响因素、增进灌溉集体行动至关重要。探讨公共事物集体行动的影响因素是国际公共事物治理理论发展半个多世纪以来的重要组成部分，也是布卢明顿学派的重要学术传统。迄今大约有 40 个影响变量在文献中被理论讨论和实证检验过。中国学者通过对灌溉集体行动的研究，运用中国经验数据验证了国际文献中提到的许多变量，同时也贡献了具有中国特色的集体行动影响变量，例如大规模农村劳动力外流、耕地细碎化、农村土地流转等，并揭示了其对中国灌溉系统治理的影响机制。

一、灌溉系统治理困境

对于灌溉系统的治理，王亚华教授[①]团队的研究运用公共事物治理理论，从占用困境和供给困境两方面系统地定义和测度灌溉系统的治理绩效。灌溉系统通常被视为经典的公共池塘资源，具有系统使用的低排他性和资源获取的竞用性两大特征，即每个人都可以从中获取资源，但资源总量是有限的。正是这两大特征决定了灌溉绩效面临两大集体行动问题：一是供给问题，即如何克服设施建设和维护的"搭便车"行为；二是占用问题，即如何克服个人对资源的过度利用行为以保证资源系统的可持续[②]。

而关于供给困境和占用困境的测度又有两种传统方式，即产出法和过程法，产出法是对于集体行动结果的测度，过程法是对于集体行动过程的测度。因此，灌溉系统治理绩效的测度，需要着眼于两个维度。第一，供给维度，可以用设施状况度量，包括两个指标：(1)灌溉基础设施和工程的维护状况，如设施是否老化，渠道是否有效清理等；(2)灌溉系统的投入产出状况，即农民负担灌溉支出的水平。第二，占用维度，可以用供水管理来衡量，包括三个指标：(1)农户的用水需求满足程度，由于我国大部分地区属于季风气候，雨水分布不均衡，在用水旺季容易出现缺水现象，故采用农民在用水旺季能否得到充足的供水来衡量；(2)私自偷水的情况，从反面检验供水管理状况；(3)用水纠纷的状况，主要反映灌溉管理秩序。

二、影响灌溉集体行动的因素

埃莉诺·奥斯特罗姆提出的制度分析与发展(IAD)框架和社会生态系统(SES)框架，为剖析影响灌溉集体行动的因素提供了概念框架，可以具体探索自然物质属性、经济社会属性和规则制度的影响。基于此，王亚华教授团队在中国情境下检验了国际公共事物治理理论中众多常见的变量，并提出了许多中国特色的集体行动影响变量。

---

① 王亚华.中国用水户协会改革：政策执行视角的审视[J].管理世界，2013(06)：61-71+98+187-188.

② Ostrom，E.，Gardner，R. and Walker，J.，Rules，Games and Common Pool Resources[M]. University of Michigan Press，1994.

（一）共性因素检验

自然物质属性：村庄地形、村庄到城市的距离和农田缺水等是重要的资源特征，经过实证检验说明其显著影响中国灌溉集体行动。平原地形相对于丘陵山地将有更高的灌溉需求，且有更低的集体灌溉成本。村庄到城市的距离近，农民将获得更多机会在城市工作，于是将不依赖于农业生产，从而不愿参与集体行动。此外，在并不缺水的村庄，农民不太可能参与集体行动。

经济社会属性：当村庄达到一定规模后，更容易产生集体行动困境，而较低的村庄经济发展水平，也将降低农民的集体行动意愿。此外，外出务工比例等也将影响农民集体行动。

规则制度：对于偷水者的惩罚和地权的稳定性等都将对灌溉集体行动产生正面影响，而乡村治理的失效，如出现农民上访等将对灌溉集体行动产生负面影响。

家庭属性：理论讨论和实践检验表明，户主年龄、土地转让和作物收入等变量将影响灌溉集体行动。

（二）中国特色因素诊断

1. 耕地细碎化

耕地细碎化在东欧、中欧以及东南亚、东亚十分常见，由于人口众多和耕地稀缺等特定原因，中国耕地细碎化的情况及其对于灌溉的影响不同于其他国家（印度除外）。根据清华大学中国农村研究院的调查，一个家庭的土地通常被分成四到五块。耕地细碎化降低了耕地产出且要求农户投入更多的资源，将影响农户参与灌溉集体行动。

臧良震等基于中国17个省份2 895户家庭的数据集，实证检验了耕地细碎化对于灌溉集体行动参与及行动结果的负面影响①。进一步地，通过引入耕地细碎化与土地使用权稳定性、耕地细碎化与灌溉系统运行规则的交互项，发现土地使用权和灌溉规则等制度因素将减缓耕地细碎化所带来的负面影响。研究同时提

① Zang L, Araral E, Wang Y. Effects of land fragmentation on the governance of the commons: Theory and evidence from 284 villages and 17 provinces in China[J]. Land Use Policy, 2019, 82: 518-527.

出了耕地细碎化对灌溉集体行动产生负面影响的原因：耕地细碎化增加了农民的农业生产成本和农业生产过程中的劳动力投入、难以形成农业生产的规模经济、促使农民因转向非农产业而放弃或出租耕地、增加农户搭便车行为。

在上述研究的基础上，王亚华等利用社会生态系统（SES）框架进一步检验了耕地细碎化影响农村灌溉集体行动的机制和逻辑①。实证检验结果显示，耕地细碎化对农村灌溉集体行动的影响主要通过四个中介因素产生，包括农户对农业的依赖性、灌溉规则的制定、农户面临的经济压力以及农户的土地流转。首先，耕地细碎化会降低作物产量，从而减少农民的收入和对农业的依赖，因此更少参与灌溉集体行动。其次，耕地细碎化将影响农户对灌溉规则共识的达成，从而影响农户参与灌溉集体行动。再次，耕地细碎化会增加农户的生产成本，从而增加农户的经济压力，减少他们参与灌溉集体行动的机会。最后，耕地细碎化鼓励农户交易土地使用权，从而鼓励从交易中获得土地使用权的农户更多地参与灌溉集体行动。其中，前三项机制表现为耕地细碎化对农村灌溉集体行动的抑制作用，最后一项表现为促进作用。综合来看，抑制作用的总效应远大于正向促进作用，故而耕地细碎化在总体上阻碍了农村集体行动的形成与开展。

相关研究为我国十八届三中全会以来推行的农地“三权分置”改革和大规模的土地流转，提供了积极的理论支持，并为下一步农村土地政策和乡村治理政策的制定提供了理论参考。

2. 劳动力外流

劳动力外流是当前中国农村地区公共事物治理不佳的另一重要原因。改革开放以来，中国有超过 2.8 亿农村劳动力迁移到城市。城市化的高速发展一方面带来了众多的红利；另一方面也让中国农村面临着愈演愈烈的治理危机。例如，农村人口的减少导致了农村发展能力的普遍下降，并威胁到农村发展的可持续性。

王亚华等学者的研究基于 IAD 框架，使用了来自中国 18 个省份的 1 780 个农户的数据集，通过 OLS、Logit 和 Probit 等回归模型的分析，发现劳动力外流对

① Wang Y, Zang L, Araral E. The impacts of land fragmentation on irrigation collective action: Empirical test of the social-ecological system framework in China - ScienceDirect[J]. Journal of Rural Studies, 2020, 78: 234-244.

农村灌溉集体行动有显著的负面影响[①]。这一研究还指出，首先，农村劳动力外流的负面效应，可能通过一些公共事物治理研究文献中频繁提到的变量间接对集体行动产生影响，这些变量包括领导力、社会资本、社区归属感、经济异质性、对资源的依赖性等。具体而言，随着农村人口向城市迁移速度的加快，农村人力资本逐步减少、农村精英人才匮乏，因此失去领导力资源，降低了成功组织集体行动的可能。其次，劳动力迁移削弱了流出地居民间的社会联系，削弱了农村的社会资本，降低了个人对集体活动的信心和投资的积极性。再次，劳动力外流导致全年留居人数急剧下降，个人参与社区生活和与其他农民互动的时间减少，从而对农民的社区归属感产生显著的负面影响。农民工的薪资水平显著高于务农的农民，因此加剧了农户间经济的异质性，从而对农户的集体行动产生了负面影响。最后，劳动力外流降低了农户对村庄资源的依赖，因此减少了对于灌溉设施的投资意愿，削弱了农户参与灌溉集体行动的意愿。

鉴于中国人口大规模的从农村向城市迁移，这一变量对中国的公共事物治理具有重要的政策意义。同时，研究结果也可以部分解释了许多发展中国家正在发生的农村基础设施、自然资源和生态系统恶化的原因。

3. 小农户

“大国小农”是中国的基本国情，对我国农村集体行动和乡村治理的成败具有决定性影响。如何推动小农户参与农村公共事物治理，是实现“有效治理”的关键所在。

王亚华和臧良震的研究以我国小农户的特征为切入点，利用 IAD 框架，剖析小农户参与农村集体行动的逻辑，揭示了我国小农户的特征和对农村集体行动的作用机理[②]。研究指出，小农户的诸多特征不利于我国农村集体行动的开展，尤其是自 20 世纪 80 年代家庭联产承包责任制确立以来，人均资源禀赋不足、耕地细碎化严重、农户持续分化等小农户特征，是导致我国农村集体行动衰退的重要原因。根据 IAD 框架，小农户人均资源禀赋不足、耕地细碎化严重、农户持续分化三个主要特征会通过影响集体行动的自然物质属性、经济社会属性和通用规则制

① Wang Y, Chen C, Araral E. The Effects of Migration on Collective Action in the Commons: Evidence from Rural China[J]. World Development, 2016, 88: 79-93.

② 王亚华，臧良震.小农户的集体行动逻辑[J].农业经济问题，2020(01)：59-67.

度，进而影响集体行动。

研究进一步指出，“大国小农”作为我国的基本国情，在未来较长一段时期内无法改变。但长远来看，土地流转、农业生产经营方式创新和农户收入提高等因素将有助于扭转我国农村集体行动的衰落，为乡村振兴战略的实施提供新的契机。

4. 三权分置与土地流转

已有研究对于土地与灌溉集体行动的关系展开了丰富的讨论。其中，苏毅清和王亚华等学者将这一关系置于正在普遍发生的农村劳动力外流的背景下进行了研究①。

苏毅清和王亚华等人关注的核心问题是，在劳动力外流不可逆转、长期持续的情况下，究竟有哪些因素可以扭转灌溉集体行动的衰退。研究以 SES 框架为指导，对中国 18 个省份 125 个村庄的数据进行 Probit 和逐步回归，发现土地使用权交易能够缓解劳动力外流对村庄集体行动的负面影响。该研究认为，这是由于农地产权改革创造了一个新的农民阶层，即农民中产阶级，同时也创造了新的所有制模式。而新的阶层和新的所有制模式的产生，会通过改变农户的领导能力、社会资本、社会归属感、资源依赖和经济异质性，减轻劳动力外流对集体行动的负面影响。具体来说，这一影响有四种机制：首先，土地流转使中国农村出现了一个新的农民中产阶级，其主要特征是拥有较大面积的土地，收入较一般农民更高，并且主要依赖土地进行生产。这一阶级正在利用他们日益增长的领导力和自身的外部网络重建农村的社会资本，他们同时会具有更强的农业依赖性和社区意识。其次，当土地流转的流入方是合作社时，这一村庄组织可能帮助并动员集体行动。再次，土地流转通过提高村庄的治理能力，促进村庄灌溉集体行动。最后，当流转规模达到一定的临界极限时，土地流转会对灌溉集体行动带来严重的破坏，这主要是由于土地流转造成了对劳动力的排斥和商业资本过度流入村庄，使得灌溉集体行动失去其核心力量。

可见，灵活的土地市场不仅有助于提高农业效率，还有利于提升灌溉治理绩效。基于这些发现，研究也为破解灌溉集体行动困境提出了若干建议，包括培养

① Su Y, Araral E, Wang Y. The effects of farmland use rights trading and labor outmigration on the governance of the irrigation commons: Evidence from China[J]. Land Use Policy, 2020, 91: 104378.

农村内生领导力、加强土地使用权稳定性、建立有效的市场机制,实现政府角色的转变,以及建立一个能够支持规模生产的专业化的耕地生产服务体系。

5. 低效的农民合作组织

用水户协会被国际社会视为提高灌溉管理绩效的有益制度安排。20 世纪 90 年代中期以来,在世界银行和国际灌溉和排水委员会的支持下,中国也开始引入参与式灌溉管理改革——通过引入用水户协会鼓励和引导农民通过合作组织来承担灌溉用水的分配和灌溉设施的运营维护工作。但在中国情境下,用水户协会却与其他国家的协会表现不同。

王亚华和吴静针对 2012 年至 2016 年 15 566 户灌溉家庭数据的实证研究发现,有无用水户协会的村庄灌溉绩效没有显著差异,部分年份有用水户协会的村庄灌溉绩效甚至低于没有用水户协会的村庄[①]。研究提出,只有满足某些条件的用水户协会才能产生较好的制度绩效。世界银行确定了用水户协会有效的五个条件:充足可靠的供水、用水户协会是农民自己的组织、组织不是行政化的、水费可计量、水费可收取。在我国,用水户协会未发挥效用的根本原因是中国独特的制度背景缺乏支持用水户协会良好运行的条件。在我国,用水户协会在实践中普遍不符合五大原则,即决策自主权有限、当地农民参与度低、行政部门干预过多、组织行政化而非水利化、用水户协会领导与村干部的普遍重合。中央集权环境下的许多用水户协会被异化为村委会或灌区管理局的嵌入组织,甚至只是名义上的协会。

为激活农民合作组织的自治,研究建议应根据水文边界组织灌溉集体行动,减少自治组织领导与村庄领导的重叠,赋予自治组织更多自主权。

三、灌溉系统治理的制度分析

农村灌溉系统治理的相关研究证明,合理的制度安排将有助于灌溉集体行动的形成;反之,村庄治理的失败可能会加剧劳动力外流、耕地细碎化等因素对农村集体行动产生的负面影响。探讨如何建立合适的制度规则是国际公共事物治理研究的传统,而中国独特的制度背景下的灌溉制度设计更具有特殊的理论研究

① Wang Y, Wu J. An Empirical Examination on the Role of Water User Associations for Irrigation Management in Rural China[J]. Water Resources Research, 2018, 54(12).

意义。

埃莉诺·奥斯特罗姆的八项原则被认为是解决公共物品集体行动困境的重要理论。国际公共事物治理研究的理论讨论和实证研究都支持了埃莉诺·奥斯特罗姆的设计原则,设计原则的实现能够提升集体行动和自主治理成功的可能性。但是,集体行动并没有“万能药”,因地制宜才能真正解决公共事物的治理困境。中国具有不同于西方国家独特的政治制度背景,因此埃莉诺·奥斯特罗姆的设计原则在中国是否适用、是否可改进并推广是中国公共事物治理研究的关切之一。

王亚华和张明慧等学者的研究将埃莉诺·奥斯特罗姆的设计原则划分为三组,分别是规则的供给、规则的执行和规则的保障①。基于对9个用水者协会案例的Barnard检验和清晰集定性比较分析(csQCA),在所有结果维度上都支持了埃莉诺·奥斯特罗姆的设计原则。但是,设计原则在中国通常在表面上能够得到体现,实际上却偏离了设计原则的原意。例如,中国的自主治理往往是以行政村为单位,符合“清晰界定边界”,然而有效的灌溉自主治理的边界往往应当遵循水文边界。相似的偏离还出现在“规则的一致性”和“集体选择的安排”等设计原则上。而“冲突解决机制”和“嵌套式层级结构”在中国体制下却是自然成立的。简言之,中国农村灌溉自主治理出现制度问题的原因可以归纳为:规则供给方面,规则的供给大多源于上级政府而不适应当地情况;规则执行和规则保障方面,执行过程中过多依赖外部的监督,政府的干预过多。

中国特色政治制度背景下的自治具有独特的特征,其运行有赖于根据情境进行适当的制度设计。该研究还指出,中国的政治环境将通过领导干预和资源干预两个途径影响自主治理的制度和结果。它为理解公共事物制度设计提供了新的见解:即在埃莉诺·奥斯特罗姆的设计原则之外,要保持制度之间的一致性、制度与环境之间的一致性。在中国的具体体现为:考虑政府与村庄之间的互动联系,争取地方权力的支持,扩大参与、明确责任等。

---

① Wang Y, Zhang M, Kang J. How does context affect self-governance? Examining Ostrom's design principles in China[J]. International Journal of the Commons, 2019, 13(1): 660.

第二节　森林“社会-生态”系统的可持续发展

森林是陆地自然生态系统的主体，也是面积最大、结构最复杂、生物量最大、初级生产力最高的生态系统。近年，全球生态环境问题日益突出，森林作为自然界与人类关系的重要组成部分，在应对生物多样性锐减、全球气候变化等问题中发挥着不可替代的作用。在中国的生态文明建设和乡村振兴建设中，森林资源也起到了重要作用。

在公共事物治理的研究中，森林被视为经典的公共池塘资源。一方面，资源的使用和消费具有低排他性，阻止其他人使用森林资源的成本很高；另一方面，资源单位的消费（如林木、林产品等的数量）却是竞用性的，即森林资源会随着人们的使用而减少。因此，运用公共事物治理的理论与研究框架，能够系统识别森林治理研究本身所涉及的大量变量，也为解决森林这一公共池塘资源的治理问题提供了新的路径，即集体行动与自主治理[①]。

一、森林的“社会-生态”系统审视

在生态文明建设中，森林资源治理是核心问题之一。近年来，集体林权改革调动了育林的积极性，促进林农和村庄集体的收入增长，却带来了生态环境的破坏。与此同时，中国农村在林业建设过程中，出现了森林经营管理体制不完善、林权纠纷难以解决、林农参与林业合作组织的意愿不高、林业合作经营主体间缺乏信任与监督、林业合作组织功能定位不清晰等问题。这些问题的背后是森林的生态效益和经济效益间的紧张关系尚待缓解，因此，如何实现森林的生态和经济协同发展，实现林业经营的生态与经济双赢，已成为目前森林资源治理亟待解决的问题[②]。

森林生态系统与林业经济系统存在多元互动，两者的互动嵌套在复杂的社会-生态耦合系统中。公共事物治理研究的学者运用 SES 框架，关注复杂社会-生

---

① 王浦劬，王晓琦.公共池塘资源自主治理理论的借鉴与验证——以中国森林治理研究与实践为视角[J].哈尔滨工业大学学报（社会科学版），2015，17(03)：23-32+2.

② 王光菊，陈毅，陈国兴，杨建州，修新田.森林生态-经济系统协同治理分析：机理与案例验证——基于福建省5个案例村的调研数据[J].林业经济，2020，42(10)：39-49.

态系统的协同,从森林资源的公共池塘资源属性出发,为森林资源治理提供了新的思路。

基于SES框架,森林的资源系统(RS)是一个森林生态系统的存储变量,森林的资源单位(RU)是行动者从森林资源系统中所占用的资源,行动者(A)是指那些拥有特定的采伐森林资源的法定权利的人,也是在森林资源系统中采伐森林资源单位的参与人。行动者不仅可以使用或消耗他们自己所占用的森林资源单位,也可通过使用森林资源单位进行生产性投入从而获取经济效益。人类对森林生态系统的采伐量不超过平均生长量,才能保障森林资源得以长期持续发展和森林生态系统的稳定。当存在破坏森林资源系统的风险时,治理系统(GS)应通过行动者、政府组织和非政府组织等来解决制度供给、可信承诺和监督的问题①。

基于上述社会-生态系统分析和公共事物治理研究中的自主治理理论,王光菊等运用福建省5个案例村的调研数据,对影响森林生态-经济系统协同治理的关键因素进行识别,致力于在兼顾森林生态保护的前提下获得林业经济收益最大化②。研究发现:第一,森林生态系统的区位优势对投资林业经济活动起着积极正向作用,具有区位优势的森林能够通过出租、入股和林票制等多种形式盘活森林资产,提高森林经营规模,吸引社会力量成立林业合作组织,增加林农收入、实施森林经营集约化,改善集体行动能力;第二,在治理系统(GS)中,农村集体林业产权体系不稳定,会导致林农、林业合作组织等经营主体追求短期经济利益最大化,负向影响森林生态系统的生态绩效;第三,当行动者(A)具有组织管理才能和值得信任的领导力时,通过规范村民代表大会制度,能够提高林农在村庄重大事务决策中的发言权和决策参与权,同时具有组织和领导才能的行动者能更好地促进信息获取、提高冲突的解决能力、吸引投资行为,从而更好实现森林资源自主经营和治理;第四,治理系统(GS)中缺乏法定林地经营权等社会规范,应明确林业经营主体与林农之间的责、权、利关系,否则难以形成良好的相互监督格局,将弱化自主治理能力。

蔡晶晶和毛寿龙的研究也从复杂“社会-生态”系统的角度审视了我国森林系统治理和集体林权改革,超越了既有林权改革研究关于产权和经营积极性的讨

① 王光菊,阮弘毅,杨建州.森林生态-经济系统的协同机理分析[J/OL].林业经济问题:1-8[2021-02-27]. https://doi.org/10.16832/j.cnki.1005-9709.20200096.

② 王光菊,陈毅,陈国兴,杨建州,修新田.森林生态-经济系统协同治理分析:机理与案例验证——基于福建省5个案例村的调研数据[J].林业经济,2020,42(10):39-49.

论，更为关注农村社区需要和环境治理需要[①]。研究运用SES框架对集体林权制度改革进行分析，认为集体林权制度改革调动了育林积极性、促进了各方的收入增加、推动了森林资源系统边界的界定、提高了林农的经营意识，但未充分考虑森林资源的可持续性和生态服务价值等。基于埃莉诺·奥斯特罗姆提出的适应性治理，研究进一步指出，森林资源的治理应当是一系列不断演进、符合地方实际、能够回应反馈、朝向可持续发展的策略体系，这包括不同利益团体和行动者之间的对话。森林资源的适应性治理意味着森林资源的治理系统必须要面对不确定性，增强治理体系的弹性和学习功能，更为重要的是必须要从社会-生态互动的角度来将资源"使用者"的因素增加到治理系统中。

森林作为重要的生态屏障，同时也是国民经济重要的基础产业，实现生态与经济的协同离不开对于人类和生态互动关系的讨论。识别影响森林资源社会-生态系统协同发展的关键变量及形成机制，是公共事物治理理论在中国应用的重要实践成果，也为中国森林资源治理提供了新的思路与解决方案。而在理论层面上，相关研究也为SES框架的宏观运用和微观案例分析提供了借鉴。

二、林业集体行动与自主治理

当从公共事物治理的视角理解森林资源时，森林具有整体性、不可分性、外部性，其生态效益、经济效益和社会效益可以为社区乃至于全社会共享，因此有必要形成集体行动来实现森林的有效治理。同时，由于生态市场的缺失，生态资源的稀缺性并没有以价值形式展现出来，因此森林治理更加强调集体行动和自主治理。

但许多森林资源的研究认为，在一个快速变革的社会，社区森林管理的集体行动更难形成，因为人口流动和非农收入提升会通过增加群体的异质性、减弱村民之间的社会纽带、削弱村干部对村庄的领导力、降低村民生计对森林的依赖程度等，从而阻碍集体行动的形成[②]。

而公共事物治理理论指导下的研究，则力图超越市场和政府的局限性，寻求

① 蔡晶晶，毛寿龙.复杂"社会-生态系统"的适应性治理：扩展集体林权制度改革的视野[J].农业经济问题，2011,32(06)：82-88+112.

② Rudel T. The commons and development：unanswered sociological questions[J]. International Journal of the Commons，2011，5(2).

林业合作集体行动和自主治理的现实路径，以实现森林社会-生态系统的协同发展。龙贺兴等学者的研究基于IAD框架，提出了社区森林管理的可行性①。具体而言，市场化进程带来的林地和林木升值凸显了村庄集体行动的外部利润；由村集体管理的一定规模林地的存在奠定了社区内部形成集体行动的公共利益基础；生计方式的相似和非农收入比例的提升，降低了协调社区居民不同森林管理目标的难度；而村民代表大会制度的不断完善，有利于提高村庄集体林权制度改革的公信力和决策效率。实践中，新一轮集体林权制度改革后，依托于行政村或自然村成立的社区林业股份合作组织、林业专业合作社、在一些地区兴起，取得了较好的生态效益、经济效益和社会效益。克服了过去村集体管理森林所存在的产权不明晰、经营机制不灵活、监督不到位、利益分配不合理等问题，还解决了“谁来经营林地”和林地细碎化问题，提高了林地经营规模化和集约化水平，改善了社区整体福利。

集体林分而又合的实践，体现了森林资源治理和经营中集体行动的必要性，相关研究基于公共事物自主治理理论和相关分析框架，针对林业集体行动何以形成及如何持续发展进行了讨论。在以SES框架对森林生态经济协同性分析的基础上，王光菊等学者的研究通过对森林资源系统的解构，进一步提出影响森林生态-经济系统自主治理的相关变量：包括森林资源规模、森林生产系统、系统动态变化的可预测性、资源单位移动性、行动者的数量、领导力/企业家精神、社会规范/社会资本、对森林生态-经济系统的认知/思维方式、行动者对森林资源的依赖性、集体选择规则等②。

而林伟星等人的研究更为关注影响自主治理的制度变量，通过案例实证检验了影响集体行动的制度因素③。研究基于埃莉诺·奥斯特罗姆提出的引发集体行动困境的三个核心难题——新制度供给、可信承诺和相互监督，讨论了林业合作社的成立破解了集体行动困境的实践。研究以福建省三明市尤溪县上源村林业专业合作社为例，基于IAD框架分析林业专业合作社的形成、治理模式，结合行动情景内部的七个规则变量，探究林业专业合作社内部集体行动形成过程。研究

① 龙贺兴，林素娇，刘金龙.成立社区林业股份合作组织的集体行动何以可能？——基于福建省沙县X村股份林场的案例[J].中国农村经济，2017(08)：2-17.

② 王光菊，阮弘毅，杨建州.森林生态-经济系统的协同机理分析[J/OL].林业经济问题：1-8[2021-02-27]. https：//doi.org/10.16832/j.cnki.1005-9709.20200096.

③ 林伟星，戴永务，洪燕真，邱栩.林业专业合作社集体行动研究[J].林业经济问题，2021，41(01)：73-82.

表明，集体行动水平受行动情景内部七个规则变量的影响，并在这七个规则的联合作用机制下形成了较高水平的集体行动，有效发挥了林业资源的生态价值、经济价值和社会价值。具体而言，在林业专业合作社内部集体行动形成过程中，边界规则确定了林业专业合作社资源与成员规模，岗位规则决定了林业专业合作社成员的职能，范围规则、选择规则、支付规则和信息规则决定了林业专业合作社成员的权利、收益、成本和监督水平，聚合规则提高了林业专业合作社成员对集体行动决策的控制水平。该研究为集体林权改革背景下实现集体行动提供了实践经验与理论指导。

第三节　中国环境治理研究：集体行动理论视角的审视

21 世纪以来，中国的环境治理发生了重要转变，在多个环境治理领域实现了治理绩效的根本性转折。污染物排放、碳排放、空气污染等都越过了环境库兹涅茨曲线的拐点，初步实现了生态赤字增长与经济增长的脱钩。然而，在这段时间中，中国的发展速度、外部环境和治理架构并没有根本改变，对于中国环境治理绩效的好转，现有研究还无法提供理论性的解释。这些研究的问题在于对环境治理绩效的解释过于强调单一因素，缺乏更为综合性的解释。为了更好地理解中国环境治理绩效的转变，就需要提出更有解释力的理论框架。

环境治理是一个典型的公地问题，具有整体的低排他性和环境容量的竞用性，可以视为公共池塘资源。埃莉诺·奥斯特罗姆提出的集体行动理论认为，解决公共池塘资源的集体困境需要解决三个关键问题：新制度供给、可信承诺和相互监督。尽管埃莉诺·奥斯特罗姆的理论最初是用来探讨公共池塘资源自主治理的，但是她提出的集体行动理论具有一般性的价值，三个关键问题是人类社会实现集体行动面临的普遍难题。这为环境治理的分析提供了新的理论视角，王亚华和唐啸的研究以此为框架，对中国的环境治理绩效变迁进行分析，为近年来中国环境治理绩效的转变提供了理论解释①。

一、集体行动理论视角下的中国环境治理经验

埃莉诺·奥斯特罗姆的集体行动理论为重新审视过去二十年中国环境治理

① 王亚华，唐啸.中国环境治理的经验：集体行动理论视角的审视[J].复旦公共行政评论，2019(02)：187-202.

经验提供了一个有力的分析框架。从新制度供给、可信承诺和相互监督三个方面,可以对中国环境治理变迁进行逐一分析。

1. 新制度供给

新制度供给是集体行动理论的核心要素。对于环境治理而言,是否能够激励社会主体形成行动合力,对于环境治理有着极其重要的作用。而新制度供给能够激励参与主体采取与以往不同的行为,具有基础性作用。中国国家治理体系的重要优势之一,就在于面对重大危机挑战之时,能够前瞻性和快速性地形成决策共识,并较快地制定相应的法律政策,通过有效地动员国家和社会力量将决策付诸实践,为应对环境挑战快速提供新制度供给。

从中国的治理实践来看,早在20世纪70年代,在中国普通公众尚未意识到环境问题时,中国政府就已经派代表团参加了联合国举行的第一次人类环境会议,并于隔年召开了第一次全国环境保护会议、通过了第一部环境保护综合性法规——《关于保护和改善环境的若干规定(试行)》,几乎是与发达国家同步拉开了环境治理制度建设的大幕。进入21世纪后,中央政府在数年时间里,陆续建立了环境状况公报、环境影响评价、污染排放控制、环境保护目标责任制和污染许可证交易等制度,由此推动了中国环境治理绩效的转变。中国环境保护制度已形成以《环境保护法》《水污染防治法》《大气污染防治法》等环保法律为基础,以环境影响评价、“三同时”、排污收费、环境保护目标责任制、城市环境综合整治定量考核、排污许可证、污染集中控制和污染源限期治理等八项基本制度为框架的制度体系,并在2015年建立了专门的环保督查制度。在40年时间里,中国环境保护制度实现了从无到有、从松到严、从单一行政手段到法律、行政、经济多元手段并用的演进。

2. 可信承诺

可信承诺是制度得以运行的关键条件。但是在环境治理中,由于环境问题的公共性和外部性,达成可信承诺的难度非常高。尽管埃莉诺·奥斯特罗姆指出,在制度符合五项规则的情况下,通过自主治理,可以达成可信承诺[1]。但如果进一

① 埃莉诺·奥斯特罗姆.公共事物的治理之道:集体行动制度的演进[M].余逊达译.上海:上海三联书店,2000.

步分析，不难发现，在一个地域辽阔，广土众民的大国中，很难通过自下而上的方式，同时满足“清晰界定公共物品及其使用边界；公共物品的占用和供应规则与当地条件保持一致；绝大多数参与主体能够修改规则；监督各方参与主体；违规者会根据违规程度受到其他主体的分级制裁”等五大基础条件，进而达成环境治理的可信承诺。而在中国以行政为主导的环境治理体系中，得益于“异层同构”的科层制体系，可以在全部的国土范围之内，采用“命令—控制”手段，推动各级政府之间的可信承诺广泛达成。在中国的环境治理体系中，可信承诺达成的主要制度抓手是环境目标责任制。

以五年规划中环境约束性指标为代表的环境目标责任制，将多项环境指标的完成情况与各级地方政府的干部考核直接挂钩，并且规定在未能完成主要环境指标的情况下实行对地方政府官员的“一票否决”。这些制度通过层层分解环境绩效目标的方式，清晰地界定了环境公共物品及其使用边界，采用绩效考核和环境监察的方式使得参与主体得到有效监督。其中特别的是采用了干部考核的方式推动“违规者会根据违规程度受到其他主体的分级制裁”，这一系列手段使得各级政府之间签署的环境目标责任书成为真正的承诺，形成了覆盖各个省市区县的政府承诺体系，进而为国家层面上环境治理的变革奠定基础。

3. 相互监督

监督是可信承诺形成的关键因素。事实上，在环境问题中，小范围群体的相互监督相对较易达成。但是，当环境问题涉及跨区域、跨时空的大范围外部性时，如何达成不同地区乃至不同代际之间的监督则成为较大的难题。埃莉诺·奥斯特罗姆在达成可信承诺五项规则的基础上，增加了制度设计的三项规则以实现可信承诺与相互监督，即“存在冲突解决机制、认可参与主体设计制度的权利、嵌套制层级结构”。

在中国政府五级行政体系中，形成了事实上的“行政发包制”，政府间能够通过分包式的运作处理环境问题。同时纵向控制权体系中，中央政府和上级政府始终掌握着监督权和检查权[①]。因此，在面对大尺度空间时间下的环境外部性问题时，当环境绩效被纳入科层制的运作体系之中后，内嵌于中国政府行政体系中的

① 周雪光，练宏.中国政府的治理模式：一个“控制权”理论[J].社会学研究，2012(05).

监督机制就能够有效地发挥作用。

针对环境信息的特殊性，为了有效降低监督成本、提高监督效果，中国在2007年对污染物排放数据的核算体系进行了重要改革，以主要污染物的统计、监测、考核“三个办法”的发布为标志，建立起了专门针对总量减排的数据核算机制。新的核算机制通过设立专门的组织机构、采用新的核算方法、收回污染排放数据的审核及确认权的方式，挤压地方政府操作污染排放数据的空间，打破央地之间的信息不对称。与此同时，中国环境质量监测网络建设速度进一步提升，到2015年已基本形成了国、省、市、县四级环境质量监测网，初步实现了对国境的全覆盖。清晰界定各项环境指标，既提高了政府间监督的效果，也成为社会公众监督政府环境治理行为的信息基础。在此基础之上，各级行政机构和司法机构明显加大了对环境保护的督查执法力度。2013年至2018年，中央和地方各级司法机构共审结环境民事案件48.7万件，并依据《环境保护法》《水污染防治法》和《大气污染防治法》公开了2 082份裁判文书，远多于此前审理裁判的生态环保案件。

因此，总的来看，中国环境治理绩效改变的关键原因在于，中国既有的制度体制能够有效地供给新制度，从而在较短的时间内建立一套环境治理体系，这一制度体系可以有效动员国家与社会力量参与环境治理。而在面对环境公共物品存在的公共性和外部性问题上，中国政府以科层制体系下的“命令—控制”体系推动各级政府担负治理责任、签订责任书以建立可信承诺。而内嵌于中国政府行政体系中的监督机制和环境信息网络进一步为可信承诺提供了有效监督，这样形成了一个遍及全国的环境治理制度体系，为中国这一超大空间尺度的集体行动提供了坚实的制度支撑。

二、中国环境治理展望

在人类世的背景下，全球正在经历深刻的生态环境危机。中国是全球第一人口大国和第二大经济体，也是全球生态环境问题最为严峻的地区之一。改革开放以来，特别是过去20年间，中国大力开展生态文明建设，在环境治理方面取得重要进展，环境治理绩效显著提升。上述研究利用埃莉诺·奥斯特罗姆的集体行动理论作为分析框架，从新制度供给、可信承诺和相互监督三个维度，分析中国环境治理体系变迁及其效应，解释了绩效转变的原因。

中国的国家治理体系在新制度供给方面有独特优势，在应对环境挑战中可以快速凝聚共识进而供给新制度；中国也有效利用了科层制体系推行环境目标责任制，主要采用“命令—控制”手段促使各级政府之间可信承诺的广泛达成；中国还利用中央政府和上级政府掌握的监督权和检查权，依靠内嵌于政府行政体系中的监督机制不断改进环境监督效果。中国环境治理的重要经验在于，以五年规划为引领，五年一个台阶，不断推动环境治理体系的变革，充分结合中国国情、发挥中国国家治理体制的优势，在增进新制度供给、可信承诺和相互监督等方面都取得了重要进展，进而有效提升了环境治理的集体行动能力，这是理解中国环境治理绩效提升的关键。

从集体行动这一人类治理永恒的难题来看，对中国环境治理制度的深入了解，有助于我们加深对公共物品提供和集体行动的理论认识。与传统理论对中国环境治理的批评态度不同，该研究的关注度集中在了环境治理绩效转变这一重大历史现象。研究创新性地引入埃莉诺·奥斯特罗姆的集体行动理论，并将其发展成为一个新的统一性的解释理论。这避免了单一要素解释造成的非此即彼的困境。

然而，由于环境问题的复杂性和中国环境治理挑战的艰巨性，中国的环境治理体系仍然面临诸多问题，未来还需要进一步变革以适应新时代环境治理的新需求。从更加长远的视角审视，为进一步推动中国环境治理水平的提升，中国的环境治理还需要进一步提升集体行动能力，可以从以下三个方面进一步深化改革。

其一，在制度供给方面，由政府主导的制度供给体系向多元化制度供给体系转变，特别是注重社会组织等非政府主体在制度供给中所发挥的作用。一方面要在制度设计中引导公民、企业和社会组织等多方主体积极参与制度设计；另一方面要注重吸收社会自主治理中所形成的制度规则体系，以此提高制度设计的科学性和有效性。

其二，在可信承诺方面，加快建立公民和企业的环境责任制度，推动生活生产主体自发形成环境治理的可信承诺。在未来的环境治理进程中，着重加强公民、企业等微观主体的环境治理责任，由政府责任逐步向公民、企业和政府的共同责任转变，通过设置有效的奖惩机制和建设绿色发展文化，推动公民、企业等微观主体形成绿色生产生活的新风尚。

其三，在相互监督方面，着力加强政府监督之外的公民监督和社会监督。已有的监督体系主要是科层制政府的内部监督体系，不可避免地出现监督独立性不足等问题。因此，进一步引入公民监督和社会监督，不仅可以有效降低监督成本，还可以提高监督的独立性和全面性，以此进一步巩固环境治理制度。

总的来看，中国面临的生态环境挑战是空前的。中国根据自身国情积极响应生态环境挑战，逐步形成有中国特色的环境治理体系，正在走出一条有中国特色的绿色发展之路，在环境治理这一全人类共同面对的挑战面前，制度自信和道路自信日益增强。中国环境治理的经验在于：探索在独特的国情条件下的治道变革，不断解决新制度供给、可信承诺和相互监督等集体行动的关键问题，不断完善环境治理体系、增强环境治理能力，保障经济社会可持续发展和国家发展目标的实现。中国的环境治理经验，对于全球特别是发展中国家具有重要的启发意义。尽管环境治理这一全球难题并没有万能药方，各个国家都必须探索适合本国国情的环境治理体系，但是增进新制度供给、可信承诺和相互监督等集体行动要素，可以视为具有普遍意义的理论参考和政策指引。

第四节　中国乡村治理困境诊断和多元共治路径探索

奥斯特罗姆夫妇提出，为解决公共事物治理困境，应从市场或政府的“单中心”治理模式转变为政府、市场、社会“多中心”的治理模式。围绕增进政府、市场和社会的多元合作共治这一前沿议题，运用公共事物治理研究的核心理论与框架，王亚华等学者对中国农村地区面临的治理困境和多重失灵进行了系统诊断，提出推进乡村多元共治的思路和对策。

一、中国农村公共事物治理面临的危机

城市化和现代化伴随着农村衰退，似乎成为世界各国难以避免的现代化陷阱。党的十九大提出实施乡村振兴战略的伟大蓝图，正是基于我国农村地区出现某种程度衰退的客观事实。进入 21 世纪以来，中国农村发展形势喜忧参半。随着经济快速发展与城镇化、工业化的推进，大量农村人口特别是农村精英向城镇地区迁移，使得很多农村地区不是呈现繁荣与发展，而是陷入萧条与萎缩。

王亚华等[①]分析提出，中国农村衰退的实质是：在我国农村社会结构深层转

① 王亚华，高瑞，孟庆国.中国农村公共事务治理的危机与响应[J].清华大学学报(哲学社会科学版)，2016，31(02)：23-29+195.

型及农村体制急剧变迁的背景下,农村集体行动能力的全面衰退。

具体而言,劳动力外流背景下,农民的乡土归属感下降,参与公共事物的动力薄弱,集体行动能力大大下降。与此同时,税费改革后,农村公共事务越来越依赖农民自愿合作。而目前小农意识浓厚,自利、相互猜疑的农民缺乏相互信任和监督的基础,难以实现自发的合作,由此导致了普遍存在的农村集体行动困境。公共事物治理从"集体化"转向"个体化",反映了中国农村集体行动能力的全面衰退。

已有的集体行动研究显示,政府管理、市场调节和社会自治是解决集体行动困境的三种基本途径。反观当下的中国农村,公共事物的集体行动面临政府、市场和社会失灵的局面。

政府失灵。由于计划经济时代农业生产效率低下,自 1978 年人民公社解体后,基层政府第一次淡出农村公共事物的治理;生产大队改为行政村,农村公共事物主要由行政村组织、协调完成。2003 年农村税费改革后,基层政府第二次淡出农村公共事物的治理。税费改革前,乡镇政府为了完成农村税费的征收,其一定程度上参与了农村公共事物的治理,特别是生产性公共事务如农田水利;税费改革后,乡镇政府参与农村公共事物治理的动力进一步降低,其主要职责变为计划生育、征地拆迁和维护稳定。基层政府的不断淡出,其结果是在农村公共事务治理中政府失灵的问题日益凸显。

市场失灵。由于农村集体行动的困境,以市场化为导向的产权改革一再被强调。继"分田到户"的农地产权制度改革之后,很多地区又推行了"分林到户"的集体林权改革、"分草到户"的牧场体制改革,近年来又推行"分水到户"的水权改革试点。但是,寄希望于市场来解决农村公共事务治理难题,是很值得商榷的做法,这方面有过沉痛的教训。以农田水利为例,过去 40 年中,随着国家的力量从基层灌溉管理中逐步淡出,中国的灌溉管理不断推进以租赁承包为主的市场化导向改革。然而实践证明,在绝大多数农村地区,市场化供给水利公共产品的改革思路行不通。一方面,农户过于分散,在缺乏有效组织情况下,大中型水利设施无法与单个的小农进行有效对接,市场化供水的思路实际上无法操作;另一方面,大中型水利具有一定的自然垄断性,商业化运行后水费不断上涨,导致农民难以负担。这一局面导致越来越多的农户放弃依赖大中型水利设施,转而自己独立解决灌溉问题,这是"小水利"遍地开花的重要原因。

社会失灵。为了应对农村集体行动的困境，农民自主治理在学界和实践中被寄予厚望。20 世纪 80 年代人民公社解体后，村民自治不断发展，各种类型的合作组织不断涌现，包括供销合作社、农民专业合作社、农民用水户协会等。但是由于大规模农村劳动力外流与农民异质性增加，例如用水户协会等参与式管理组织发挥的效用却十分有限①。

二、影响农村集体行动的因素

反思我国农村集体行动能力下降的原因，系统诊断影响农村集体行动能力的因素，对于实现乡村振兴具有重要意义。由王亚华教授团队经过近十年的研究，运用社会生态系统分析方法，开展变量层面的系统诊断，揭示了五个子系统与经济、社会和政治背景中影响农村集体行动的十大不利因素及四大有利因素②，为中国农村集体行动能力的下降提供了系统解释（见图 12-1）。

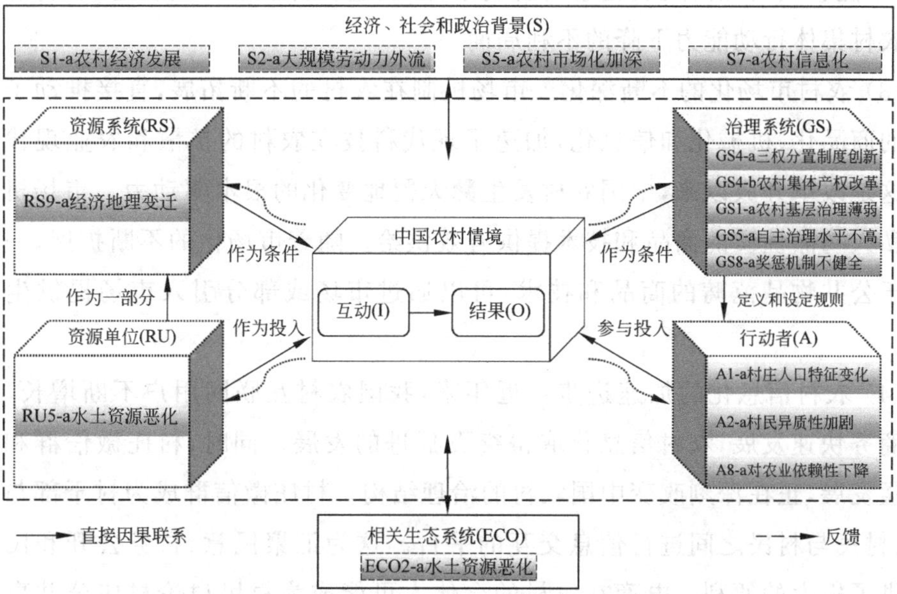

图 12-1　基于社会生态系统框架(SES)的中国农村集体行动影响因素诊断结果

资料来源：改编自王亚华，2017a。

① 王亚华.中国用水户协会改革：政策执行视角的审视[J].管理世界，2013(06)：61-71＋98＋187-188.

② 王亚华.提升农村集体行动能力加快农业科技进步[J].中国科学院院刊，2017，32(10)：1096-1102.

1. 经济、社会和政治背景(S)

(1) 大规模的劳动力外流。城镇化进行过程中伴随着大规模的农村劳动力外流。劳动力外流至少通过三种机制降低了农村的集体行动能力：①领导力的流失。劳动力外流带走了多数在农村治理中能发挥组织与协调作用的精英人才。②社会资本流失。劳动力外流削弱了村庄内原有的人际关系网络,使得基于可信承诺与相互监督才能形成的集体行动变得更为困难。③对村庄归属感降低。农民的乡土归属感下降,参与公共事物的意愿和动力更加薄弱。

(2) 农村经济的快速发展。经济发展水平的提高有助于改善农村基础设施,为提升农村公共物品供给能力、改进公共事物治理创造了有利条件。研究表明,经济发展水平相对较好的农村地区,其灌溉基础设施状况也相对更好,农户负担的灌渠维护成本也较低,公共治理的绩效相对更高[①]。随着农村经济的进一步发展,如果能够利用经济发展创造的有利条件,改进农村治理和制度建设,将有可能扭转农村集体行动能力下降的不利局面。

(3) 农村市场化的不断深化。市场机制在农村的不断拓展,直接推动了农业生产的商品化、机械化和信息化,加速了现代科技在农村的扩散和农业现代化进程。这是改革开放以来,中国农村发生翻天覆地变化的根本驱动力。市场机制可以为私人物品性质的商品和技术提供有效供给。随着市场化的不断扩展,一些原来属于公共物品范畴的商品和技术,可以通过市场或部分引入市场提供生产和供给。

(4) 农村信息化的加速进步。近年来,我国农村互联网用户不断增长,农村电子商务快速发展,农村信息化取得突飞猛进的发展。同时,村庄微信群和电商的迅猛发展,正在深刻改变中国农村的治理结构。村庄微信群成为村干部与村民之间、村民与村民之间进行信息交互的平台。这为汇聚民意、村务公开和民主监督提供了极大的便利。电商在农村的合伙人可能成为村民讨论村庄公共事物的联络人,电商在农村的服务点可能成为村民讨论村庄公共事物的重要场所。这些新的发展趋势,有助于增强农村集体行动能力。

① 王亚华，汪训佑. 中国渠系灌溉管理绩效及其影响因素[J]. 公共管理评论，2014，16(2)：47-68.

2. 资源系统(RS)

(1) 经济地理的变迁。现代区域经济中心的崛起全面重塑经济地理,村庄到区域经济中心的距离会对公共事物集体行动产生深刻影响。王亚华和陈思丞的实证研究结果表明,村庄距离所在省份经济中心的距离越近,村庄的灌溉集体行动表现越好①。基于中介效应检验发现,城市邻近性的这种正面效应,主要通过村庄地形地貌、村庄人口和村庄集体收入等影响机制起作用。因此,越靠近中心城市的村庄由于更加密集的人口和经济活力,可以抵消农户外出打工等因素对公共事物集体行动的不利影响。其政策含义在于,靠近中心城市的村庄可能在没有外部干预的情况下可以实现自主振兴,而远离中心城市的村庄则需要更多的政策支持,全面推进乡村振兴需要因地制宜施策。

3. 资源单位和相关生态系统

资源条件的恶化。自然资源条件深刻影响农村集体行动。过于稀缺或者过于充裕的自然资源条件,均不利于集体行动的开展,适度的自然资源条件最有利于集体行动。中国人多地少,人均占有的各类自然资源相对稀少,这本身就不利于集体行动的开展,加之水土资源条件恶化,自然灾害频发,更加剧了农村集体行动的困难性。

4. 治理系统(GS)

(1) 农村基层治理薄弱。农村税费改革以后,农村基层政权组织的制度型权威有所弱化。许多村庄"一事一议"制度运行效果不佳,出现了"组织开会难、讨论决议难、执行决定难"的现象,达成有效的集体行动所依赖的制度供给存在问题突出。清华大学中国农村研究院的抽样调查数据显示,大约有 90%的被调查农户从来没有或很少参与过村里的灌溉事物讨论。

(2) 自主治理水平不高。由于农村基层政权组织的动员能力下降,农村社会的"原子化"程度加深,农民参与公共事物的热情不高,往往处于被动参与的角色。农村各类合作组织快速发展,对于扭转这一趋势起到了积极作用。但是由于种种

---

① Yahua Wang, Sicheng Chen, Eduardo Araral, The Mediated Effects of Urban Proximity on Collective Action in the Commons: Theory and Evidence from China[J]. World Development. 2021, 142: 105444.

原因，很多农民合作组织的运行效果并不尽如人意。例如，经过20年的发展，全国范围内已经建立了近10万家农民用水户协会。但是王亚华教授团队的研究表明，用水户协会在全国很多地区呈现低效运作甚至流于形式，相对于传统的村集体管理并没有显示出制度优势[①]。这反映出，提高农村自主治理水平仍然任重道远。

(3) 监督与奖惩机制不健全。有效的制度运行依赖相互监督和可信承诺，为此有必要建立相应的制裁与惩罚机制，这对于达成有效的集体行动十分关键。目前农村基层社会运行中，一方面传统习俗和村规民约的非正式制度效力不断下降，另一方面基于现代法治的正式制度运行体系尚未完全建立起来，导致制裁与惩罚机制普遍缺失或执行薄弱。根据清华大学中国农村研究院的抽样调查数据，在基层灌溉管理中，对于私自挖渠偷水或者拖欠水费的行为，大约只有1/4的受访村采取了惩罚措施。由于违反制度的成本较低，进一步助长了基层普遍违约的社会风气，降低了农村集体行动成功的可能性。

(4) 农村集体产权改革。我国农村的自然资源主要是集体产权制度，其产权运营和收益高度依赖于有效的集体行动。但由于农村集体行动的困难性，集体产权运行的效果普遍不佳，催生了实践中的农村自然资源"确权化"改革，涉及土地资源、森林资源、草地资源和水资源等众多门类。这包括继"分田到户"的农地产权制度改革之后，近年来全国普遍推行的"农地确权"的农村土地制度改革，我国南方多个省份推行的"分林到户"的集体林权改革，西北省份开展的"分草到户"的牧场体制改革，以及近年来启动的全国范围的"分水到户"的水权改革试点。这些改革在为广大农户创造产权激励的同时，也导致了公共资源的产权碎片化问题，农民更难就公共事物治理形成有效的和有规模的合作，加剧了农村集体行动的困境[②]。

(5) 农村土地流转的推进。中国农村人均占有耕地面积狭小，土地破碎化，对农村集体行动构成了基础性制约。农村土地流转将在一定程度上缓解此种状况，农村土地的有序流转和农户适度规模经营的逐步形成，可以从两个方面提升农村集体行动能力：(1)规模化经营提高了农业生产活动的相对收益，增加了农

① 王亚华. 中国用水户协会改革：政策执行视角的审视[J]. 管理世界，2013，(6)：61-71.

② 王亚华，高瑞，孟庆国. 中国农村公共事务治理的危机与响应[J]. 清华大学学报(哲学社会科学版)，2016，(2)：23-29.

民对农业的依赖程度，进而会提高农户参与农业基础设施建设、维护等集体行动的意愿；(2)人地关系的变化重塑了农民之间的合作关系，在一定程度上抵消了劳动力外流带来的领导力缺失、社会资本流失等不利因素，进而提升农村集体行动能力。随着农业用地“三权分置”改革的不断推进，大量拥有适度经营规模的“中农”阶层与普通农业精英阶层有望成为农村集体行动的中坚力量，因为这个群体最热心、最少“搭便车”，也最积极地组织、维护和参与农村公共事物[①]。

5. 行动者(A)

(1) 村庄人口特征的变化。城镇化使农村人口结构发生深刻变化，村庄空心化和老龄化特征凸显。大规模的城镇化形成了越来越多的空心村，导致许多村庄的人口规模不断萎缩，而村庄规模萎缩对农村集体行动会产生负面影响。从农村迁往城市的人口绝大多数都是青壮年人口，这使农村人口的老龄化进一步加速。大龄农村人口的文化素质和劳动技能，也会对农村集体行动产生不利影响。

(2) 对农业依赖性的下降。随着大规模农村劳动力外流，村庄和家庭的人口规模都趋向于缩小，兼业农民比重不断增加，农户从农业经营中取得的收入占总收入的份额不断下降。就目前平均水平而言，农户的农业收入占家庭总收入的比重已经不到1/4。农户对农业的依赖性降低会导致参与农村公共事物的意愿下降。

(3) 村民间异质性增加。农民外出务工数量的增长和兼业户占比的增加，提高了村庄内部的经济异质性。社会更加开放和流动，也增加了村民间的社会文化异质性。异质性的增加会导致农民对农村公共事物的需求出现分化。

三、探索中国乡村多元共治的实现路径

中国农村集体行动比传统上认为的复杂得多，不存在“万能药”式的制度解决集体行动困境。面对多样性的公共治理问题，必须根据特定的自然地理、经济社会、规则制度以及背景条件等因素，选择特定的解决方案。因此，当代中国农村公共治理理论已经远远超越了传统的政府、市场和社会的划分范畴，特定的治理问题往往需要政府、市场与社会的某种混合机制，多元主体合作的治理机制日益成

① 贺雪峰. 取消农业税后农村的阶层及其分析[J]. 社会科学, 2011, (3): 70-79.

为实现良治的一般性原则。

中国各地为了应对农村治理危机，开展了很多实践探索，涌现出了一些推动农村治理变革的有益经验，包括“第一书记”和“企业家村官”的制度安排、“村医村教”进村、“两委”的制度探索和“村民理事会”的治理实践。综合实践中涌现出的这些案例，其基本的着眼点在于在农村地区大规模的劳动力外流所带来的乡村衰落与领导力缺失的背景之下，通过相关实践提升农村基层的领导力水平。

王亚华和舒全峰[①]在探索我国乡村多元共治的实现路径时，重点围绕乡村领导力开展了大量研究。研究揭示了领导力的流失和匮乏，是农村公共治理危机的症结之一，而探索乡村治理中领导力的问题，公共服务动机是一个重要的突破口。相关研究首次定量测度了中国乡村干部的公共服务动机指数，探究了影响乡村干部公共服务动机的多重因素。基于定量分析发现，乡村干部公共服务动机水平受到地区经济发展水平、工资收入认知以及工作满意度的显著影响[②]。舒全峰等首次采用全国范围的大样本数据，定量检验了公共领导力对于村庄公共物品供给集体行动的影响，实证评估了驻村第一书记的政策绩效和价值[③]。研究发现：第一书记能够显著地提升村庄集体行动能力，其深层次原因在于融入村庄社会的第一书记具备相对较高的公共领导力，通过在村庄社会重建信任和再造权威，建立起集体行动的基础，继而借助于国家资源的输入，通过资源整合与策略化动员，促成村庄集体行动的达成，提升农村公共治理水平。

新时期中国农村公共事物的治理危机，已经成为当代国家治理面临的重大挑战。应对农村治理的困境，需要借鉴国际前沿的治理理论，吸收中国各地实践探索的有益经验。中国地域辽阔，各地自然地理、经济社会与人文环境差异甚大，不存在“万能药”能够解决农村的治理危机，也不存在“一劳永逸、包治百病”的农村治理模式，各地应当因地制宜推进符合当地实际的治理创新。同时，中国各地众多基层治理创新的鲜活案例提供了重要启示，当前中国农村治理改革的突破口，在于增加领导力资源的供给。在提高农村基层社会领导力水平的基础上，探索符合各地村庄情况的自主治理形式，是未来中国农村公共事物实现“良治”的基本取向。

---

① 王亚华，舒全峰.中国乡村治理中的领导力与公共服务动机[J].公共管理与政策评论，2019，8(05)：23-31.

② 王亚华，舒全峰.中国乡村干部的公共服务动机：定量测度与影响因素[J].管理世界，2018，34(02)：93-102+187-188.

③ 舒全峰，苏毅清，张明慧，王亚华.第一书记、公共领导力与村庄集体行动——基于 CIRS“百村调查”数据的实证分析[J].公共管理学报，2018，15(03)：51-65+156.

关键术语

灌溉系统　集体行动　劳动力外流　土地流转　环境治理　乡村振兴
乡村治理　基层领导力　林权改革

思考题

1. 与国际的公共事物相比，中国的公共事物与集体行动困境有哪些相同点和不同点？

2. 中国公共事物治理研究在方法论上与国外有何异同？

第十三章

总结与展望

公共事物治理研究历经半个多世纪的发展，已经积累了丰富的学术成果和系统的知识体系，但仍是一个处于快速发展阶段的新兴学科。当前国际公共事物研究学科发展日趋完善，新兴公共事物研究也不断涌现。与此同时，国内的公共事物研究正在快速发展中，而蓬勃发展的现实实践也需要中国公共事物研究提供更多的洞见。

第一节　回顾与总结

一、公共事物治理的学科发展

“公地悲剧”是人类社会面临的经典问题。以 1968 年加勒特·哈丁在 *Science* 杂志发表《公地悲剧》一文为标志，从那时以来围绕“公地悲剧”的研究中，诞生和发展了公共事物治理这一交叉学术领域。经过半个多世纪的发展，公共事物治理已经成为全球瞩目的新兴学科方向，在全球吸引了众多学者参与，并形成了相对完整的知识体系。

在这一学科发展的早期，尤其在埃莉诺·奥斯特罗姆的《公共事物的治理之道》一书发表之前，哈丁的公地悲剧观点一直是学术界的主流认识。甚至直到今天，公地悲剧仍然是相当一部分研究者对公共事物的朴素认知。但是在奥斯特罗姆夫妇所代表的布卢明顿学派几十年的推动之下，不仅公共事物治理的知识积累迅速增长，而且也用大量的现实案例证明公地悲剧并不是公共事物治理的必然结果。1990 年，《公共事物的治理之道》的发表，标志着公共事物治理知识体系的形成。随着埃莉诺·奥斯特罗姆于 2009 年获颁诺贝尔经济学奖，进一步推动了公共事物治理学科的蓬勃发展。

自20世纪90年代以来，公共事物治理的分析框架、理论和研究方法都得到了长足的进步，并且一大批影响集体行动的重要变量也得到识别和检验。同时，得益于通用性分析框架的完善，不同研究领域之间的学科壁垒也在一定程度上被打破，这不仅推动了各个细分领域的研究，也反过来促进了公共事物学科的发展。几十年来，这些成果大大丰富了公共事物治理学科的知识积累和学科共识。另外，凝聚该学科方向的学术共同体——国际公共事物学会（International Association for the Study of the Commons，IASC），已经运行了近40年，先后举办了17届全球学术大会。这一学术共同体的长期发展促进了全球公共事物治理研究学者间的交流与联系，也使得学科的影响力日益增强。经过半个多世纪的发展，公共事物治理学科已经进入了新的发展阶段。从研究对象来看，公共事物治理的研究对象从早期的公共池塘资源扩展到了泛指非私人物品之外所有带有公共属性的物品，包括公共池塘资源、公共物品和俱乐部物品。而且目前这一学科的前沿研究已经将数字公共事物、城市公共事物、知识公共事物等新兴公共事物纳入研究之中，极大扩展了学科的研究边界。从分析框架来看，学科不同发展阶段的分析框架不仅关注的核心变量有所差别，也代表了不同的研究视角和指导思想，同时分析框架的竞争性发展也代表了学者们在框架通用性方面的努力。从研究理论来看，虽然哈丁的理论仍然是这一学科发展进程中的经典理论，但随着学科研究与实践的深入发展，埃莉诺·奥斯特罗姆所提出的集体行动理论和设计原则等重要理论，已经逐步取代了哈丁，成为这一学科的主流理论，并且其学科以外的影响力和认知度也在不断扩大。

经过上述发展历程，Commons一词的含义已远远超过了哈丁所指的范畴，其内涵已经从指代一类研究对象扩展到了指代一种研究范式。这种研究范式包括其研究对象和问题内核、分析框架、理论视角，以及方法论特色等。从这个意义上讲，Commons一词已经有了动词的性质，即所谓“公共事物化”（Commoning the Commons），即将带有公共性的事物都纳入公共事物治理的研究范畴。

二、研究对象和问题内核

公共事物治理学科几十年的发展，展现了研究对象不断丰富、研究领域不断拓宽的过程。

Commons一词最早起源于英国封建时代，在当时指的是属于领主庄园的、可供佃户用来放牧和砍柴的“荒地”或未开垦的土地，也即公共用地的含义。在加勒特·哈丁提出“公地悲剧”之后，围绕 Commons 所产生的集体行动困境成为学术研究的热点。公共池塘资源这一概念，一方面与 Commons 的历史渊源和加勒特·哈丁的隐喻更加接近；另一方面，其资源获取的竞用性和使用的低排他性的特征也使得公共池塘资源更容易发生集体行动困境。因此从“公地悲剧”概念提出到 20 世纪 90 年代，围绕这一问题所展开的研究，对象基本都是灌溉系统、林业、渔业等传统公共池塘资源。

进入 21 世纪以来，虽然传统的公共池塘资源问题仍是公共事物治理研究的经典课题，但随着相关研究的深入，以及人类日益进入“人类世”，公共事物的研究内涵不断扩展，逐步将公共物品和俱乐部物品纳入研究对象的范畴。需要注意的是，尽管从公共事物研究的角度看，其研究对象经历了从公共池塘资源扩展到公共物品和俱乐部物品的过程，但实际上奥斯特罗姆夫妇领衔的布卢明顿学派，很早就开始了对俱乐部物品的研究：例如奥斯特罗姆夫妇在 20 世纪六七十年代广泛开展了对地方公共经济的研究，而地方公共经济就是一种俱乐部物品①。

在最近十年来，公共事物的概念又得到了进一步的扩展。诸如文化公共事物、数字公共事物、城市公共事物、知识公共事物等新兴研究对象不断兴起。从某种意义上说，凡是涉及集体行动和自主治理问题的事物，都可以纳入公共事物的研究对象。

与公共事物的研究对象不断扩展相对应的，是公共事物的核心研究问题几十年来一直保持相对稳定。在 1990 年的《公共事物的治理之道》一书中，埃莉诺·奥斯特罗姆就将公共池塘资源面临的困境总结为占用问题和供给问题。其中占用问题包括由于资源占用的外部性而导致的过度占用、资源的分布不平均带来的资源分配问题、资源开采技术带来的负外部性问题；供给问题主要包括对资源的过度利用超过资源恢复能力，进而影响后续的资源供给、对保持或涵养资源的投入不足导致影响资源供给。

尽管公共事物治理研究的对象和范围不断扩展，研究的问题又日益增多，但其本质仍聚焦于占用问题和供给问题这两大经典困境。从这个意义上看，虽然公共事物治理的研究对象已经扩展到一系列新兴公共事物，甚至与其他一些学科在

---

① Bushouse B K . Governance Structures: Using IAD to Understand Variation in Service Delivery for Club Goods with Information Asymmetry[J]. Policy Studies Journal, 2011, 39(1): 105-119.

研究对象上产生了交叉，但上述鲜明而稳定的核心研究问题成为了这一学科区别于其他学科的重要特征之一，也构成了该新兴学科的理论内核。

三、研究范式：框架与理论

除了鲜明的核心研究问题以外，研究范式同样是公共事物治理的学科特色。公共事物治理研究范式的第一个特点就是对框架、理论和模型的辨析和明确区分。其中框架最为基础，同一个框架可以包容不同的理论，而同一个理论则可以兼容不同的模型。这种对框架、理论和模型的区别和界定，也成为公共事物治理知识体系的基本共识，相关学者们都在这一认识的基础上应用框架、理论和模型开展研究。

在公共事物学科发展的历史中，最经典也最重要的框架是制度分析与发展(IAD)框架。埃莉诺·奥斯特罗姆等学者在20世纪80年代初提出了IAD框架，并不断对框架和相关概念进行完善。IAD框架偏重于制度分析，主要探讨在外部变量(其中最重要的是制度规则)的影响下，行动者在行动情景中的互动如何形成结果和反馈。从20世纪80年代后期到20世纪90年代，IAD框架被广泛地应用于公共池塘资源治理的研究中，同时期的公共池塘资源(CPR)项目、尼泊尔灌溉制度与系统(NIIS)项目等重要大规模公共池塘资源研究项目，都是在IAD框架的指导下完成。此后产生的其他分析框架也都受到了IAD框架的影响。

进入21世纪以后，学者们在IAD框架的基础上发展出了耦合基础设施系统(CIS)框架和社会生态系统(SES)框架。CIS框架拓展了基础设施的概念，将人造设施、自然界、知识、制度、社会关系等事物都归为某一类基础设施，分析不同基础设施间的互动，如何影响耦合系统的产出结果，尤其重点关注这些互动如何影响耦合系统应对外部冲击的稳健性。而在世界日益进入“人类世”的背景下，学者们对人类社会与环境之间相互作用的认识也不断深入，因此埃莉诺·奥斯特罗姆等人提出了SES框架，通过这一框架对人类社会与自然生态之间的复杂互动关系，以更加细致的框架语言进行描述和诊断。SES框架通过对社会生态系统的基本结构进行不断细分，可以实现对复杂社会生态系统的模拟。相比于IAD框架和CIS框架，SES框架更加细致和复杂，可以更好地契合真实世界。

从IAD框架到CIS框架和SES框架，框架的发展也代表了不同的研究视角。IAD框架注重制度分析，CIS框架关注耦合系统的稳健性，SES框架则着眼于更加复杂和广阔的社会生态系统。这些框架之间的相互补充和竞争性发展，为学者们开展公共事物研究提供了更加坚实的基础，也促进了公共事物治理学科的发展。

除了分析框架之外，公共事物治理的相关理论也是学科范式的重要组成部分，其中最重要的是集体行动理论。集体行动和有效自主治理问题是公共事物治理理论体系的核心内容。在 1990 年的《公共事物的治理之道》一书中，埃莉诺·奥斯特罗姆就将公共池塘资源治理中的集体行动问题总结为三个关键方面：新制度供给、可信承诺、相互监督，三者统一于有效的制度设计体系之中。在此基础上，她又进一步将有效的制度设计总结为八项原则，八项原则后来被学者们广泛检验和发展完善，成为集体行动的经典理论。此外，随着公共事物治理研究对象的拓展，八项原则的应用也超出了传统小规模公共池塘资源的范围，被应用于大规模社会生态系统的研究中，并在其中得到了进一步的检验和发展。在八项原则提出后 20 多年的治理实践中，学者们发现这些制度设计原则仍不能满足现实需要，应当找到一些更具体的制度设计方法。因此，一些学者正在致力于制度形构的研究，即识别在特定的情景下，建构什么样的制度更有利于促进集体行动。

除了集体行动理论外，多中心治理和制度多样性也是公共事物治理的重要理论。多中心治理是布卢明顿学派的重要学术标签，其多中心理论传统可以追溯到 20 世纪 60 年代奥斯特罗姆夫妇对大城市治安服务的研究。多中心秩序是自治与共治的结合，可以实现不同层次上多个治理中心共存。随着公共事物治理的研究对象逐渐转向复杂的社会生态系统，多中心治理理论可以更好地适应复杂社会生态系统的实践需求。

制度多样性理论是埃莉诺·奥斯特罗姆学术生涯晚期的思想理论。面对现实中形形色色的不同制度，埃莉诺·奥斯特罗姆等人提出了制度语法学，利用五个元素对制度进行统一解构和分类。同时，制度处在不断地变化和演进之中，埃莉诺·奥斯特罗姆对此总结了制度演进的不同路径，以及实现制度优化演进的八个条件。总体来看，制度多样性源自于社会生活和人类互动的复杂多样，埃莉诺·奥斯特罗姆认为这种多样性是理解和诊断复杂现实的关键，因此要超越单一制度的“万能药陷阱”，像保护生物多样性一样保护制度多样性。

四、方法论与关键变量

公共事物治理研究的方法论，与其他社会科学学科的方法论并无本质不同。社会科学中常用的定性或定量研究方法，都可以应用于公共事物治理的研究中。传统上由于研究对象的特征和研究开展的难度，小样本案例甚至是单案例的研究一直是主流的研究方法。在大量的小样本案例和单案例研究的基础上，多案例的比较研究也逐渐兴起。早期的案例研究通过大量的实例证明了现实中自主治理是可以实现的，之后的多案例研究更证实了这一点，并且对自主治理运行机制的认识不断深化。

随着公共事物治理研究的深化，方法论也得到了多元化的发展。不拘泥于特定研究方法，鼓励多种方法共同合作，也成为这一学科的方法论特色。在这个过程中，大样本定量研究的比重逐渐增高，多个学者合作开展研究的趋势更加明显，甚至大型合作研究项目也越来越成熟。20 世纪八九十年代发起的 CPR 项目、IFRI 项目和 NIIS 项目不仅促进了知识积累和学科发展，也为学者间的合作研究树立了典范。而 2010 年启动的 SESMAD 项目则将跨国合作研究推向了新高度。

除了实地研究以外，模型研究和实验研究方法等传统意义上的非实地研究方法也得到了广泛应用。其中公共池塘资源实验是公共事物治理的独特实验类型，为实验研究方法的发展作出了重要贡献。随着实验方法的广泛开展，在传统的实验室实验的基础上，实地实验、在线实验也逐步得到发展和应用。此外，环境动态性也被加入实验的模拟条件中，使得实验研究越来越接近现实。

早期的案例研究，证明了集体行动和自主治理的可能性。而后续研究的重点则是探索影响集体行动效果的关键变量。在 IAD 框架、SES 框架、八项原则等框架和理论的指导下，通过案例比较、定量分析，乃至实验研究等不同方法，一批影响集体行动的关键变量被学者们检验和识别。根据学者总结，目前已有约 200 个相关变量得到了检验，其中在研究中被广泛应用的变量约 40 个①。在未来，更多的具有地区特色、人文特色和制度特色的变量将会被诊断和识别出来，这将会进一步丰富公共事物治理方法论的应用成果，并使得人类对公共事物治理成败的原因具有更加精确的认识。

---

① Agrawal, A. Common property institutions and sustainable governance of resources [J]. World Development, 2001, 29(10): 1649-1672.

通过简要回顾,可以看到公共事物治理学科是一个新兴但正在快速发展的学科。这一学科的研究对象正在不断丰富,同时核心研究问题则相对稳定。在研究的范式和方法上,分析框架和理论经过长期的发展,已成为学者开展研究的重要工具和基础。不同的研究方法,都在研究开展的过程中起到了重要作用,而共同合作的方法论取向,不仅促进了学者之间的交流,也弥补了单一方法的不足。在框架和理论的指导下,学者们应用不同的研究方法,不仅对现有理论进行了检验和完善,还识别出了一批重要的影响因素,推动了学科的知识积累。目前,公共事物治理学科正处在一个新的发展阶段,新兴公共事物不断涌现。面临这一发展机遇,中国学者应当立足于本土国情,扎根于实践,为公共事物治理贡献中国经验。

第二节 公共事物治理的发展趋势

一、公共事物治理研究的学科发展现状

公共事物治理所面对的是人类社会这样一个有机体。面对这样的有机体,过去传统经济学的方法实际上仍是机械论的方法。然而,这种机械论的方法不适合用来认识作为有机体的社会,这就是过去的很多社会治理和制度实践总会因为过于简单、原始而遭遇失败的原因。既然人类社会是一个有机体,就需要发展有机的方法,公共事物治理研究就是这种有机的方法之一。公共事物治理研究,实际上是把人类社会作为一个有机体来对待,从而去发展认识有机体的相关研究方法、诊断方法和制度设计方法。这是社会科学发展到今天,在认识复杂的、有机的人类社会方面所达到的一个新高度。

作为一个学科,公共事物治理学科的发展和特征非常具有启发性。一个学科发展大体上是有规律可循的。一个知识领域能否成为一个完整学科,关键在于是否有明确的研究对象和研究边界、是否有成型的知识体系、是否有活跃的学术共同体、是否有专门的学会和刊物。而公共事物治理研究经过几十年的发展,已经具备了一个学科的四大支柱:拥有专业性、独立性、系统性的知识体系;建立了教育科目、课程、教材等不同形式的知识传承体系;以 IASC 为中心的学术共同体,其规模和影响力都在不断扩大;专业会议、专门的学术刊物、网络门户等学术平台也在蓬勃发展。从这个意义上来看,国际上已经形成比较成熟的公共事物治理

学科。

同时，这一学科正在快速发展中。近年来，公共事物治理学科的发展呈现出四个显著趋势。

第一，地位显著提高。2009年伴随着埃莉诺·奥斯特罗姆获得诺贝尔经济学奖，公共事物治理已经成为显学备受关注。跨学科和多学科特色的公共事物治理研究，已经被国际社会广泛认可。美国、英国、德国，甚至很多发展中国家，近年来相继成立了以公共事物为研究对象的科研机构。

第二，边界不断拓展。公共事物治理从自然资源和环境治理发展而来，特别是森林、草原、灌溉系统等都是其传统研究领域。近年来，公共事物治理的研究范围在不断拓宽，保护地、滨海系统、全球气候等新兴环境问题进入了研究者的视野。此外，更多的非传统公共事物，包括知识、宗教、传统习俗、网络等，也在逐渐被纳入研究范畴。

第三，研究视角兴起。公共事物治理正在从研究领域发展成为一种研究视角，其词语本身正在从名词演化为动词，用以透视人类形形色色的公共事物及其治理之道，并提出了有建设性的观点和建议。

第四，学科特色凸显。多中心、制度分析、IAD框架、SES框架、自主治理、设计原则、制度多样性等概念贯穿其中成为特色元素，形成了公共事物治理领域的形象标签和共同语言。

二、新兴公共事物研究

除了学科建设不断完善，公共事物治理发展的另一个显著趋势是新兴公共事物的研究不断出现。有越来越多的研究者，正通过公共事物的视角来尝试分析当前和未来世界面临的挑战。目前受到关注较多的有7类新兴公共事物，包括文化公共事物(Cultural Commons)、知识公共事物(Knowledge Commons)、医药健康公共事物(Medical and Health Commons)、邻里公共事物(Neighborhood Commons)、市场公共事物(Markets as Commons)、基础设施公共事物(Infrastructure Commons)、全球公共事物(Global Commons)。下面对其中部分有特色的公共事物研究进行简要介绍。

1. 知识公共事物

知识公共事物是一个庞大而复杂的领域，在大多数情况下，当知识数字化后就具有了公共事物的属性。埃莉诺·奥斯特罗姆和夏洛特·赫斯(Charlotte Hess)最早对想法、知识、信息产品(例如书本、论文)、信息储存库(例如图书馆、数据库)进行了区分并提出了信息作为一种公共池塘资源的分析框架①。而早在20世纪90年代，就有学者将互联网视为公共事物，并对数字公共领域的商业化、公地悲剧、隐私问题的社会危害表达了关切②③。

与专利相关的领域构成了知识公共事物的另一大板块。还有一些被称为科学公共事物(Science Commons)的领域也同样值得关注，比如开放科学资源、基因组公地、纳米技术等，涉及集体协作、过度专利保护、盗版侵权等问题④。其中，还有被称为"反公地"(Anticommons)的现象，即当一个事物被过多人排他性地拥有时，也会出现资源得不到充分利用的现象⑤。

知识公共事物还有着一定的全球性，特别是在获取、提供和保护知识产权方面，还有待全球的共同关注和努力。

2. 全球公共事物

全球公共事物是最早被研究的新兴公共事物，其涵盖的范围和涉及的文献数量都很大，从应对气候变化到解决跨境冲突，全球性公共事物有着相当多的主题。夏洛特·赫斯在文中作了简要的梳理并总结了以下属于全球公共事物的研究类别⑥：全球产权、生物多样性、深海、极地、气候变化、全球社会多样性与相互联系、环境保护、可持续发展、全球化、外太空、商业空间、全球基因资源、全球知识等。

---

① Hess C, Ostrom E. Ideas, artifacts, and facilities: information as a common-pool resource[J]. Law and Contemporary Problems, 2003, 66(1/2): 111-145.

② Brin D. The internet as a commons[J]. Information Technology and Libraries, 1995, 14(4): 240.

③ Hess C. The virtual CPR: the internet as a local and global common pool resource[C]. "Reinventing the Commons," the fifth annual conference of the International Association for the Study of Common Property, Bodoe, Norway. 1995.

④ Hess C. Mapping New Commons[C]. Presented at The Twelfth Biennial Conference of the International Association for the Study of the Commons, Cheltenham, UK, 2008, 14-18 July.

⑤ Heller M A. The tragedy of the anticommons: property in the transition from Marx to markets[J]. Harvard Law Review, 1998: 621-688.

⑥ Hess C. Mapping New Commons[C]. Presented at The Twelfth Biennial Conference of the International Association for the Study of the Commons, Cheltenham, UK, 2008, 14-18 July.

3. 城市公共事物

在夏洛特·赫斯看来，邻里公共事物包括城市公共事物和乡村公共事物。城市社区中的花园绿地、健身场地、停车位甚至是消防通道，实际上都具有公地属性，而且都面临着被滥用的现实。因为城市社区公共事物具有权属上公有、使用上共享、价值上公共的特点，城市公共事物的治理就需要公共属性的回归，除通过居民组织化实现公共权利的主体归位外，还需借助政府及第三方力量形成“协作治理”的新格局[①]。

4. 文化公共事物

许多该领域的研究主要关注文化遗产的私有化和此前无人拥有的文化物品的商业化，还包括创造性艺术、公共艺术、教堂和部分体育活动等。

5. 医药健康公共事物

对于医药健康的公共事物研究始于希雅特（Hiatt）的研究[②③]，但关注度和引用量并不高。考虑到医疗的成本和医疗资源的有限性，医药健康领域的确具有一定的公共事物属性，因此，相关研究也都着眼于公共卫生系统中的集体行动[④]。但同样值得关注的是，随着新冠疫情的发展，新冠疫苗作为一种公共产品，其开发、生产、分发、接种等环节也具有了公共事物的属性。

6. 基础设施公共事物

虽然民用基础设施一般都是由政府从公共财政中拨款组织建设的，但如何管理和维护好建成的基础设施并使之持续下去，也是一个值得关注的问题[⑤]。布莱

① 舒晓虎.社区公地及其治理[J].社会主义研究，2017(01)：112-119.

② Hiatt H H. Protecting the medical commons：who is responsible? [J]. New England Journal of Medicine，1975，293(5)：235-241.

③ Hiatt H H，Weinstein M C. Will disease prevention spare the medical commons[C]//Ciba Foundation Symposium. Pitman London，1985，110：218-235.

④ Hess C. Mapping New Commons[C]. Presented at The Twelfth Biennial Conference of the International Association for the Study of the Commons，Cheltenham，UK，2008，14-18 July.

⑤ Little R G. Tending the infrastructure commons：ensuring the sustainability of our vital public systems[J]. Structure and Infrastructure Engineering，2005，1(4)：263-270.

特·弗里士曼(Brett M. Frischmann)把公共基础设施也视为公共事物,例如:(1)交通设施,公路、高速、铁路、航空、港口等;(2)通信设施,电话通信基础设施、邮政等;(3)治理系统,司法系统如法院等;(4)基础公共服务和设施,学校、下水道、供水系统等[①②]。

第三节 中国公共事物治理展望

一、引入"公共事物治理"的研究视角

需要是科学发展的内在动力,正如恩格斯所言:"社会一旦有技术上的需要,则这种需要就会比十所大学更能把科学推向前进。"在中国出现的众多"公地悲剧"现象令人担忧,但是解决问题的方案和相关研究并不令人满意。经济社会的迅猛发展,客观上要求对"公地悲剧"进行系统深入的阐释和研究。现有的热点研究主要集中于环境政策和管理,但其应用性较强,基础研究特色不鲜明,未能深刻认识人类社会与资源环境互动的复杂性和系统性。引入"公共事物治理"的研究视角,可以更好地帮助人们从简单系统逐渐转向复杂的框架、理论和模型来理解人类社会面临的"集体行为"困境。

以埃莉诺·奥斯特罗姆为代表的学者长期致力于研究公共事物治理问题,对于公共选择与制度分析的理论发展、对于公共政策研究和新政治经济的研究,作出了举世瞩目的贡献。有关"公共事物治理"的研究是从资源环境和环境治理发展起来的,特别是森林、草原、灌溉系统等传统研究领域,近年来其研究范围在不断变宽,涉及保护地、滨海系统、气候变化等新兴环境问题。此外,更多的非传统公共事物包括知识、宗教、传统习俗、网络等,也逐渐被纳入研究视野。公共事物正在从研究领域发展成为研究视角,用以透视人类形形色色的公共事物。基于这些研究成果,引入"公共事物治理"的研究视角可以为透视和阐释中国"公地悲剧"现象带来很多有益的启发。

第一,对中国的"公地悲剧"现象进行系统性诊断。把 IAD 框架和 SES 框架

① Frischmann B M. Infrastructure Commons[J]. Michigan State Law Review, 2005, 89(4): 121-136.

② Frischmann B M. Infrastructure commons in economic perspective[M]//Internet Policy and Economics. Springer, Boston, MA, 2009: 29-55.

作为通用语言来理解复杂社会系统的治理问题。特别是SES框架使得跨学科的学者可以采用一个嵌套的、多层次的框架分析理论问题，即资源系统和多个资源的使用者被嵌套在治理系统里，影响社会生态系统的可持续性。这些理论框架作为一类通用语言，为诊断“公地悲剧”甚至是更为复杂的治理问题提供了分析工具，也为不同领域学者之间对话提供了可能性，可以促进理论的融合、借鉴和发展。

第二，提出多元协作治理的解决方案。王亚华教授团队围绕水治理的一系列研究，从一个侧面反映了中国公共事物治理面临的普遍问题。中国目前存在很多公共事物的危机，水危机只是其中的一个典型例子。中国农村也存在着广泛的公共事物治理的危机，例如村容环境、农田水利、人文环境、生态环境呈现普遍衰退的景象。中国农村治理危机的实质，是中国农村集体行动能力全面衰退，中国农村集体行动同时面临政府失灵、市场失灵和社会失灵的局面。从水治理到农村公共事物治理，很多的研究启示我们，公共事物治理显然比已有的认识更为复杂。充分发挥政府、市场与社会的作用，形成多元协作治理的格局，已经日渐成为公共事物治理的一个共识。近年来，王亚华教授团队对中国农村公共事物治理的研究发现，为了应对农村治理危机，实践中产生了许多有价值的治理创新，如干部下派驻村担任第一书记，退休的政府官员担任村官，成功的企业家回乡担任村官等。这也进一步启示，中国地域辽阔，各地自然、人文环境差异极大，不存在“万能药”的农村治理模式。如何因地制宜，探索符合各地情况的治理形式，应当是未来公共事物“良治”的基本取向。

第三，发展公共管理与资源环境的交叉学科。公共事物治理是一个多学科交叉的学科领域。公共事物治理的研究脱胎于资源环境的研究，但其学科范畴处于公共管理和资源环境研究的交叉部分，属于一个多学科、跨学科和交叉学科的范畴，具有比较特殊的学科属性。多学科跨学科的特征，也使得公共事物治理研究难以形成相对稳定的学术共同体，这也是该领域在中国学科发展缓慢的重要原因。即使如此，我们仍然要大力推动该方向的学科发展，因为中国改革发展到今天，很多情况下都面临着集体行动的困境，社会悖论越来越严重却无法得到有效解决，需要学者从基础理论的角度去探究本质，这也是我们致力于推进这个学科发展的重要动力。

二、中国公共事物治理与集体行动研究的进展与不足

改革开放40多年来，中国经济显著持续增长，社会发展日新月异。伴随着我国经济结构的转型以及经济体制改革的不断推进，工业化和城市化进程的加速使得人口与资源环境的矛盾日益尖锐，资源环境领域的“公地悲剧”现象比比皆是。例如，由于自然生态开发利用不当或过度利用导致的“公地悲剧”，很多城市大气污染问题突出，农村地区生活污水和垃圾得不到有效处理；南方土壤出现酸化，西北地区耕地中农膜残留较多，盐渍化、沙化问题突出；华北平原地下水过度开采导致大范围的地下水漏斗区；南方地表水富营养化和北方地下水硝酸盐污染严重；全国的地表水明渠灌溉废弛现象普遍存在；鄱阳湖面临着渔业资源衰退与生态环境恶化的双重威胁；全国90%以上草原面积面临退化；北方草原牧区因饲养牲畜严重超载导致土地荒漠化和沙尘暴现象层出不穷。

上述“公地悲剧”现象表明，中国现代化进程中面临巨大的资源环境压力和挑战，经济社会快速发展伴随着大量集体行动困境，由此也刺激了公共事物治理理论在中国的传播、应用和发展。早在2000年，在中国人民大学毛寿龙教授的组织下，埃莉诺·奥斯特罗姆的《公共事物的治理之道》等系列经典著作被翻译为中文，受到国内社会科学界的广泛关注。2009年，埃莉诺·奥斯特罗姆荣膺诺贝尔经济学奖以来，公共事物治理理论在中国的影响力进一步增强，特别是埃莉诺·奥斯特罗姆的大部分著作都被翻译为中文，为中国本土学者围绕公共事物治理的研究提供了丰富营养。2017年，王亚华教授出版的《增进公共事物治理：埃莉诺·奥斯特罗姆学术探微与应用》一书，较为全面地反映了埃莉诺·奥斯特罗姆学派的学术思想和理论方法，以及结合中国国情的评述和应用①。王亚华教授还受聘担任国际公共事物学会中国区协调人，组织了多次公共事物治理研讨会和主题演讲活动，并创办了中国本土的公共事物治理国际会议，对于推动中国的公共事物治理学术发展起到了积极作用。

纵览21世纪以来的20年，随着越来越多的中国学者加入，我国公共事物治理的研究总体呈现以下特征。

第一，成果发表的数量较为可观，并且增长较为迅猛。通过对中文文献检索

① 王亚华.增进公共事物治理：奥斯特罗姆学术探微与应用[M].北京：清华大学出版社，2017.

可以看到，中文文献的发表数量在21世纪以后快速增长。

第二，研究成果呈现出显著的跨学科、多领域特征。目前中文文献以经济学学科最为常见，同时也涉及其他人文社科类学科，如管理学、法学、哲学、政治学、图书情报档案学等。除人文社科类学科外，生态环境、计算机等自然科学领域内的文献发表数量也呈不断增长的趋势。

第三，现有中文研究中自然资源方面研究占据主体。传统公共事物五大主题(渔业、林业、灌溉、水资源以及畜牧业)占据了文献主体。林业与水资源管理主题的文献发表量增长较快，畜牧业相对较慢。渔业相关主题的文献数有较大幅度增长，但波动较大。灌溉主题的文献发表量增长速度相对其他主题增长较慢。与公共事物全部中文文献数量增长速度相比，五大类传统主题的相关文献发表量增长较快，反映了对五大类传统主题关注度的增加和集中。

第四，中国的新兴公共事物研究方兴未艾。目前，主要的新兴主题包括生物多样性、气候变化、专利与知识产权以及在软件、互联网技术飞速发展下应运而生的数字公地。这些研究在中国快速增长，其中数字公共事物相关的文献增长最快，说明在公共事物研究中针对互联网、软件、计算机等主题日渐热门。

然而，尽管我国公共事物治理的研究已经取得了一系列的进展，但是作为一门独立学科，21世纪以后在我国才开始发展，学科仍然处于发展和推广时期，成果发表数量与学科发展水平形成了鲜明反差。目前我国公共事物治理领域的学术发展主要存在以下问题。

第一，我国公共事物治理学术发展相对滞后，公共事物研究尚未在国内成长为成熟的学科方向，也没有形成一套共同的研究范式和理论，同时缺乏与国际学界的对接。尽管我国学者在资源环境政策和管理方面有很多的研究，但是应用研究导向性较强，基础理论研究较为薄弱，对公共事物治理集体行动中的微观情境、更深层次的行为动机等缺乏足够的学术敏感和理论关注。

第二，相关研究长期处于分部分、分领域的割裂状态，缺少跨学科的对话和知识积累。例如关于林、水、土、草、气等资源环境部门的研究彼此独立、缺少对话和交流，与国际上大规模的跨部门协作研究形成鲜明反差。例如，美国达特茅斯学院的迈克尔·考克斯团队早在2010年就开始组织多学科背景的科学家，协作开发以社会生态系统荟萃分析数据库(SESMAD)为代表的新的方法论体系，既可以使多种不同的社会生态系统进行充分的案例比较分析，又能够为不同公共事物领域集体行动困境的诊断提供一套通用的方法体系[①]。

第三，研究的国际化程度较低，国内公共事物研究与国际公共事物研究联系较少，在国际文献中也很少有关于中国公共事物研究的论著，来自国内学者的作品更是寥寥无几。例如，目前国际公共事物研究的旗舰学术期刊 *International Journal of the Commons* 自创刊以来发表的中国学者论文屈指可数；几十年来，历届国际公共事物学会双年会上也很少有中国学者的参与，直到 2017 年在荷兰乌得勒支举办的第 16 届国际公共事物学会双年会，才第一次有中国学者组团参会，并举办了首次中国公共事物治理分论坛。

第四，学术研究的理论创新严重滞后于实践发展，社会科学理论研究对于公共事物治理实践的指导性不足。改革开放几十年来，我国城乡经济社会一直处于快速变迁之中，伴随着产权体制、经济社会结构等各类因素的动态变化，涌现出了越来越多的诸如数字空间、共享经济等新兴公共事物，但是国内学者普遍对这些新兴公共事物治理实践关注不够，理论探讨不多，往往是当一个问题很突出之后才跟进，难以对公共事物治理实践提供及时的理论指导。

在上述背景下，紧密跟踪国际公共事物研究前沿，推动中国情境下的公共事物治理学科方向发展，深入研究中国特色的集体行动理论，对于中国的公共事物治理和“公地悲剧”问题的应对具有重大理论意义：一方面，推动中国的公共事物理论研究，通过吸收、应用和创新国际公共事物理论，将有力促进中国公共事物研究的专业化水平，有助于中国学者探索运用更为科学的框架、理论和模型，研究和破解中国情境下的“公地悲剧”问题。另一方面，通过对内容广泛、形式多样的公共事物开展研究，增进各种情境下人类制度与集体行动的规律性认识，能够推动公共管理、环境经济、自然资源和生态系统管理等多学科的交叉融合。

三、中国特色的公共事物研究展望

展望未来中国公共事物治理与集体行动研究，还有许多方面有待进一步探索，需要在理论、方法和实践上进一步提升，深入研究集体行动的中国情境与特色影响，有力支撑中国的公共管理和政策实践，促进国家治理体系和治理能力现代化。着眼于增进公共事物治理中的集体行动理论发展与实践进步，建议未来从以

① Cox M. Understanding large social-ecological systems: introducing the SESMAD project[J]. International Journal of the Commons, 2014, 8(2): 265.

下几方面开展工作。[①]

第一，聚焦中国特色的制度环境和本土实践。中国特殊的政治结构、产权制度、文化特征等独特的宏观情景特征，以及劳动力外流、极低人均资源禀赋、高交易成本环境等独特的微观情景特征，为检验和发展公共事物治理理论提供了新的机会[②③]。未来可以探究中国国情条件下，宏观情境变量与微观情境变量如何影响个体行为及其互动。

在西方的公共事物治理研究中，注意力更多地集中于微观领域。而中国独特的历史文化和经济社会国情，使得中国公共事物治理面临更为复杂的情景，决定了中国的宏观情境的影响是不容忽视的。如何在理论上认识中国公共事物治理中宏观情境变量与微观情境变量之间复杂的互动机制，是非常值得进一步探讨的内容。聚焦中国特色的制度环境和本土实践，中国情境下的公共事物治理研究，可以为国际公共事物治理理论作出重要贡献。

第二，关注城市社会和数字时代的新兴公共事物。工业革命以后，人类社会发展迅速，在公共事物这一主线上，各种新生事物的出现速度远远超过了社会科学研究的创新速度，公共事物已从20世纪90年代传统的自然资源领域拓展到滨海系统、气候变化、雾霾污染、臭氧空洞等新兴环境问题，以及诸如知识、宗教等非传统公共事物。中国近年来网红经济、共享经济、数字经济等新生事物的不断出现，网络空间、城市空间、数字空间的治理问题，也为公共事物治理提供了新的研究对象。特别是这次全球大流行的新冠肺炎疫情，如果把病毒的传染特征与全球各国的应对政策结合起来看，就会发现全球性公众健康这一以往很少关注的公共事物，对国家间的集体行动有迫切需求，但同时又面临深刻困境。当代大量新兴公共事物的涌现，为学者提供了重要的研究舞台和学术机会。

第三，重视集体行动中的微观个体行为与动机。公共事物的研究中，通常偏向于关注宏观的制度和中观的组织，而对微观个体的“人”关注却相对较少，但是个体行为模式对于集体行动有重要影响。在强调制度规范和规则体系对于集体

---

① 王亚华，舒全峰.公共事物治理的集体行动研究评述与展望[J]. 中国人口·资源与环境，2021，31(4)：118-131.

② Zang L，Araral E，Wang Y. Effects of land fragmentation on the governance of the commons：Theory and evidence from 284 villages and 17 provinces in China[J]. Land Use Policy，2019，82：518-527.

③ Zang L，Araral E，Wang Y. Effects of land fragmentation on the governance of the commons：Theory and evidence from 284 villages and 17 provinces in China[J]. Land Use Policy，2019，82：518-527.

行动的外在影响同时，也需要关注集体中个体的领导力、行为动机，尤其是普通公众的动机对于促成和增进集体行动的价值。为了揭示微观个体行为模式影响集体行动的内在机制，可以运用实验方法，引入行为心理学视角，探究领导和公众参与的内生动力问题，这对理解和增进各类公共事物治理实践具有重要价值。

第四，应对新技术给公共事物治理带来的机遇和挑战。尽管在现有的经典理论框架和研究文献中，学者们很早就注意到“技术”变量在公共事物集体行动中的影响，但大多是类似于节水技术、捕捞技术、计量技术等传统的工程应用型技术。随着互联网、大数据、人工智能等基于数字结构的新技术越来越多地得到发展和应用，新技术对公共事物治理带来的重大变革和影响日益明显。以乡村治理为例，诸如智慧农业、智能村务、微信治村等各种新技术应用和新技术平台的出现，显著地改变了集体行动中的个体决策结构和组织运作形式，比如微信群的存在使得个体贡献的“可见性”大为提升，进而增强了个体参与集体行动的动机。近年来我国大力推动数字乡村建设，这为研究新技术在公共事物治理中的作用提供了新契机，也为探讨如何增进公共事物治理的集体行动提供了新议题，值得持续关注和研究。

关键术语

学科发展　研究范式　新兴公共事物　中国特色

思考题

1. 生活中有哪些领域可以归类为新兴公共事物？这些新兴公共事物有哪些公共事物的共同特征？

2. 请回想你经历或理解的二十年来中国公共事物治理的变迁。

参考文献

［1］ 埃莉诺·奥斯特罗姆.诺贝尔讲座稿中译稿.王亚华教授团队译.瑞典：斯德哥尔摩，2009.

［2］ 埃莉诺·奥斯特罗姆.公共事物的治理之道：集体行动制度的演进［M］.余逊达译.上海：上海三联书店，2000.

［3］ 埃莉诺·奥斯特罗姆，等. 制度激励与可持续发展［M］.毛寿龙等译.上海：上海三联书店，2000.

［4］ 埃莉诺·奥斯特罗姆，等. 规则、博弈与公共池塘资源［M］.王巧玲，任睿译.西安：陕西人民出版社，2011.

［5］ 艾米·R.波蒂特，马可·A.詹森，埃莉诺·奥斯特罗姆，等. 共同合作：集体行为、公共资源与实践中的多元方法［M］. 路蒙佳译. 北京：中国人民大学出版社，2013.

［6］ 蔡昉.论农业经营形式的选择——着重于社区合作组织的经济学分析［J］.经济研究，1993(01)：26-32.

［7］ 蔡晶晶.诊断社会-生态系统：埃莉诺·奥斯特罗姆的新探索［J］.经济学动态，2012(08)：106-113.

［8］ 蔡晶晶，毛寿龙.复杂"社会-生态系统"的适应性治理：扩展集体林权制度改革的视野［J］.农业经济问题，2011，32(06)：82-88＋112.

［9］ 蔡晶晶."分山到户"或"共有产权"：集体林权制度改革的社会—生态关键变量互动分析——以福建省5个案例村为例［J］. 经济社会体制比较，2011(06)：154-160.

［10］ 蔡荣，王学渊.农业合作社的集体行动困境：理论分析与实证检验［J］.农业经济问题，2013，(4)：69-75.

［11］ 柴盈，Marco A. Janssen. 公共资源实验研究：微观行为视角［M］.北京：科学出版社，2017.

［12］ 柴盈，曾云敏.奥斯特罗姆对经济理论与方法论的贡献［J］.经济学动态，2009(12)：100-103.

［13］ 邓燕华.村庄合并、村委会选举与农村集体行动［J］.管理世界，2012，226(7)：76-82.

［14］ 丁冬，郑风田，吴磊，周锋.经济、社会异质性与农村集体行动水平——基于湖北省S县40村400个农户数据［J］.中国人口·资源与环境，2013，23(9)：56-61.

［15］ 杜焱强，刘平养，包存宽.新时期农村公共池塘资源治理的集体行动分析［J］.中国行政管理，2018(03)：133-137.

［16］ 高瑞，王亚华，陈春良.劳动力外流与农村公共事务治理［J］.中国人口·资源与环境，2016，26(02)：84-92.

［17］ 郭云南，王春飞.本土宗教、宗族网络与公共财政［J］.经济学：季刊，2017，(1)：833-858.

［18］ 郭云南，姚洋，Jeremy Foltz.正式与非正式权威、问责与平滑消费：来自中国村庄的经验数据［J］.管理世界，2012，(1)：67-78.

[19] 郭珍.农地流转、集体行动与村庄小型农田水利设施供给——基于湖南省团结村的个案研究[J].农业经济问题,2015,(8):21-27.

[20] 贺雪峰.取消农业税后农村的阶层及其分析[J].社会科学,2011(03):70-79.

[21] 贺雪峰,罗兴佐.论农村公共物品供给中的均衡[J].经济学家,2006(1):62-69.

[22] 胡鞍钢.特大地震灾害的应对周期[J].清华大学学报(哲学社会科学版),2008(04):5-14+159.

[23] 胡鞍钢,王亚华.转型期水资源配置的公共政策:准市场和政治民主协商[J].中国水利,2000(11):10-13+4.

[24] 黄露,朱玉春.异质性对农户参与村庄集体行动的影响研究——以小型农田水利设施建设为例[J].农业技术经济 2017,(11):61-71.

[25] 霍布斯.利维坦[M].北京:商务印书馆,1985.

[26] 江峰,张昕.奥斯特罗姆夫妇与当代制度分析理论——美国印第安纳大学政策分析中心评介[J].中国行政管理,1995(12):38-39.

[27] 李超,孟庆国,郗希.社会资本与农村公共物品供给评价[J].公共管理评论,2016(02):64-83.

[28] 李超海.农民工参加集体行动及集体行动参加次数的影响因素分析——基于对珠江三角洲地区农民工的调查[J].中国农村观察,2009(6):45-53.

[29] 李杰、陈超美,CiteSpace:科技文本挖掘及可视化[M].北京:首都经济贸易大学出版社,2016.

[30] 李文钊.制度多样性的政治经济学——埃莉诺·奥斯特罗姆的制度理论研究[J].学术界,2016(10):223-237+328.

[31] 李文钊.多中心的政治经济学——埃莉诺·奥斯特罗姆的探索[J].北京航空航天大学学报(社会科学版),2011,24(06):1-9.

[32] 李文钊,张黎黎.村民自治:集体行动、制度变迁与公共精神的培育——贵州省习水县赶场坡村组自治的个案研究[J].管理世界,2008(10):64-74.

[33] 林伟星,戴永务,洪燕真,邱栩.林业专业合作社集体行动研究[J].林业经济问题,2021,41(01):73-82.

[34] 刘伟红.多中心理论视野下的社区发展路径分析[J].广东行政学院学报,2011,23(02):88-92.

[35] 龙贺兴,刘金龙.基于多中心治理视角的京津冀自然资源治理体系研究[J].河北学刊,2018,38(01):133-138.

[36] 龙贺兴,林素娇,刘金龙.成立社区林业股份合作组织的集体行动何以可能?——基于福建省沙县X村股份林场的案例[J].中国农村经济,2017(08):2-17.

[37] 毛寿龙.集体行动的逻辑与公共治理理论[J].社会科学研究,2017(01):37-44.

[38] 毛寿龙.公共事物的治理之道[J].江苏行政学院学报,2010(01):100-105.

[39] 毛寿龙.公共管理与治道变革——政府公共管理创新的治道变革意义[J].中国特色社会主义研究,2004(01):9-15.

[40] 杨伯峻,译注. 孟子译注,中华书局,2010.

[41] 苗珊珊.社会资本多维异质性视角下农户小型水利设施合作参与行为研究[J].中国人口·资源

与环境,2014,24(12):46-54.

[42] 牛文娟,唐凡,王慧敏,等.个体差异和群体领袖下跨界农民用水冲突的集体选择[J].中国人口·资源与环境,2015,25(7):138-147.

[43] 彭长生,孟令杰.农村社区公共品合作供给的影响因素:基于集体行动的视角——以安徽省"村村通"工程为例[J].南京农业大学学报(社会科学版),2007,7(3):145-155.

[44] 皮建才.领导、追随与社群合作的集体行动:基于公平相容约束的扩展[J].经济学:季刊,2007,6(2):597-606.

[45] 齐秀琳,伍骏骞.宗族、集体行动与村庄公共品供给——基于全国"十县百村"的调研数据[J].农业技术经济,2015,(12):117-125.

[46] 曲正伟.多中心治理与我国义务教育中的政府责任[J].教育理论与实践,2003(17):24-28.

[47] 任大鹏,郭海霞.合作社制度的理想主义与现实主义——基于集体行动理论视角的思考[J].农业经济问题,2008,29(3):90-94.

[48] 尚虎平."治理"的中国诉求及当前国内治理研究的困境[J].学术月刊,2019,51(05):72-87.

[49] 舒全峰.领导力、公共服务动机与中国农村集体行动[M].北京:清华大学出版社,2020.

[50] 舒全峰.基层民主、公共领导力与政治信任——基于CIRS百村调查数据的实证分析[J].公共管理与政策评论,2017,6(04):71-81.

[51] 舒全峰,苏毅清,张明慧,王亚华.第一书记、公共领导力与村庄集体行动——基于CIRS"百村调查"数据的实证分析[J].公共管理学报,2018,15(03):51-65+156.

[52] 舒晓虎.社区公地及其治理[J].社会主义研究,2017(01):112-119.

[53] 苏毅清,秦明,王亚华.劳动力外流背景下土地流转对农村集体行动能力的影响——基于社会生态系统(SES)框架的研究[J].管理世界,2020,36(07):185-198.

[54] 王光菊,阮弘毅,杨建州.森林生态-经济系统的协同机理分析[J/OL].林业经济问题:1-8[2021-01-05].https://doi.org/10.16832/j.cnki.1005-9709.20200096.

[55] 王光菊,陈毅,陈国兴,杨建州,修新田.森林生态-经济系统协同治理分析:机理与案例验证——基于福建省5个案例村的调研数据[J].林业经济,2020,42(10):39-49.

[56] 王洛忠,都梦蝶.环境政策中的规制机制:基于"限塑令"的制度语法学分析[J].中国行政管理,2020(05):79-85.

[57] 王浦劬,王晓琦.公共池塘资源自主治理理论的借鉴与验证——以中国森林治理研究与实践为视角[J].哈尔滨工业大学学报(社会科学版),2015,17(03):23-32+2.

[58] 王群.奥斯特罗姆制度分析与发展框架评介[J].经济学动态,2010(04):137-142.

[59] 王昕,陆迁.农村社区小型水利设施合作供给意愿的实证[J].中国人口·资源与环境,2012,22(6):115-119.

[60] 王晓莉,王亚华.灌溉管理绩效评估:争论、方法及前景[J].中国水利,2014(21):35-38+46.

[61] 王亚华.从治水看治国:理解中国之治的制度密码[J].人民论坛·学术前沿,2020(21):82-96.

[62] 王亚华.诊断社会生态系统的复杂性:理解中国古代的灌溉自主治理[J].清华大学学报(哲学社

会科学版)，2018，33(02)：178-191+196.
[63] 王亚华.提升农村集体行动能力加快农业科技进步[J].中国科学院院刊，2017a，32(10)：1096-1102.
[64] 王亚华.对制度分析与发展(IAD)框架的再评估[J].公共管理评论，2017b(01)：3-21.
[65] 王亚华.增进公共事物治理：奥斯特罗姆学术探微与应用[M].北京：清华大学出版社，2017c.
[66] 王亚华.中国用水户协会改革：政策执行视角的审视[J].管理世界，2013(06)：61-71+98+187-188.
[67] 王亚华.我国建设节水型社会的框架、途径和机制[J].中国水利，2003(19)：15-18.
[68] 王亚华，臧良震.小农户的集体行动逻辑[J].农业经济问题，2020(01)：59-67.
[69] 王亚华，唐啸.中国环境治理的经验：集体行动理论视角的审视[J].复旦公共行政评论，2019(02)：187-202.
[70] 王亚华，陶椰，康静宁.中国农村灌溉治理影响因素[J].资源科学，2019，41(10)：1769-1779.
[71] 王亚华，舒全峰.公共事物治理的集体行动研究评述与展望[J].中国人口·资源与环境，2021，31(4)：118-131.
[72] 王亚华，舒全峰.中国乡村治理中的领导力与公共服务动机[J].公共管理与政策评论，2019，8(05)：23-31.
[73] 王亚华，舒全峰.中国乡村干部的公共服务动机：定量测度与影响因素[J].管理世界，2018，34(02)：93-102+187-188.
[74] 王亚华，舒全峰.双管齐下提升乡镇政府公共领导力[J].中国党政干部论坛，2017(04)：26-30.
[75] 王亚华，舒全峰.第一书记扶贫与农村领导力供给[J].国家行政学院学报，2017(01)：82-87+128.
[76] 王亚华，舒全峰，吴佳喆.水权市场研究述评与中国特色水权市场研究展望[J].中国人口·资源与环境，2017，27(06)：87-100.
[77] 王亚华，高瑞，孟庆国.中国农村公共事务治理的危机与响应[J].清华大学学报(哲学社会科学版)，2016，31(02)：23-29+195.
[78] 王亚华，高瑞.走向稳定、秩序与良治——现代化进程中的乡村公共事务治理[J].人民论坛·学术前沿，2015(03)：31-43.
[79] 王亚华，汪训佑.中国渠系灌溉管理绩效及其影响因素[J].公共管理评论，2014，16(01)：47-68.
[80] 王羊，刘金龙，冯喆，李双成，蔡运龙.公共池塘资源可持续管理的理论框架[J].自然资源学报，2012，27(10)：1797-1807.
[81] 王瑜.电商参与提升农户经济获得感了吗？——贫困户与非贫困户的差异[J].中国农村经济，2019(07)：37-50.
[82] 肖云，陈涛，朱治菊.农民专业合作社成员“搭便车”现象探究——基于公共治理的视角[J].中国农村观察，2012，(5)：47-53.
[83] 阳晓伟，庞磊，闭明雄.“反公地悲剧”问题研究进展[J].经济学动态，2016(09)：101-114.
[84] 于满.由奥斯特罗姆的公共治理理论析公共环境治理[J].中国人口·资源与环境，2014，24(S1)：

419-422.

[85] 袁方成，靳永广.封闭性公共池塘资源的多层级治理——一个情景化拓展的 IAD 框架[J].公共行政评论，2020，13(01)：116-139+198-199.

[86] 张克中.公共治理之道：埃莉诺・奥斯特罗姆理论述评[J].政治学研究，2009(06)：83-93.

[87] 张克中，贺雪峰.社区参与、集体行动与新农村建设[J].经济学家，2008，(1)：32-39.

[88] 张志原，刘贤春，王亚华.富人治村、制度约束与公共物品供给——以农田水利灌溉为例[J].中国农村观察，2019(01)：66-80.

[89] 周密，张广胜."一事一议"制度与村级公共投资：基于对 118 位村书记调查的经验分析[J].农业技术经济，2009，(1)：88-92.

[90] 周雪光，练宏.中国政府的治理模式：一个"控制权"理论[J].社会学研究，2012(05).

[91] 朱广忠.埃莉诺・奥斯特罗姆自主治理理论的重新解读[J].当代世界与社会主义，2014(06)：132-136.

[92] 朱宪辰，李玉连.领导、追随与社群合作的集体行动——行业协会反倾销诉讼的案例分析[J].经济学：季刊，2007，6(2)：581-596.

[93] Abbott，K. Strengthening the Transnational Regime Complex for Climate Change [J]. Transnational Environmental Law，2014，3 (1)：57-88.

[94] Adhikari B，Lovett J C. Institutions and collective action：does heterogeneity matter in community-based resource management? [J]. The Journal of Development Studies，2006，42 (3)：426-445.

[95] Aggarwal R M，Haglund L D. Advancing Water Sustainability in Megacities：Comparative Study of São Paulo and Delhi Using a Social-Ecological System Framework[J]. Sustainability，2019，11 (19)：5314.

[96] Agrawal A.Common resources and institutional sustainability，In Ostrom et al.（Eds.），The drama of the commons [M]. Washington，DC：National Academy Press.2002.

[97] Agrawal A. Common property institutions and sustainable governance of resources[J]. World Development，2001，29(10)：1649-1672.

[98] Agrawal A. Greener pastures：politics，markets and community among a migrant pastoral people [M]. Duke University Press，1998.

[99] Agrawal A，Yadama G. How do local institutions mediate market and population pressures on resources? Forest Panchayats in Kumaon，India[J]. Development and Change，1997，28(3)：435-465.

[100] Agrawal A.in People and Forests：Communities，Institutions，and Governance，C. C. Gibson，M. A.McKean，E. Ostrom，Eds. MIT Press，Cambridge，MA，2000：57-86.

[101] Aligica P D，Tarko V. Polycentricity：From Polanyi to Ostrom，and Beyond[J]. Governance，2012，25(2)：237-262.

[102] Anderies J M. Understanding the dynamics of sustainable social-ecological systems: human behavior, institutions, and regulatory feedback networks[J]. Bulletin of Mathematical Biology, 2015, 77(2): 259-280.

[103] Anderies J M. Robustness, institutions, and large-scale change in social-ecological systems: the Hohokam of the Phoenix Basin[J]. J Inst Econ, 2006, 2(02): 133-155.

[104] Anderies J M, Smith-Heisters S, Eakin H. Modeling interdependent water uses at the regional scale to engage stakeholders and enhance resilience in Central Arizona [J]. Regional Environmental Change, 2020, 20(3): 1-16.

[105] Anderies J M, Barreteau O, Brady U. Refining the Robustness of Social-Ecological Systems Framework for comparative analysis of coastal system adaptation to global change[J]. Regional Environmental Change, 2019, 19(7): 1891-1908.

[106] Anderies J M, Janssen M A, Schlager E. Institutions and the performance of coupled infrastructure systems[J]. International Journal of the Commons, 2016, 10(2): 495.

[107] Anderies J M, Janssen M A. Sustaining the commons[M]. Center for Behavior, Institutions and the Environment, Arizona State University, 2016.

[108] Anderies J M, Janssen M A. Robustness of social-ecological systems: implications for public policy[J]. Policy Studies Journal, 2013, 41(3): 513-536.

[109] Anderies J M, Janssen M A, Ostrom E. A framework to analyze the robustness of social-ecological systems from an institutional perspective[J]. Ecology and Society, 2004, 9(1).

[110] Anderson L R, Mellor J M, Milyo J. Social capital and contributions in a public-goods experiment[J]. American Economic Review, 2004, 94(2): 373-376.

[111] Araral E. Ostrom, Hardin and the commons: A critical appreciation and a revisionist view[J]. Environmental Science & Policy, 2014, 36: 11-23.

[112] Araral E. What explains collective action in the commons? Theory and evidence from the Philippines[J]. World Development, 2009, 37(3): 687-697.

[113] Araral E. The strategic games that donors and bureaucrats play: An institutional rational choice analysis[J]. Journal of Public Administration Research and Theory, 2009, 19(4): 853-871.

[114] Araral E. Decentralization puzzles: A political economy analysis of irrigation reform in the Philippines[J]. 2006.

[115] Araral E. Bureaucratic incentives, path dependence, and foreign aid: An empirical institutional analysis of irrigation in the Philippines[J]. Policy Sciences, 2005, 38(2): 131-157.

[116] Baggio J, Barnett A, Perez-Ibarra I, et al. Explaining success and failure in the commons: the configural nature of Ostrom's institutional design principles[J]. International Journal of the Commons, 2016, 10(2).

[117] Baland J M, Platteau J P. Halting Degradation of Natural Resources: Is There a Role for Rural

Communities? [R]. Oxford University Press, 2000.

[118] Baland J M, Platteau J P. The ambiguous impact of inequality on local resource management[J]. World Development, 1999, 27(5): 773-788.

[119] Baland J M, Platteau J P. Wealth inequality and efficiency in the commons [J]. Papers,1997,49(3): 451-482.

[120] Bardhan P. Analytics of the institutions of informal cooperation in rural development[J]. World Development, 1993, 21(4): 633-639.

[121] Bardhan P. Symposium on management of local commons [J]. Journal of Economic Perspectives,1993, 7(4): 87-92.

[122] Bastakoti R C, Shivakoti G P . Rules and collective action: An institutional analysis of the performance of irrigation systems in Nepal[J]. Journal of Institutional Economics, 2012, 8(2).

[123] Basurto X. How locally designed access and use controls can prevent the tragedy of the commons in a Mexican small-scale fishing community[J]. Society and Natural Resources,2005, 18(7): 643-659.

[124] Basurto X, Gelcich S, Ostrom E. The social-ecological system framework as a knowledge classificatory system for benthic small-scale fisheries[J]. Global Environmental Change, 2013, 23(6): 1366-1380.

[125] Basurto X, Kingsley G, McQueen K, et al. A systematic approach to institutional analysis: applying Crawford and Ostrom's grammar[J]. Political Research Quarterly, 2010, 63(3): 523-537.

[126] Bendor J. Book Review of Rules, Games, and Common-Pool Resources. American Political Science Review, 1995, 89(1)(March): 188-89.

[127] Bendor J, Mookherjee D. Institutional structure and the logic of ongoing collective action[J]. The American Political Science Review, 1987: 129-154.

[128] Berkes F, Hughes T P, Steneck R S, et al. Globalization, roving bandits, and marine resources [J]. Science, 2006, 311(5767): 1557-1558.

[129] Berkes F, Folke C. Linking Social and Ecological Systems [M]. Cambridge Univ. Press, 1998.

[130] Bernstein M J, Mancha-Cisneros M D M, Tyson M, et al. Mapping Ostrom's common-pool resource systems coding handbook to the coupled infrastructure systems framework to enable comparative research[J]. International Journal of the Commons, 2019, 13(1): 1-25.

[131] Blom-Hansen J, Morton R, Serritzlew S. Experiments in public management research [J]. International Public Management Journal, 2015, 18(2): 151-170.

[132] Blomquist W. Multi-level governance and natural resource management: the challenges of complexity, diversity, and uncertainty [M]//Institutions and sustainability. Springer, Dordrecht, 2009: 109-126.

[133] Blomquist W. Changing rules, changing games: evidence from groundwater systems in southern California[A]. In Ostrom, E., Gardner, R. and Walker J. eds., Rules, Games, and Common-Pool Resources. University of Michigan Press, 1994: 283-300.

[134] Blomquist W. Dividing the waters: governing groundwater in Southern California[M]. ICS Press Institute for Contemporary Studies, 1992.

[135] Blomquist W, deLeon P. The design and promise of the institutional analysis and development framework[J]. Policy Studies Journal, 2011, 39(1): 1-7.

[136] Blomquist W, Ostrom E. Institutional capacity and the resolution of a commons dilemma[J]. Policy Stud. Rev., 1985, 5(2): 383-93.

[137] Bonté B, Therville C, Bousquet F, et al. Analyzing coastal coupled infrastructure systems through multi-scale serious games in Languedoc, France[J]. Regional Environmental Change, 2019, 19(7): 1879-1889.

[138] Brander J A, Taylor M S. The simple economics of Easter Island: A Ricardo-Malthus model of renewable resource use[J]. American Economic Review, 1998: 119-138.

[139] Bravo G, Marelli B. Irrigation systems as common-pool resources. Examples from Northern Italy[J]. Journal of Alpine Research Revue de géographie alpine, 2008 (96-3): 15-26.

[140] Brin D. The internet as a commons [J]. Information Technology and Libraries, 1995, 14 (4): 240.

[141] Buchanan J M. An Economic Theory of Clubs[J]. Economica, 1965, 32(125): 1-14.

[142] Bushouse B K. Governance Structures: Using IAD to Understand Variation in Service Delivery for Club Goods with Information Asymmetry[J]. Policy Studies Journal, 2011, 39(1): 105-119.

[143] Cardenas J C. Real wealth and experimental cooperation: experiments in the field lab[J]. Journal of development Economics, 2003, 70(2): 263-289.

[144] Cardenas J C. How do groups solve local commons dilemmas? Lessons from experimental economics in the field[J]. Environment, Development and Sustainability, 2000, 2(3): 305-322.

[145] Cardenas J C, Janssen M, Bousquet F. Dynamics of rules and resources: three new field experiments on water, forests and fisheries[M]//Handbook on experimental economics and the environment. Edward Elgar Publishing, 2013.

[146] Cardenas J C, Ahn T K, Ostrom E. Communication and co-operation in a common-pool resource dilemma: A field experiment [M]//Advances in understanding strategic behaviour. Palgrave Macmillan, London, 2004: 258-286.

[147] Carlisle K, Gruby R L. Polycentric systems of governance: A theoretical model for the commons[J]. Policy Studies Journal, 2019, 47(4): 927-952.

[148] Chan K S, Godby R, Mestelman S, et al. Spite, guilt and the voluntary provision of public goods when income is not distributed equally[J]. The Canadian Journal of Economics/Revue

canadienne d'Economique, 1996, 29: S605-S609.

[149] Chen Chaomei; Chen Yue; Hou Jianhua, CiteSpace I: detecting and visualizing emerging trends and transient patterns in scientific literature[J]. Journal of the China Society for Scientific and Technical Information, 2009(03): 401-21.

[150] Chhatre A, Agrawal A. Forest commons and local enforcement[J]. Proceedings of the National Academy of Sciences, 2008, 105(36): 13286-13291.

[151] Colding J, Barthel S. Exploring the social-ecological systems discourse 20 years later[J]. Ecology and Society, 2019, 24(1).

[152] Cole D H, Epstein G, McGinnis M D. The utility of combining the IAD and SES frameworks [J]. International Journal of the Commons, 2019, 13(1).

[153] Cole D H, Epstein G, McGinnis M D. Toward a New Institutional Analysis of Social-Ecological Systems (NIASES): Combining Elinor Ostrom's IAD and SES Frameworks[J]. Indiana Legal Studies Research Paper, 2014 (299).

[154] Cox M. Understanding large social-ecological systems: introducing the SESMAD project[J]. International Journal of the Commons, 2014, 8(2): 265.

[155] Cox M, Arnold G, Tomás S V. A review of design principles for community-based natural resource management [J]. Ecology and Society, 2010, 15(4): 38.

[156] Cox M, Arnold G, Tomas S V. Design Principles are Not Blue Prints, But are They Robust?: A Meta-analysis of 112 Studies[M]. Lincoln Institute of Land Policy, 2009.

[157] Crawford S E S, Ostrom E. A grammar of institutions[J]. American Political Science Review, 1995: 582-600.

[158] Davis. The Chicago approach to collective behavior, in a second Chicago School: The development of a postwar American sociology, ed. G. A. Fine[M]. Chicago: University of Chicago Press, 1995: 188-220.

[159] Dawes R M, McTavish J, Shaklee H. Behavior, communication, and assumptions about other people's behavior in a commons dilemma situation [J]. Journal of Personality and Social Psychology, 1977, 35(1): 1.

[160] Dayton-Johnson J, Bardhan P. Inequality and conservation on the local commons: a theoretical exercise[J]. The Economic Journal, 2002, 112(481): 577-602.

[161] del Mar Mancha-Cisneros M, Suárez-Castillo A N, Torre J, et al. The role of stakeholder perceptions and institutions for marine reserve efficacy in the Midriff Islands Region, Gulf of California, Mexico[J]. Ocean & Coastal Management, 2018, 162: 181-192.

[162] Eisinger P K. The conditions of protest behavior in American cities[J]. The American Political Science Review, 1973, 67(1): 11-28.

[163] Fleischman F D, Ban N C, Evans L S, et al. Governing large-scale social-ecological systems:

Lessons from five cases[J]. International Journal of the Commons, 2014, 8(2): 428-456.

[164] Frischmann B M. Infrastructure commons in economic perspective[M]//Internet Policy and Economics. Springer, Boston, MA, 2009: 29-55.

[165] Frischmann B M. Infrastructure Commons[J]. Michigan State Law Review, 2005, 89(4): 121-136.

[166] Frischmann B M. An economic theory of infrastructure and commons management[J]. Minn. l. Rev., 2004, 89: 917-1030.

[167] Fu D. Disguised collective action in China[J]. Comparative Political Studies, 2017, 50(4): 499-527.

[168] Gächter S, Fehr E. Collective action as a social exchange[J]. Journal of Economic Behavior & Organization, 1999, 39(4): 341-369.

[169] Galaz V, Crona B, Österblom H, et al. Polycentric systems and interacting planetary boundaries—Emerging governance of climate change-ocean acidification-marine biodiversity[J]. Ecological Economics, 2012, 81: 21-32.

[170] Gardner R, Ostrom E, Walker J M. The nature of common-pool resource problems[J]. Rationality and Society, 1990, 2(3): 335-358.

[171] Gebremedhin B, Pender J, Tesfay G. Collective action for grazing land management in crop-livestock mixed systems in the highlands of northern Ethiopia[J]. Agricultural Systems, 2004, 82(3): 273-290.

[172] Gibson C C, Andersson K, Ostrom E, et al. The Samaritan's dilemma: the political economy of development aid[M]. Oxford University Press on Demand, 2005.

[173] Gibson C C, Williams J, Ostrom E. Local Enforcement and Better Forests[J]. World Development, 2005,33(2): 273-284.

[174] Granovetter M. Threshold models of collective behavior[J]. American Journal of Sociology, 1978, 83(6): 1420-1443.

[175] Guerbois C, Brady U, de Swardt A G, et al. Nurturing ecosystem-based adaptations in South Africa's Garden Route: a common pool resource governance perspective[J]. Regional Environmental Change, 2019, 19(7): 1849-1863.

[176] Güth W, Schmittberger R, Schwarze B. An experimental analysis of ultimatum bargaining[J]. Journal of Economic Behavior & Organization, 1982, 3(4): 367-388.

[177] Hardin G. The tragedy of the commons[J]. Science, 1968, 162(3859), 1243-1248.

[178] Heller M A. The tragedy of the anticommons: property in the transition from Marx to markets[J]. Harvard Law Review, 1998: 621-688.

[179] Hess C. Mapping New Commons[C]. Presented at The Twelfth Biennial Conference of the International Association for the Study of the Commons, Cheltenham, UK, 2008, 14-18 July.

[180] Hess C. The virtual CPR: the internet as a local and global common pool resource[C] "Reinventing the Commons," the fifth annual conference of the International Association for the Study of Common Property, Bodoe, Norway. 1995.

[181] Hess C, Ostrom E. Ideas, artifacts, and facilities: information as a common-pool resource[J]. Law and Contemporary Problems, 2003, 66(1/2): 111-145.

[182] Hiatt H H, Weinstein M C. Will disease prevention spare the medical commons[C]//Ciba Foundation Symposium. Pitman London, 1985, 110: 218-235.

[183] Hiatt H H. Protecting the medical commons: who is responsible? [J]. New England Journal of Medicine, 1975, 293(5): 235-241.

[184] Hinkel J, Bots P W G, Schlüter M. Enhancing the Ostrom social-ecological system framework through formalization[J]. Ecology and Society, 2014, 19(3).

[185] Homayounfar M, Muneepeerakul R, Anderies J M, et al. Linking resilience and robustness and uncovering their trade-offs in coupled infrastructure systems[J]. Earth System Dynamics, 2018, 9(4): 1159-1168.

[186] Houballah M, Cordonnier T, Mathias J D. Which infrastructures for which forest function? Analyzing multifunctionality through the social-ecological system framework[J]. Ecology and Society, 2020, 25(1).

[187] Janssen M A. Complexity and ecosystem management: the theory and practice of multi-agent systems[M]. Edward Elgar Publishing, 2002.

[188] Janssen M A, Anderies J M. A multi-method approach to study robustness of social-ecological systems: the case of small-scale irrigation systems[J]. Journal of Institutional Economics, 2013, 9(4): 427-447.

[189] Janssen M A, Bousquet F, Cardenas J C, et al. Field experiments on irrigation dilemmas[J]. Agricultural Systems, 2012, 109: 65-75.

[190] Janssen M A, Goldstone R, Menczer F, et al. Effect of rule choice in dynamic interactive spatial commons[J]. International Journal of the Commons, 2008, 2(2).

[191] Jordan A J, Huitema D, Hildén M, et al. Emergence of polycentric climate governance and its future prospects[J]. Nature Climate Change, 2015, 5(11): 977-982.

[192] Joshi N N, Ostrom E, Shivakoti G P, et al. Institutional opportunities and constraints in the performance of farmer-managed irrigation systems in Nepal[J]. Asia-Pacific Journal of Rural Development, 2000, 10(2): 67-92.

[193] Kiser L. and Ostrom.E. The three worlds of action: A metatheoretical synthesis of Institutional approaches[M].//Strategies of Political Inquiry, edited by Ostrom E. Beverly Hills: Sage, 1982: 179-222.

[194] Knoke D. Incentives in collective action organizations[J]. American Sociological Review, 1988:

311-329.

[195] Korten D C. Community organization and rural development: A learning process approach[J]. Public Administration Review, 1980: 480-511.

[196] Krishna A. Moving from the stock of social capital to the flow of benefits: the role of agency[J]. World Development, 2001, 29(6): 925-943.

[197] Krupa M B, Chapin III F S, Lovecraft A L. Robustness or resilience? Managing the intersection of ecology and engineering in an urban Alaskan fishery[J]. Ecology and Society, 2014, 19(2).

[198] Kuhnert S. An evolutionary theory of collective action: Schumpeterian entrepreneurship for the common good[J]. Constitutional Political Economy, 2001, 12(1): 13-29.

[199] Lam W F. Designing institutions for irrigation management: Comparing irrigation agencies in Nepal and Taiwan[J]. Property Management, 2006.

[200] Lam W F. Coping with change: A study of local irrigation institutions in Taiwan[J]. World Development, 2001, 29(9): 1569-1592.

[201] Lam W F. Governing irrigation systems in Nepal: institutions, infrastructure, and collective action[M]. Institute for Contemporary Studies, 1998.

[202] Lam W F. The Institutional analysis and Development Framework: Application to Imigation Policy in Nepal [J]. Policy Studies and Developing Nations: Policy Analysis Concepts and Methods: An Institutional and Implementation Focus, 1997.

[203] Lam W F. Institutional design of public agencies and coproduction: a study of irrigation associations in Taiwan[J]. World Development, 1996, 24(6): 1039-1054.

[204] Lam W F. Institutions, engineering infrastructure, and performance in the governance and management of irrigation systems: The case of Nepal[D]. Indiana University, 1994.

[205] Le Bon G. The crowd: A study of the popular mind[M]. Courier Corporation, 2002.

[206] Levin S A. The problem of pattern and scale in ecology: the Robert H. MacArthur award lecture [J]. Ecology, 1992, 73(6): 1943-1967.

[207] Little R G. Tending the infrastructure commons: ensuring the sustainability of our vital public systems[J]. Structure and Infrastructure Engineering, 2005, 1(4): 263-270.

[208] Lupia A, Sin G. Which public goods are endangered?: How evolving communication technologies affect the logic of collective action[J]. Public Choice, 2003, 117(3): 315-331.

[209] Mancur Olson, The logic of collective action. Public goods and the theory of groups [M]. Cambridge, Mass: Harvard University Press,1965.

[210] Marshall G R. Polycentricity, reciprocity, and farmer adoption of conservation practices under community-based governance[J]. Ecological Economics, 2009, 68(5): 1507-1520.

[211] Marshall G R. Collective action, a dictionary of sociology (seconded.) [M]. Oxford University Press.1998.

[212] Marwell G, Oliver P. The critical mass in collective action[M]. Cambridge University Press, 1993.

[213] Mazé A, Domenech A C, Goldringer I. Commoning the seeds: alternative models of collective action and open innovation within French peasant seed groups for recreating local knowledge commons[J]. Agriculture and Human Values, 2021, 38(2): 541-559.

[214] McCarthy J D, Zald M N. Resource mobilization and social movements: A partial theory[J]. American Journal of Sociology, 1977, 82(6): 1212-1241.

[215] McCord P, Dell'Angelo J, Gower D, et al. Household-level heterogeneity of water resources within common-pool resource systems[J]. Ecology and Society, 2017, 22(1).

[216] McGinnis M D. Networks of adjacent action situations in polycentric governance[J]. Policy Studies Journal, 2011, 39(1): 51-78.

[217] McGinnis M. Building a Program for Institutional Analysis of Social-Ecological Systems: A Review of Revisions of the SES Framework[C]//Bloomington, IN: Workshop in Political Theory and Policy Analysis. 2010.

[218] McGinnis M D, Baldwin, Elizabeth B, and Thiel, Andreas. When Is Polycentric Governance Sustainable? Using Institutional Theory to Identify Endogenous Drivers of Dysfunctional Dynamics, 2020.

[219] McGinnis M D, Ostrom E. Social-ecological system framework: initial changes and continuing challenges[J]. Ecology and Society, 2014, 19(2).

[220] Meinzen-Dick R. Beyond panaceas in water institutions[J]. Proceedings of the National Academy of Sciences, 2007, 104(39): 15200-15205.

[221] Meinzen-Dick R S, Di Gregorio M. Collective action and property rights for sustainable development[R]. 2004.

[222] Meinzen-Dick R, Raju K V, Gulati A. What affects organization and collective action for managing resources? Evidence from canal irrigation systems in India[J]. World Development, 2002, 30(4): 649-666.

[223] Miller B A. Geography and social movements: comparing antinuclear activism in the Boston area [M]. U of Minnesota Press, 2000.

[224] Monastersky R. Anthropocene: The human age[J]. Nature, 2015, 519(7542): 144-147.

[225] Mwangi E. Socioeconomic Change and Land Use in Africa [M]. Palgrave Macmillan, 2007.

[226] Nagendra H. Drivers of reforestation in human-dominated forests[J]. Proceedings of the National Academy of Sciences, 2007, 104(39): 15218-15223.

[227] Nagendra H, Ostrom E. Polycentric governance of multifunctional forested landscapes[J]. International Journal of the Commons, 2012, 6(2).

[228] Naylor L A, Brady U, Quinn T, et al. A multiscale analysis of social-ecological system

robustness and vulnerability in Cornwall, UK[J]. Regional Environmental Change, 2019, 19 (7): 1835-1848.

[229] Netting R M. What alpine peasants have in common: Observations on communal tenure in a Swiss village[J]. Human Ecology, 1976, 4(2): 135-146.

[230] Nunn S C. The political economy of institutional change: a distribution criterion for acceptance of groundwater rules[J]. Natural Resources Journal, 1985, 25(4): 867-892.

[231] Oakerson R J, Parks R B. The study of local public economies: Multi-organizational, multi-level institutional analysis and development[J]. Policy Studies Journal, 2011, 39(1): 147-167.

[232] Oberschall A. Social movements: ideologies, interest, and identities [M]. New Brunswick and London: Transaction Publishers.1993.

[233] Oliver P E, Marwell G. The paradox of group size in collective action: A theory of the critical mass. II[J]. American Sociological Review, 1988: 1-8.

[234] Olson M. The logic of collective action: public goods and the theory of groups [M]. Harvard University Press, 1971.

[235] Ostrom E. Do institutions for collective action evolve? [J]. Journal of Bioeconomics, 2014, 16 (1): 3-30.

[236] Ostrom E. Background on the Institutional Analysis and Development Framework[J]. Policy Studies Journal, 2011,39: 7-27.

[237] Ostrom E. Beyond markets and states: polycentric governance of complex economic systems[J]. American Economic Review, 2010, 100(3): 641-72.

[238] Ostrom E. A general framework for analyzing sustainability of social-ecological systems[J]. Science, 2009, 325(5939): 419-422.

[239] Ostrom E. A polycentric approach for coping with climate change[J]. Social Science Electronic Publishing,2009, 15(1): 97-134.

[240] Ostrom E. Developing a method for analyzing institutional change[M]. Alternative Institutional Structures. Routledge, 2008: 66-94.

[241] Ostrom E. A diagnostic approach for going beyond panaceas [J]. Proceedings of the National Academy of Sciences, 2007, 104(39): 15181-15187.

[242] Ostrom E. Institutional Rational Choice: An Assessment of the Institutional Analysis and Development Framework[A]. In Paul Sabatier, ed. Theories of the Policy Process, 2nd, 21-64. Boulder,CO: Westview Press,2007.

[243] Ostrom E. Understanding Institutional Diversity[M]. Princeton University Press, 2005.

[244] Ostrom E. How types of goods and property rights jointly affect collective action [J]. Journal of Theoretical Politics,2003, 15(3): 239-270.

[245] Ostrom E. A behavioral approach to the rational choice theory of collective action: Presidential

address, American Political Science Association, 1997[J]. American Political Science Review, 1998: 1-22.

[246] Ostrom E. Crafting Institutions for Self-Governing Irrigation Systems [M]. Institute for Contemporary Studies Press, 1992.

[247] Ostrom E. Governing the commons: the evolution of institutions for collective action[M]. Cambridge University Press, 1990.

[248] Ostrom, E, Basurto, X. Crafting analytical tools to study institutional change. Journal of Institutional Economics, 2011.7(3), 317-343.

[249] Ostrom E, Cox M. Moving beyond panaceas: A multi-tiered diagnostic approach for social-ecological analysis[J]. Environmental Conservation, 2010: 451-463.

[250] Ostrom E, Janssen M A, Anderies J M. Going beyond panaceas [J]. Proceedings of the National Academy of Sciences of the United States of America, 2007, 104(39): 15176-8.

[251] Ostrom E, Nagendra H. Insights on linking forests, trees, and people from the air, on the ground, and in the laboratory[J]. Proceedings of the national Academy of Sciences, 2006, 103(51): 19224-19231.

[252] Ostrom E, Dietz T E, Dolšak N E, et al. The drama of the commons[M]. National Academy Press, 2002.

[253] Ostrom E, Gardner R, Walker J, et al. Rules, games, and common-pool resources[M]. University of Michigan Press, 1994.

[254] Ostrom E, Lam W F, Lee M. The performance of self-governing irrigation systems in Nepal[J]. Human Systems Management, 1994, 13(3): 197-207.

[255] Ostrom E, Schroeder L, Wynne S. Institutional incentives and sustainable development: infrastructure policies in perspective[M]. Westview Press, 1993.

[256] Ostrom V, Tiebout C M, Warren R. The organization of government in metropolitan areas: A theoretical inquiry[J]. The American Political Science Review, 1961, 55(4): 831-842.

[257] Ostrom V, Ostrom E. A Theory for Institutional Analysis of Common Pool Problems. In Managing the Commons, eds. G. Hardin and J. Baden[M]. San Francisco: Freeman, 1977: 157-172.

[258] Ostrom V, Tiebout C M, Warren R. The organization of government in metropolitan areas: a theoretical inquiry[J]. The American Political Science Review, 1961, 55(4): 831-842.

[259] Paavola J. Climate change: the ultimate "tragedy of the commons"? [J]. Property in Land and Other Resources, 2011: 417-434.

[260] Partelow S. A review of the social-ecological systems framework[J]. Ecology and Society, 2018, 23(4).

[261] Percoco M. Strategic planning and institutional collective action in Italian cities[J]. Public

Management Review, 2016, 18(1): 139-158.

[262] Perry E J. Rural violence in socialist China[J]. China Quarterly, 1985: 414-440.

[263] Polanyi M. The logic of liberty: Reflections and rejoinders [M]. University of Chicago Press, 1951.

[264] Poteete A R, Janssen M A, Ostrom E. Working together: collective action, the commons, and multiple methods in practice[M]. Princeton University Press, 2010.

[265] Poteete A R, Ostrom E. Heterogeneity, group size and collective action: The role of institutions in forest management[J]. Development and Change, 2004, 35(3): 435-461.

[266] Rabin M. Incorporating fairness into game theory and economics[J]. The American Economic Review, 1993: 1281-1302.

[267] Ratner B, Meinzen-Dick R, May C, et al. Resource conflict, collective action, and resilience: an analytical framework[J]. International Journal of the Commons, 2013, 7(1).

[268] Regmi A. The role of group heterogeneity in collective action: A look at the intertie between irrigation and forests. Case studies from Chitwan, Nepal[D]. Indiana University, 2007.

[269] Ribot J C, Agrawal A, Larson A M. Recentralizing while decentralizing: how national governments reappropriate forest resources[J]. World Development, 2006, 34(11): 1864-1886.

[270] Rubiños C, Anderies J M. Integrating collapse theories to understand socio-ecological systems resilience[J]. Environmental Research Letters, 2020, 15(7): 075008.

[271] Rudel T. The commons and development: unanswered sociological questions[J]. International Journal of the Commons, 2011, 5(2).

[272] Samuelson P A. The pure theory of public expenditure[J]. The Review of Economics and Statistics, 1954, 36(4): 387-389.

[273] Sandler T. Collective action: theory and applications[M]. University of Michigan Press, 1992.

[274] Sanyal P. From credit to collective action: the role of microfinance in promoting women's social capital and normative influence [J]. American Sociological Review, 2009, 74(4): 529-550.

[275] Schlager E. A Comparison of Frameworks, Theories, and Models of Policy Processes[A]. In Paul Sabatier, ed. Theories of the Policy Process, 2nd, 293-319. Boulder, CO: Westview Press, 2007.

[276] Schlager E, Cox M. The IAD Framework and the SES Framework: An Introduction and Assessment of the Ostrom Workshop Frameworks[A]. In Paul Sabatier, ed. Theories of the Policy Process. Routledge, 2018: 215-252.

[277] Schlager E, Blomquist W, Tang S Y. Mobile Flows, Storage, and Self-Organizing Institutions for Governing Common Pool Resources[J]. Land Economics, 1994, 70(3): 294-317.

[278] Schluter A, Theesfeld I. The Grammar of Institutions: The Challenge of Distinguishing between Strategies, Norms, and Rules[J]. Rationality and Society, 2010, 22(4): 445-475.

[279] Serafini T Z, Medeiros R P, Andriguetto-Filho J M. Conditions for successful local resource management: lessons from a Brazilian small-scale trawling fishery[J]. Regional Environmental Change, 2017, 17(1): 201-212.

[280] Shivakoti G P, Ostrom E. Improving Irrigation Governance and Management in Nepal[M]. Oakland, CA: Institute for Contemporary Studies Press,2002.

[281] Shivakoti G P, Ostrom E. Farmer and Government organized irrigation systems in Nepal: Preliminary findings from analysis of 127 systems [C] Fourth Annual Common Property Conference of the International Association for the Study of Common Property, Manila, Philippines. 1993.

[282] Siddiki S, Weible C M, Basurto X, et al. Dissecting Policy Designs: An Application of the Institutional Grammar Tool[J]. Policy Studies Journal, 2011, 39(1).

[283] Smith V L. Microeconomic systems as an experimental science[J]. The American Economic Review, 1982, 72(5): 923-955.

[284] Sovacool B K. An international comparison of four polycentric approaches to climate and energy governance[J]. Energy Policy, 2011, 39(6): 3832-3844.

[285] Su Y, Araral E, Wang Y. The effects of farmland use rights trading and labor outmigration on the governance of the irrigation commons: Evidence from China[J]. Land Use Policy, 2020, 91: 104378.

[286] Svensson J, Garrick D E, Jia S. Water markets as coupled infrastructure systems: comparing the development of water rights and water markets in Heihe, Shiyang and Yellow Rivers[J]. Water International, 2019, 44(8): 834-853.

[287] Tang S Y. Institutions and Performance in Irrigation Systems[A]. In Ostrom, E., Gardner, R. and Walker J. eds., Rules, Games, and Common-Pool Resources. University of Michigan Press, 1994: 225-245.

[288] Tang S Y. Institutions and collective action: Self-governance in irrigation[M]. Institute for Contemporary Studies Press, 1992.

[289] Tang S Y. Institutional arrangements and the management of common-pool resources[J]. Public Administration Review, 1991: 42-51.

[290] Tang S Y. Institutions and collective action in irrigation systems[D]. Indiana University, 1989.

[291] Therville C, Brady U, Barreteau O, et al. Challenges for local adaptation when governance scales overlap. Evidence from Languedoc, France[J]. Regional Environmental Change, 2019, 19(7): 1865-1877.

[292] Tilly C. From mobilization to revolution [M]. New Jersey: Addison-Wesley Pub. Co.,1978.

[293] Trawick P B. Successfully governing the commons: Principles of social organization in an

Andean irrigation system[J]. Human Ecology, 2001, 29(1): 1-25.

[294] Tsai L L. Solidary groups, informal accountability, and local public goods provision in rural China[J]. American Political Science Review, 2007: 355-372.

[295] Useem B. Breakdown theories of collective action[J]. Annual Review of Sociology, 1998, 24(1): 215-238.

[296] Van Zomeren M, Iyer A. Introduction to the social and psychological dynamics ofcollective action[J]. Journal of Social Issues, 2009, 65(4): 645-660.

[297] Varughese G, Ostrom E. The contested role of heterogeneity in collective action: some evidence from community forestry in Nepal[J]. World Development, 2001, 29(5): 747-765.

[298] Vigdor J L. Community composition and collective action: Analyzing initial mail response to the 2000 census[J]. Review of Economics and Statistics, 2004, 86(1): 303-312.

[299] Wade R. Village Republics: Economic Conditions for Collective Action in South India [M]. ICS Press Institute for Contemporary Studies, 1994.

[300] Walters C J. Challenges in adaptive management of riparian and coastal ecosystems [J]. Conservation Ecology, 1997, 1(2).

[301] Walters C J. Adaptive management of renewable resources [M]. Macmillan Publishers Ltd., 1986.

[302] Wang Y. Assessing water rights in China[M]. Springer Nature, 2018.

[303] Wang Y. Towards a New Science of Governance[J]. Transnational Corporations Review, 2010, 2(2): 52-56.

[304] Wang Y, Chen S, Araral E. The mediated effects of urban proximity on collective action in the commons: Theory and evidence from China[J]. World Development, 2021, 142: 105444.

[305] Wang Y, Chen X. River chief system as a collaborative water governance approach in China[J]. International Journal of Water Resources Development, 2020, 36(4): 610-630.

[306] Wang Y, Li X, Lu D, et al. Evaluating the impact of land fragmentation on the cost of agricultural operation in the southwest mountainous areas of China[J]. Land Use Policy, 2020, 99: 105099.

[307] Wang Y, Wu X, Tortajada C. Innovative and transformative water policy and management in China[J]. International Journal of Water Resources Development, 2020, 36(4): 565-572.

[308] Wang Y, Xu M, Zhu T. The Impacts of Arable Land per Farmer on Water Markets in China [J]. Water, 2020, 12(12): 3433.

[309] Wang Y, Zang L, Araral E. The impacts of land fragmentation on irrigation collective action: Empirical test of the social-ecological system framework in China-ScienceDirect[J]. Journal of Rural Studies, 2020, 78: 234-244.

[310] Wang Y, Zhang M, Kang J. How does context affect self-governance? Examining Ostrom's design principles in China[J]. International Journal of the Commons, 2019, 13(1): 660.

[311] Wang Y, Wan T, Biswas A K. Structuring water rights in China: A hierarchical framework[J]. International Journal of Water Resources Development, 2018, 34(3): 418-433.

[312] Wang Y, Wan T, Tortajada C. Water demand framework and water development: The case of China[J]. Water, 2018, 10(12): 1860.

[313] Wang Y, Wu J. An Empirical Examination on the Role of Water User Associations for Irrigation Management in Rural China[J]. Water Resources Research, 2018, 54(12).

[314] Wang Y, Chen C, Araral E. The Effects of Migration on Collective Action in the Commons: Evidence from Rural China[J]. World Development, 2016, 88: 79-93.

[315] Wang Y. Sense of Economic Gain from E-Commerce: Different Effects on Poor and Non-Poor Rural households[J]. China Economist, 2020, 15(3): 106-119.

[316] Weissing F, Ostrom E. Crime and punishment: Further reflections on the counterintuitive results of mixed equilibria games[J]. Journal of Theoretical Politics, 1991, 3(3): 343-350.

[317] Weissing F, Ostrom E. Irrigation institutions and the games irrigators play: Rule enforcement without guards [M]//Game equilibrium models Ⅱ. Springer, Berlin, Heidelberg, 1991: 188-262.

[318] Wilson J, Yan L, Wilson C. The precursors of governance in the Maine lobster fishery[J]. Proceedings of the National Academy of Sciences, 2007, 104(39): 15212-15217.

[319] Wilson P N, Thompson G D. Common Property and Uncertainty: Compensating Coalitions by Mexico's Pastoral "Ejidatarios"[J]. Economic Development and Cultural Change, 1993, 41(2): 299-318.

[320] Wollenberg E, Merino L, Agrawal A, et al. Fourteen years of monitoring community-managed forests: learning from IFRI's experience [J]. International Forestry Review, 2007, 9 (2): 670-684.

[321] Wright S C. The next generation of collective action research[J]. Journal of Social Issues, 2009, 65(4): 859-879.

[322] Wright S C, Taylor D M, Moghaddam F M. Responding to membership in a disadvantaged group: From acceptance to collective protest[J]. Journal of Personality and Social Psychology, 1990, 58(6): 994.

[323] Xu Y, Yao Y. Informal institutions, collective action, and public investment in rural China[J]. American Political Science Review, 2015: 371-391.

[324] Yamamura E. The effects of inequality, fragmentation, and social capital on collective action in a homogeneous society: Analyzing responses to the 2005 Japan Census[J]. The Journal of Socio-

Economics，2008，37(5)：2054-2058.

［325］ Zang L，Araral E，Wang Y. Effects of land fragmentation on the governance of the commons：Theory and evidence from 284 villages and 17 provinces in China[J]. Land Use Policy，2019，82：518-527.

［326］ Zhou，Qian. Decentralized Irrigation in China：An Institutional Analysis[J]. Policy and Society，32，77-88.2013.

公共事物治理领域重要学者索引

（按姓氏首字母顺序）

国际学者

阿伦·阿格拉瓦尔(Arun Agrawal)

巴巴拉·埃伦(Barbara Allen)

约翰·M.安德列斯(John M. Anderies)

爱德华多·阿拉拉尔(Eduardo Araral)

克里斯托弗·巴特莱特(Christopher Bartlett)

泽维尔·巴苏尔托(Xavier Basurto)

菲克雷特·伯克斯(Fikret Berkes)

阿斯特·彼斯瓦斯(Asit Biswas)

威廉·布罗姆奎斯特(William Blomquist)

乔尔·布朗(Joel S. Brown)

布莱恩·布鲁斯(Bryan Bruns)

胡安·卡德纳斯(Juan-Camilo Cardenas)

迈克尔·考克斯(Michael Cox)

苏·克劳福德(Sue Crawford)

布莱特·弗里士曼(Brett M. Frischmann)

罗伊·加德纳(Roy Gardner)

克拉克·吉布森(Clark Gibson)

托比亚斯·哈勒(Tobias Haller)

加勒特·哈丁(Garrett Hardin)

鲁兹·赫尔南德兹(Luz Hernandez)

夏洛特·赫斯(Charlotte Hess)

马可·詹森(Marco A. Janssen)

德里克·考奈科斯(Derek Kauneckis)

弗兰克·范·拉尔赫温(Frank van Laerhoven)
迈克尔·麦金尼斯(Michael McGinnis)
曼弗雷德·米林斯基(Manfred Milinski)
曼库尔·奥尔森(Mancur Lloyd Olson)
埃莉诺·奥斯特罗姆(Elinor Ostrom)
文森特·奥斯特罗姆(Vincent A. Ostrom)
杰里米·皮特(Jeremy Pitt)
埃米· R.波蒂特(Amy Poteete)
约翰·鲍威尔(John Powell)
埃德拉·施拉格(Edella Schlager)
加内什·施瓦格蒂(Ganesh Shivakoti)
邓穗欣(Shui-Yan Tang)
塞尔吉奥·维拉梅尔-托马斯(Sergio Villamayor -Tomas)
比约恩·沃兰(Björn Vollan)
詹姆斯·沃克尔(James M. Walker)

中国学者

蔡晶晶(Cai Jingjing)
柴　盈(Chai Ying)
陈思丞(Chen Sicheng)
陈幽泓(Chen Youhong)
崔之元(Cui Zhiyuan)
林维峰(Wai-Fung Lam)
蓝志勇(Lan Zhiyong)
李文钊(Li Wenzhao)
毛寿龙(Mao Shoulong)
舒全峰(Shu Quanfeng)
苏毅清(Su Yiqing)
谭淑豪(Tan Shuhao)
唐　啸(Tang Xiao)
齐　晔(Qi Ye)

王光菊(Wang Guangju)
王建勋(Wang Jianxun)
王浦劬(Wang Puqu)
王亚华(Wang Yahua)
王　雨(Wang Yu)
杨宏山(Yang Hongshan)
杨立华(Yang Lihua)
余逊达(Yu Xunda)
臧良震(Zang Liangzhen)
张克中(Zhang Kezhong)
张明慧(Zhang Minghui)
周　茜(Zhou Qian)

后　　记

一、公共事物治理研究在中国

自新世纪之初，毛寿龙教授组织将埃莉诺·奥斯特罗姆等相关学者的著作译介入国内以来，不知不觉中，公共事物治理在中国已经发展了二十年。二十年的时间，可以使顽童成长为茁壮的青年，而公共事物治理研究在中国也度过了从无到有、蓬勃发展的二十年。

经过二十年的发展，中国公共事物治理已初具学科雏形。在知识体系方面，埃莉诺·奥斯特罗姆以及其他相关学者的学术思想在国内得到了广泛传播，很多经典著作都出版了中译本。同时越来越多的研究者投身于这一学术领域，基于中国国情情景下为公共事物治理的本土化积累了大量成果。在知识传承方面，《公共事物的治理之道》已成为国内相关学科教学的经典必读书目，笔者也在清华大学先后开设了两门课程对公共事物治理进行概述性的介绍。在学术共同体和学术平台方面，中国的学者与国际公共事物学会(IASC)越来越紧密，笔者作为国际公共事物学会中国区协调人，在 2017、2018、2020 年分别以“增进水治理和政策”“中国公共事物治理的挑战与响应：纪念《公地悲剧》发表 50 年”“城市公共事物与高质量发展”为主题，先后三次在中国举办了公共事物治理国际研讨会，IASC 两任主席约翰·鲍威尔(John Powell)和马可·詹森(Marco Janssen)参会致辞，200 多名国内外学者参与会议，IASC 官网多次报道。在 2021 年的国际公共事物学会系列年会活动中，包括笔者在内的多位中国学者积极组织并参与多场活动，为国际公共事物治理分享了中国经验。在国际公共事物治理研究领域的旗舰学术刊物 *International Journal of the Commons* 上，近年来开始出现来自中国学者发表的论文，为这一领域的知识积累贡献中国智慧。

中国公共事物治理方兴未艾，但相比国际公共事物研究前沿，国内研究的学科基础仍有较大差距。虽然埃莉诺·奥斯特罗姆等学者的学术思想在国内的影响力日益增强，国内学者的研究也增长迅速，但目前国内的研究仍缺乏统一的学术范式和理论体系,不同领域之间的研究缺乏对话,与国际交流仍然不足,理论创新滞后于实践。

中国作为一个发展中大国,面临着非常严峻的公共事物治理问题。从草场退化到乡村衰退,各类集体行动困境的例子层出不穷。中国现在已经进入了国家治理现代化的新的历史阶段,对于"良治"的需求胜于以往任何时期。然而目前中国公共事物治理研究的学科基础仍然比较薄弱,不能满足日益增长的现实实践需求。

本书的成稿,离不开中国公共事物治理过去二十年发展所打下的坚实基础、离不开国内同人过去的研究成果和知识积累。另外,国内公共事物治理学科亟待发展的形势和治理实践的紧迫需求,也催生了本书的成形。作为源于西方的知识体系,公共事物治理的理论和认识不一定完全适合中国国情,需要中国学者进行批判性的借鉴和吸收,中国学者在此方向上已经付出很多努力,本书也比较客观反映了批判性吸收的成果。他山之石,可以攻玉。中国正在全面推进国家治理现代化,相信公共事物治理学科发展可以为中国治理实践贡献更多的智慧。

二、研习公共事物治理的历程

公共事物治理在中国传播的过程,也是我及研究团队不断深化研习公共事物治理的历程。我最早接触到公共事物治理,始于 21 世纪初。当时正在写博士论文的我,接触到了毛寿龙教授组织出版的"制度分析与发展译丛",系统介绍了奥斯特罗姆学派的成果,其中就包括《公共事物的治理之道》一书。我当时就被书中浓厚的理论色彩所吸引,其"多重嵌套制度"的思想启发了我博士论文关于水权理论的研究。2004 年初,当博士论文基本完成之时,我赴北美游学,拜访了奥斯特罗姆夫妇。2009 年 8 月起,我赴印第安纳大学政治理论与政策分析研究所访学一年,在埃莉诺·奥斯特罗姆的指导下系统学习奥斯特罗姆学派的理论,并开展有关研究。大师的言传身教,使我终身受益匪浅。

2010 年访学归国后,我开始带领研究团队进行中国公共事物治理实践的理论研究。这其中既包括奥斯特罗姆理论的推广及本土化尝试,也包括中国治理经验和研究成果与国际理论的对话。依托清华大学中国农村研究院,自 2012 年开始每年组织农村入户调查,建立包含全国 2 500 多个村庄和 5 万多农户的"中国灌溉系统制度分析数据库”。除了国内的研究项目外，我还受邀参加美国达特茅斯大学迈克尔·考克斯(Michael Cox)教授组织的“社会生态系统荟萃分析数据库(SESMAD)”大型国际合作项目。基于这些项目，我及研究团体成员在公共事物治理理论的指导下，开展了大量的实践调研和研究，相关成果发表在了*World Development*、*Water Resources Research*、*Water Resources Management*、*Land Use Policy*、*International Journal of the Commons*、《管理世界》等国内外主流权威核心学术期刊，在国内外学界产生了较好的反响。同时，我还受聘担任国际公共事物学会(IASC)执委会委员、中国区协调人，*International Journal of the Commons* 编委。此外，我及团队成员还通过中国公共事物治理实践的研究，完成并提交了数十篇内参报告，得到相应主管部门重视，为国家治理实践贡献了绵薄之力。除了研究项目及学术成果外，近年来我也致力于公共事物治理相关学科理论和课程体系的建设和完善。2017 年我在清华大学出版社出版研习奥斯特罗姆学术思想的专著《增进公共事物治理：奥斯特罗姆学术探微与应用》，获得国内外公共管理学界多位名家推荐。2019 年我在清华大学公共管理学院开设了公共事物治理导论课程。2020 年我在此基础上进一步完善和扩充，开设了制度分析与公共治理课程。我还制作了《公共事物治理学术与政策前沿》慕课讲座，在学堂在线免费向社会开放。这些课程集中介绍了公共事物治理的经典研究成果和实践案例，受到了学生的欢迎和好评。

本书的成稿，也离不开我和研究团队在过去十余年间对公共事物治理理论的研习和公共事物治理中国化的努力。希望本书的出版可以更好地指导团队今后的研究与实践，也希望有更多的学界同人加入到中国公共事物治理研究的行列。

三、致谢

本书得以顺利出版，离不开以下机构提供的支持和资助：美国印第安纳大学奥斯特罗姆研究所(原政治理论与政策分析研究所)，美国亚利桑那州立大学行为、制度与环境研究中心(CBIE)，美中学术交流委员会(ACLS)，国际公共事物学会(IACS)，中国国家自然科学基金委员会，全国哲学社会科学工作办公室，奥斯特罗姆中国研究会，清华大学公共管理学院，清华大学国情研究院，清华大学中国农村研究院，清华大学文科建设“双高”计划专项，清华大学出版社。在美国印第安纳大学访学期间及归国后，与奥斯特罗姆研究所各位同事的交流切磋是本书很多思想的来源，包括迈克尔·麦金尼斯(Michael McGinnis)、詹姆斯·沃克尔(James Walker)、布莱恩·布鲁斯(Bryan Bruns)、鲁兹·赫尔南德兹(Luz Hernandez)、德里克·考奈科斯(Derek Kauneckis)、克里斯托弗·巴特莱特(Christopher Bartlett)、爱德华多·阿拉拉尔(Eduardo Araral)、马可·詹森(Marco A. Janssen)、约翰·安德列斯(John M. Anderies)、维拉·托马斯(Sergio Villamayor -Tomas)、巴巴拉·埃伦(Barbara Allen)等。奥斯特罗姆中国研究会的毛寿龙教授、陈幽泓教授、王建勋教授等同人，为促进奥斯特罗姆夫妇学术思想在中国的传播和应用做了大量工作，为本书的形成提供了基础和背景。清华大学公共管理学院的老师和同事们，特别是胡鞍钢教授、薛澜教授、苏竣教授、江小涓教授、王有强教授、崔之元教授、孟庆国教授、齐晔教授、彭宗超教授等，对我从事该方向的研究提供过指导或建议。我指导过的多位研究生和博士后，为本书知识体系的形成作出过贡献。我在清华大学开设的相关课程的选课学生，完成的作业或习作，为本书的编写贡献了有价值的参考素材。清华大学出版社周菁女士为本书的出版付出了很多辛劳。对上述机构、朋友和同事的支持与帮助，在此一并谨致谢忱。最后衷心感谢家人多年来对我学术事业的大力支持。

二十载日月如梭、不舍昼夜，回望走过的学术研习之路，不禁感慨学术创新之不易、知识积累之艰辛。奥斯特罗姆夫妇在公共事物治理领域辛勤耕耘半个多世纪，方有今日的学科气象，每念与此，都感到我辈任重道远，仍需继续深耕。希望本书的出版，能够帮助学界批判吸收和借鉴国际治理前沿成果，为中国公共事物治理的学科建设作出贡献，也希望未来能有更多的中国学者，投身于这一蓬勃新兴的学术领域之中，推动中国公共事物治理学科发展，推进国家治理现代化的及早实现！

王亚华

2021 年 12 月